U0024972

八字命理
900問

陳澤眞／著

自序

　　課餘教授八字命理已逾三十幾年，一直不斷有人前來學習。八字命理作為古代術數文化中的一員，有何魅力能吸引現代人來認識？與其說大家對八字學有興趣，不如說是對人生命運的想一探究竟吧！此書延續去年出版的《六爻預測900問》，仍採問答的方式來呈現，期望大家對於命運及命理能有基本了解與正確態度。八字命理之所以能成為世間的一門學問，所憑藉的就是一個「理」字，此理在天曰「天理」，命理與天理相通，天理既明，命理真相自然大白。故本書從儒家的「天命」、「知命」、「立命」等天理思想，以及世俗的「命定」觀念，乃至佛家「宿命」、「因果業報」理論，甚至科學上的「預測學」等多元視角下，來探索命運及八字命理，更能顯出命理學對人生的非凡意義與內在價值。

　　再過幾個月，就要進入從2024年開始二十年的「下元九運」了，此天運對整個世界政治、經濟、貿易等區域環境發展，會有結構上的急劇轉變。九運對應於易經的「離卦離火」，象徵光明照于四方，德教流佈世間，人類的物質科技成長在此止步，宗教文明反而會達到最高境界，心靈和精神層面提升也更受到重視，無極先天大道的真理教化亦將從此全面展開，道脈延續將永傳不絕，萬古無息。

　　八字命理是傳統術數文化，預測吉凶理論中的重要組成部分，也可說是一門生存哲學。談到文化則一定要從歷史的源頭去探究才行，否則可能得到的只是片面的結論。文化越古老，累積越久遠，文化底蘊會越穩固，所以本書引用了較多古代八字典籍，目的是想較完整地呈現命理學的思想體系，若因此造成您閱讀與理解上的負擔，敬請原諒。

目錄

第二篇

八字命理源流

第四篇
預測學與命理吉凶

第五篇
詳論十神

第六篇
詳論神煞

第七篇

日主衰旺強弱判斷

第八篇

詳論取用神

第九篇
詳論普通格局

第十篇
詳論特殊格局

第十一篇
詳論生剋刑沖會合

第十二篇
詳論大運

第十三篇

八字論性情

第十四篇
八字論六親

第十五篇

八字論婚姻

第十六篇
八字論財富

第十七篇
八字論學業

第十八篇

八字論事業

第十九篇

八字論健康

第二十篇

八字論災難

第二十一篇
八字論生死

第二十二篇
八字批流年

第二十三篇

八字應期與雜論

第一篇

八字與命運概論

【1問】何謂「八字」？

答：「八字」就是每個人出生時之生辰，包括年月日時，以干支來表示時，因為年月日時各有兩個字，故總共有四柱八個字，稱之為「生辰八字」、「四柱八字」，或簡稱為「八字」、「四柱」。利用生辰八字五行之間的生剋沖合等作用，加上日主的衰旺喜忌，辨格局，取用神等過程，可用來推斷人一生運程的吉凶禍福，是一種已流傳數千年的傳統文化古老算命術。

【2問】何謂「八字命理學」？

答：「八字命理學」是古聖先賢們，對宇宙人生的長期觀察和分析總結，利用易理、陰陽、五行、干支、二十四節氣等學理，並加以應用的一種推命方法，可以對人生命運加以預測，八字命理其中蘊含了「妻財子祿壽」等生命的豐富訊息。八字是每個人獨特的「生命密碼」，以每十年為一個階段的大運，加上每一年流年的運勢分析，能準確的預測出命運的吉凶禍福。目前在各種人生命運預測工具中，八字命理的準確度屬於較高者。

【3問】八個字就能預測命運，能信嗎？

答：八字其實不只是八個字，而是總共二十二個字，因為八字是由十個天干與十二個地支所組成，所以說是二十二個字。十天干與十二地支又是什麼？干支符號是古代使用來記錄時間，同時也來表示空間方位的。更重要的是這些符號也代表「氣化」，何謂氣化？即物質成象前

的「能量狀態」，干支符號也代表氣化的「變化原理」及「變化規律」。

以「理氣象」三元理論來說，干支符號是「象」，「象」中有「理氣」，「干支」中有「陰陽」，加上五行生剋制化，刑沖剋合等作用，變成龐大的陰陽五行生剋理論體系。這套陰陽五行理論再往上推衍，就是太極等《易經》的範疇。換言之，八字命理不是因這八個字而已，而是「命理」中的「理」字，何謂理？宇宙天地間的物理、事理、天理、地理、道理等不變的真理。

換言之，宇宙天地間雖然變化莫測，無時不在變，不過「變中有不變」。變化是物質現象界的必然，但有個「變化規律」與「不變法則」之理存在著，這個「理」雖然眼睛看不見，不容易為人所知，但這個「理」卻真實存在著，這個「理」完整且普遍地存在於每一個事中，並主宰了天地萬物與你我的命運。所謂「道理」，就是「道」與「理」，兩者是體用的關係，「道」者表示「宇宙真理與人生真相」的總綱，理者表示其條目，我們所信的是這個「道」與「理」。明白此道，深信此理，能長養人的智慧，培養人的善根。明白天下諸理，自然了解八字命理，往真理的道路前進。

【4問】「天干地支」代表什麼涵義？

答：干支源自古代對天象的觀測，其中「十天干」是說明天上的五種氣化規律，甲乙帶風氣，丙丁帶火氣，戊己帶濕氣，庚辛帶燥氣，壬癸帶寒氣等，這五種氣之運

行，依序很有規律的每年變化著。至於「十二地支」則與二十八星宿有關，這些環繞在地球外的星宿是由恆星組成，對於地球上的萬物有具巨大的影響力。

天文上把黃道分為十二宮，十二宮與二十八宿相對應，此即「地支藏干」，十二地支中藏有二十八天干的道理緣於此。總之，天干地支都是在講無形之「氣」，干支都是「氣化的符號」，都是「變化的符號」與「能量的符號」。通過干支符號，可以預測天地間萬事萬物的變化規律，當然包括人們的命運在內。

【5問】八字命理學若不是科學，要人如何信？

答：八字命理學從來都沒有說自己是科學，所謂的「科學」是十三世紀時期由歐洲學者所發起，至今約八百年，至於八字學所使用的干支至少已有三千年的歷史。科學所強調的是「觀察與證明」，科學的對象主要為「物質性」、「可量化」、「有形性」的事物。八字學與哲學比較相近，所研究是「形而上」、「無形的」、「無名的」、「本體性」等的範疇。哲學又是什麼呢？胡適在《中國哲學史大綱》說：「凡研究人生切要的問題，從根本上著想，要尋一個根本的解決：這種學問叫做哲學」。

八字命理學所探討的主要對象是人生命運這件事，命運不是「人生切要」的問題嗎？當然是。除此之外，八字命理同樣也在尋找一個「根本解決人生困境」的方法，想辦法來面對生命困境，來改變命運，再造人生。科學只

佔世間學問中極少的一部分而已，科學大部分僅限於「眼睛看得到」，「有形物質」的層面，其它文化、藝術、宗教、心理等學科，都不是科學所能含蓋的。請抬頭看看無窮的天空吧！有形星球地方的空間大，還是無形虛空比較大？眼睛看得到的「眼前世界」，其實是渺小、幻有且短暫的，那個眼睛「看不見的世界」，才能真正長存、真實且永恆。人們要相信什麼，不信什麼都是個人的自由，但前題是有理才能去信，盲目的說這個我不信，那個我不信，其實也是另一種迷信吧！

【6問】八字命理學是玄學嗎？

答：玄學是指西元二百多年開始，長達三百年的魏晉南北朝時期，學者以討論《周易》、《老子》、《莊子》等經典為主的一種學術風潮。玄學所注重的是「本體」、「理氣」、「有無」、「動靜」、「時空」等，抽象形而上的內容為主。現代對於玄學的解釋，則包括民間信仰與傳統文化中的抽籤占卜、風水地理、八字命理、手相面相等都屬於玄學的範圍。八字學就是八字學，稱它不是科學，或它是玄學，甚至說它是迷信騙人等，其實都無損於其本來的價值。重要的是先去認識它，進一步的去探究它與應用它之後，才有資格與立場來論斷它。

諾貝爾物理學獎得主楊振寧，2022年一百歲在北大演講後對學生說：「我一輩子崇尚科學，追求真理，不信佛、不信教、不迷信。但是，現在，我有些猶豫了，在最初始，到底是從哪裡來的？動物、植物及世界萬物無處不

在，誰撒的種子？宇航員看到地球是在空中飄浮，沒有依靠，沒有支撐，誰安排它晝夜輪迴，一年四季穩定變換？宇宙大無邊，到底有多大，真的沒有界限嗎？我覺得好像有一個看不見，摸不著，法力無邊，神通廣大的力量在精心策劃，運籌帷幄。它究竟是什麼？是玄學吧！」

　　玄學主要是探討形而上的本體，這個天地萬物及人類的本體，就是「道」。《道德經》論道甚深，可以一讀。「道」乃在天地生成之前即已存在，故又稱為「先天大道」。透過「先天大道」道脈在人間的流傳，人們將有機會認識道體，認識本心，認識宇宙真理與人生真相。

【7問】佛教禁止算命與占卜？

　　答：有一本佛經《占察善惡業報經》，又名《大乘實義經》、《漸剎經》，此經約於西元593年時出現，因涉及占卜，一度被判定為偽經，禁止此經流通，後官方敕令編入《大藏經》中，重新許可印行。此經是地藏菩薩授予的占卜術及占察法門，以木牌占出自己前世的貪嗔痴及今生福份、吉凶善惡之法，兼示懺悔修行，修善積福之法。此經是二千五百年前釋迦牟尼佛囑咐地藏菩薩，為這個時代的人專門述說的一種修行法門，特別對應現代人的心理和需求。佛教講因果業力，八字命理學是把因果，講得更詳細，更完整而已。

【8問】八字命理學有哪些流派？

　　答：八字學不像風水地理有三合、三元、玄空、九星

等流派，但有人把目前以八字算命爲業的從業人員，分成
「書房派」、「江湖派」與「盲派」等三派。

書房派	一般把通過書籍研究命理的方式，出來幫人算八字者叫書房派。稱之爲「書房派」是有些貶抑的意思，認爲此派無實踐的經驗。
江湖派	此派遊走江湖，以口傳祕訣算命來養家糊口，實戰經驗豐富，但極爲封閉與保守，此派通常不傳外人。
盲派	此派與江湖派類似，強調以口授或抄本祕籍來論命。盲派通常是盲人，也只傳給盲人，比江湖派更封閉，更保守。

【9問】盲派八字比較準？

答：盲人因爲眼睛看不見，所以整個論命過程是全
靠著「驚人記憶」與「經驗口訣」，因此會讓許多人認爲
盲師論命比較厲害，也比較準確。盲派八字很少論日干強
弱，格局高低，用神喜忌等，而是直接透過四柱八字干支
象、宮位象、十神象與神煞等來算命，而所謂「象」就是
把干支的符號等，和生活中的實際事物對應起來，因此盲
師能很快速地推斷吉凶。盲派師徒之間多是採「口授心
傳」方式來傳授，沒有留下有系統的的文字記載，不過近
年來有比較多的盲派斷命法被流傳出來，逐漸揭開盲派的
神祕面紗。

【10問】算命的根本目的是什麼？

答：算命能分析一個人的潛藏的性格、能力、未來發展，以及判斷未來運程的吉凶禍福等，此種分析探討的過程即所謂的「知命」。了解個人能力和命運走向之後，想辦法來發揮所長，彌補所短，趨吉避凶，防患未然，此即所謂的「造命」。所以算命有「知命」與「造命」的雙重功能，也有「抒解生活壓力」與「重建人生觀」等的生涯規劃的作用。因此，一位好的命理師確實有指點迷津，逢凶化吉，振奮人心，引導人生，少走冤枉路的實用功能。

【11問】何謂「命運」？

答：「命運」從字面上來解釋是指「人一生整個的經驗歷程」，命運是個人主觀意識的觀念與感受，人們在現實生活中關於自身的發展，尤其是遇到吉凶禍福產生巨大轉變之時，命運的意識就會昇起，生命的感受真切呈現，心理會這樣想：我的生命是怎麼一回事？難道這一切都是安排好，無法改變？是什麼力量在操控我的人生？一切都是命中注定？

關於命運，西方哲學提出了三種可能：一是神意決定論：即人的命運取決於神的意志。二是必然決定論：認為一切都是必然的，各種遭遇也都是必然的，會依照不變的規律走下去。三是偶然決定論：認為一切都是偶然的，各種遭遇都是偶然的，碰巧如此，沒什麼道理可言。

命運的存在是個事實，無論你不相信或半信半疑，它依然存在。生活中既存在著「個人自主性」的一面，又存

在著「環境制約性」的另一面，這就是命運的本質屬性。面對命運的本質屬性，及生活中的生老病死、成敗得失、悲歡離合、吉凶禍福等無常變化，人根本不能逃避也無法逃避。人應該選擇勇敢面對，探究命運的原因，進而明白生命的本質，再想辦法去改造命運，這才是正確的人生態度，不是嗎？。

【12問】民間信仰中「命運觀念」是如何轉變的？

答：從古至今，民間對於命運的看法有三種，如下表：

名稱	內容	時期
天意定命論	死生有命，富貴在天，上天主宰著人的一切，包括人的生死壽夭、禍福吉凶、貧富貴賤、官職地位、婚姻家庭等各方面，都是上天早已安排好。	戰國至今
道德定命論	善有善報，惡有惡報，人的道德行為決定了人的命運。具有良好道德品行的人會有富貴、長壽等。積善之家，必有餘慶；積不善之家，必有餘殃。	周代至今

因果定命論	受佛教中宿命因果報應、業報輪迴等思想影響，而有因果定命論的產生。雖現實生活中有惡人得福，善人致禍的顛倒錯亂，不符合因果理論的情形。其主要原因是所謂的「果報」不一定就是「現世報」，很多時後是「來世報」或更晚再報。不是不報，時候未到。	唐代至今

【13問】未來的命運，一張命盤就可以算得出來？

答：人生過程的吉凶為何能被預測？其理論基礎為何？預測不是猜測，猜測是憑空胡亂猜猜看，預測要有理論，有數據，有模型，有紮實的學理基礎。八字命理預測吉凶，是古人觀察大自然「運行規律」與「人生命運」的關聯後，所歸納總結出來的一門學問。其中有陰陽五行生剋的基礎原理，有歲運變化的應用規律，更有經得起驗證的準確率。除此之外，八字命理主要是依循著「因緣果報之理」，即俗稱「因果定律」或「因果法則」，此「因果法則」是主宰人生運程吉凶的主因。

【14問】科學上也講因果？

答：是的。因果法則並不是佛家單獨具有，科學上也大量地應用此一法則。何謂「因果法則」？一個現象的產生，必有形成此現象的原因在先，才會有如此之結果。

「因」與「果」二者的關係極為密切，由於有「前因」才會生出「後果」，從後果也可追溯到前因，如此循環不已，相因而生，先後連續，如此形成悲歡離合的人生，萬事萬物都無法超脫因緣果報的追討。

今生為何有此八字？只因為有前世宿命的善惡造作，佛家以簡單的「因果」兩個字來概括，「八字」只不過更詳盡具體呈現「因果」其中的內容及細節吧了！因此，追根究底，是「因果決定了命運」。換言之，今世命運的劇本，都是前世的自己造了善惡業來寫好的，怨不得人。

【15問】性格決定了命運，不是嗎？

答：近代心理學之父，美國心理學家威廉‧詹姆斯（William James）說：「思想決定行動，行動決定習慣，習慣決定性格，性格決定命運。」這段經典名言經常被引用，許多人也都聽過。這句話有沒有道理？當然有，否則不會流傳到今日。

性格是什麼？性格是個性中最主要的「特徵」和「核心」部分，反映出一個人的「心理面貌」和「風格」。例如我們認為一個人是果斷、剛強、驕傲，或自大等，就是在說他的性格。總之，性格是一個人內在「獨特而穩定」的「心理特徵」之總和，也有不少人認同是性格決定人的命運。

【16問】性格是如何形成的？

答：性格又是如何形成的？「習慣」。習慣之前是

「行動」，行動再往前推即「思想」。在這裡，所謂的「思想」，就是一個想法，一個念頭。如果再問：為什麼我是這樣想，而不是那樣想？答案還是「因果」在作祟，人的思想與行為受「累世的業力種子」，和「今生的環境因緣」兩大因素影響，所以要想改變內心的想法，實在非常困難。貪婪者念念皆貪，事事皆貪，偶爾興起的的善心，並不能產生什麼改變的力量。

一切的窮通壽夭，富貴貧賤等命運，都來自己的因果及心念所造成，所謂的「修行能改變命運」，關鍵是一定要把好的思想與認知，從心念內化成固定的「行為模式」及「生活習慣」，並融入自身的日常生活才行，如此才能產生改變命運的真正力量。例如持續不間斷的遵循天命，護持正法，研讀經典，終生義工，持續持齋，善行不斷而不退志等。如此一生精進，努力不懈，才能讓善良的無漏菩提種子，深根蒂固，深入到「第七識末那識」，即「潛意識」中。能做到以上修為，才能真正來改變今生與來世的命運。

【17問】八字命理學本身是如何看待命運的？

答：《子平真詮評註》：「子既知因果之說，亦知因果須通三世而言乎。夫命之優劣，孰造成之？孰主宰之？須知以宿世之善因，而成今生之佳命；以宿世之惡因，而成今生之劣命。命運優劣，成於宿因，此為有定者也；今世之因，今世即見其果，此命之無定者也。」

　　白話如下：「若你信奉佛家的因果業力之說，因果宿命是要論前世、今生與來世等三世的。人生命運的好壞，到底是什麼造成的？又是什麼在主宰它？要知道前世的善因，會造成今世的好命，前世的惡因也會造成今世的歹命，這是有一定道理的。但也有例外，今世的所作所為，就成熟了今世的果報，這個是本來命中，沒有被事先注定的。」

　　從以上所述，可以知道八字命理學是相信「因果決定了命運」之理的，其中又可分成「命定」、「命無定」兩種情形。卽命運中大部分都是安排好的，此卽「命定」。但若有如《了凡四訓》一書中所謂的今生做出「大善」與「大惡」事情者，就不屬於今生中的命定。為什麼？因為他們所做的善惡業都太大、太重了，果報等不到來生，而是在現世就會得到報應，此卽「命無定」。總之八字命理學本身是相信命運之說的，有人說八字就是「上輩子的成績單」或「因果報應償還單」，說得還真貼切啊！

【18問】我不是佛教徒，為什麼要信因果？

　　答：多數人有一種誤解，認為「因果定律」是佛教的說法，其實這是認知上天大的錯誤。因果（Cause and Effect）是一種連帶的關係；其中「因」是一事件之所以能產生的根源或動力；而「果」則是事件發生後的狀態。當動力與狀態在邏輯上有必然的關聯時，所形成的規律稱為「因果定律」或「因果法則」。何謂定律？定律乃宇宙

間不變的事實規律所歸納出的結論，定律在科學上，乃至於知識體系上，都有它的「客觀性」、「普效性」及「必然性」，也可以說它就是一個不變的宇宙真理。何謂法則？法則乃自然現象的「本質性」與「必然性」，你不相信它，它依然無時無刻規範著你的人生。

佛陀在二千五百多年前，看到人世間各種不同的遭遇與命運，剛好弟子阿難問起了富貴貧窮的不平等，究竟是何果報造成的？於是佛陀就把世間有人受苦無窮，有人卻享福不盡，這種極不平等現象的根本原因，細說清楚，於是有《佛說三世因果經》的誕生。

《因果經》是二千多年前佛陀宣說的，「因果律」卻早在無量百千億劫年前就存在於宇宙間，規範著宇宙天地萬事萬物的運行，包括人類的命運在內。信不信佛教是你家的事，也是個人的宗教信仰自由，但不信道理，不講道理卻是很嚴重的一件事。「因緣果報」之理，在真理世界中只是最基本、最簡單易懂之理而已，真理世界有事理、物理、性理、易理、佛理、天理等各種層級不同，領域各異的道理，人人都應該去認識與了解，理路越清楚，心性越明白，煩惱越變少。有理走遍天下，無理寸步難行，不懂道，不懂理，你的人生與你的世界將是混亂而暗淡，坎坷而難行。

【19問】朱熹是如何論「命」的概念意義？

答：自古以來，「命」字概念，有著豐富多重的意

義，「命學」或「命論」成了一門哲學上重要的學問，現代學者普遍認為，南宋著名的理學家朱熹論命最為精彩。朱熹：「或問『命』字之義，曰：「命，謂天之付與，所謂「天令之謂命」也。然命有兩般：有以氣言者，厚薄清濁之稟不同也，如所謂『道之將行、將廢，命也』，『得之不得曰有命』，是也；有以理言者，天道流行，付而在人，則為仁義禮智之性。」

　　白話文如下：「朱熹說：「有人問我，命這個字有什麼意義，我說『命』字從口從令，有上天『命令』的意思在裡面，或稱上天『賦予』我們。人之命有兩層的意義，第一層或可稱之為『氣命』，這個『氣命』人人不同，是每個人因天生清濁、強弱的不同而有差異。此即孔子在《論語》中所說的：『大道若能流行於世間，這是命；相反的大道若被世間廢棄，這也是命啊！』另外，孔子也在《孟子》中所說的：『官職得到或得不到都是由上天的安排。』人之命第二層或可稱之為『理命』，這個『理命』，人人相同，就是上天賦予人的清淨靈性本體。由此靈性道體流露出來的，即仁義禮智信等德用。」

【20問】何謂「理氣象」？

　　答：朱熹認為人有兩層生命，「理命」和「氣命」，若從易卦所謂的「卦理」、「卦氣」、「卦象」等「理氣象」來論，應該還有另一層「象命」。換言之，人是由「理氣象」三層級與成分組合而成的，除人之外，多重宇宙天地本身，及萬事萬物也都是由「理氣象」來組合的，

「理氣象」三者最後再歸於一「道」來整合，此卽「理氣象」模型或「理氣象」合於一道的理論，能明白此理論的人並不多。世人大多只知有「象」，卽僅知最底層的有形有象，懂得中層無形之「氣」的人已是賢人，至於明白最高「理」界之人則更是寥若晨星了。用「理氣象」模型理論來分析多重、多層的宇宙與人生，請看下表：

道	理	不生不滅	無形無象	靈	性	陽
	氣	運行有度	有跡可尋	心	心	半陰半陽
	象	生滅無常	眼睛可見	身	身	陰

其中「象」，是屬於有形有象，眼睛可見的世界，在最下層。「象」中有「理氣」，「理氣」則屬於無形無象的世界，看不見或不為人所知，但並不代表不存在。「理氣象」之前還有一個「道」字，意思是「理氣象」三者同源，同出於道，合於道，明白這個道理非常重要。從根源上來論，此道為真宰之道，是天地之根本，萬物之母親，宇宙之真神造物主，為萬教的總源頭。從法門上來論，此「道」為不二法門，聖佛相傳的最上乘大法，與究竟解脫之妙法。從「道」的超越、根本與圓滿性，才能整合「三元分立」的概念，否則世間的認識都是零散而無法整合，自己的人生命運也是殘缺而有諸多疑惑的。

「理氣象」三者之中，「理」是最高的價值，「氣象」都微不足道嗎？身心靈三者之中，「靈」是唯一的真實，「身心」都可有可無嗎？認為「氣象」與「身心」沒什麼重要，有這種思想與認知絕對是錯誤的。但不少人，尤其是修行者，普遍有一種觀念，認為紅塵是苦海，西方才是淨土；色身是累贅，靈性才是唯一。

從上天的角度來看人生，從大道的觀點來看世間，萬事萬物雖分成「理氣象」三天層級，每種層級都有它各自存在的意義與價值，關鍵在於要明白其中的道理。上天神佛直降的啟示，及儒釋道聖佛的經典、經義與經旨，都是在講此種體用不離，色空不二，，超越相對，內外合一，理事無礙，先後圓融，不偏不倚，中道之法界實相。只要全面性澈底去學習，去領悟，去覺行。有朝一日明心開悟，通達諸法後，返而求之，色身也可以是道體；靜而觀之，苦海也能成為佛國。

【21問】從「理氣象」模型如何來看人之生命？

答：前面有提到，宇宙天地及人都是多重與多層的，由「理氣象」組合而成的，以「理氣象」三層級來詳細說明人的生命如下：

象	肉身	「象」最底層，指的外在的這個有形軀體，它是變化的、短暫的假我。短短的百年身，本來是用此身來一面了因果業力，一面學習道理用的。但大家都把此身來追求名利與物質享福，給它吃好穿好，工作滿檔，爲它忙碌終生而不悔，甚至拿它來造業造罪，愚不可及。其實，「象」中有「理氣」，「身」中有「靈體」，「後天」中有「先天」，「肉身」中有「永恆莊嚴」的東西在，等著我們去發現，去領悟並開發。
氣	心理	「氣」爲中層，指內心的精神活動，如思想、判斷、分析、回憶、情緒等。對於「氣」層面的認知，不少人已經有困難了，因爲只顧後天有形物質，追逐物慾，疲於奔命，鮮少真正去面對自己的內心世界，也從來未曾與它有過對話，終其一生都只活在最底層「象」界的層級，把自己的人生只鎖定這一世，過完就沒了，甚至認爲一切都皆是偶然且毫無意義。因此，對於自己的內心世界熟悉又陌生。

理	靈性	「理」是最高層，指不生不滅，不變的靈體與真我，對此層面有深入認識的人，更是鳳毛麟角。光認識此先天靈體還不夠，還要認同、領悟，生命才能重組與價值完成，而後發揮先天的力量，真正走上實修的道路，一步一步走回理天仙鄉。三界六道之外的無極理天，是吾人之靈鄉，靈性來自此天，但幾經生滅輪迴，幾乎已無人知曉，也少有能回天者，忘天逆理，是非不明；苦海當樂園，異鄉當故鄉。「理氣象」、「身心靈」三者一體，合於一道的理論，人人都應該認識明白，生命的知識才算健全與完整，命運也才有機會翻轉。

【22問】從「理氣象」可以來論宇宙空間嗎？

　　答：宇宙空間是多重與多層的，佛家以「欲界」、「色界」、「無色界」等，及超三界等法界來分層。儒家與道家則以「理氣象」來分析宇宙，分成「理天」、「氣天」、「象天」等三天架構，來分層表示宇宙空間，表解如下：

理天	理天又稱為「無極理天」，乃道家與儒家合稱之名詞，道謂「無極」，儒謂「理天」。理天即最高境界的天，常常聽到的「上天」就是指理天而言，它在諸天之上，所以才稱為「上天」，即再也沒有比此天更高的天了。理天是在佛家所說的三界之外，此天不再有六道輪迴。理天之境至清至淨，萬劫常存，真實不虛，不生不滅，為吾人之靈鄉，本靈居住之地，無極真宰上帝的殿堂。無極理天是心性圓通無礙之聖者，方可以達到的境地，為神佛及大羅金仙所居地。理天仙佛逍遙於理天聖域，往來無阻於三千大千世界。
氣天	氣天又稱為「太極氣天」，為中層天。氣天在理天之下，象天之上，是陰陽二氣變化的天，若以地球來說，地球外之大氣層即是氣天。氣天又稱為「中天」，是六道輪迴中之天道，此天有很多層，都無形無象，世人來看此天，只見瀰漫一團清氣，卻為氣天神明所居住。氣天並非永恆，有固定壽命；也非究竟，仍有生滅輪迴，未得解脫。故氣天神仍須求得理天三寶，借佛力與天力的加被，超氣入理，成為理天神，才能得永生。

| 象天 | 象天又稱為「皇極象天」，層級最低，為吾人所居地，又名「凡界」。亦謂之「煉獄」，即六道輪迴眾生在此天受苦受難，若能覺悟修行通過試煉，還清因果，亦能還得理鄉回。象天是有陰陽相對，生滅變化的無常世界，也是有情眾生因果業報之業地，此天與氣天相同，非永恆不壞，終將毀壞。 |

【23問】人為何要修行回理天？

答：人活在現象界與大氣層中，把眼前世界視為真實且永恆存在，其實，象天與氣天都只是後天暫存，終將毀壞，只有理天才是真靈的故鄉，才能真正的不生不滅，不隨變化。《醒世指南》：「自無入有，理氣象；自有入無，象氣理。」即說明開天闢地時是先有無形理氣，再來生有形萬物萬象；當地球毀滅時，則先由有形萬物消毀，接下來大氣層消毀。因此末日來臨時，人必須返復于無極理天原鄉，才不會跟隨地球天一起毀壞消失。就算是氣天神尊享千歲福報，終將福盡而墜，故氣天神明亦紛紛想求理天大道，超氣入理，成為理天仙佛，方為究竟。

無極理天真實不虛，絕對清淨，非一步可登，必須先求得理天大道至寶，經由修行的過程，才能由象入氣，超氣入理。由外在的眾善奉行，立願持戒，修功立德等，再到內在心性清淨，斷盡習氣，內聖外王，功果圓滿後才有機會。其中最重要者，不能被象天與氣天之習染所綑綁，

卽要能淡泊物欲，不被有形之物所役使，也不能因偏差人心而退道，精進修行後才能進入理天原鄉聖域。

《朱熹四書集注》：「日日克之，不以爲難，則私欲淨盡，天理流行。」白話文如下：「天天克服自己的私心私欲，如此反觀自省也不覺得由有何困難。內心深處的私欲種子也都除之殆盡了，再也不會現行造身口意業了，等這個時候到來，就能超氣越象，直登聖域理天，脫離輪迴了。」

朱熹這段話，就是在說明人不能讓「情欲障其靈性」，「物欲礙其天理」，倘若有此「念念檢視」的內在修爲功夫，加上力行外在功德，積極渡衆，內德外功都臻於圓滿。修道至此，已超天人，出三界，登極樂，自然能回到理天原鄉了。理天對於大部份的人來說，是個不知道也看不見的世界，卻是個非常重要的世界，是我們先天本靈現在的居住地，也是萬靈眞宰上帝，靈性母親的的殿堂，無論如何一定要想盡辦法，克服萬難回到哪兒，才是眞正的安身立命之道。

【24問】如何從「理氣象」來論八字？

答：從「理氣象」架構來論八字，先說「象」。

1.象：「象」本義爲「形象」、「外觀」、「樣貌」等。四柱八字的組合結構就是一個象，「象」通常都是有形有象，可以觀察，可以看見。「象」也是理氣發展到最後的一個結果，因此可以這樣說：八字其實就是一個人前世行善作惡，因果報應的一個總結；一個人的身心結構圖；及人生

禍福吉凶，六親緣分，運程順逆等的一張籃圖。

2.氣：「象」中有「理氣」。氣是「能量」，是「磁場」，是天地一切事物組成的「基本元素」，氣這個元素有著像氣體般的流動特性，氣也是人類與一切生物具備的生命「能量」或「動力」。宇宙間的一切事物，即所有的象均是氣的運行與變化的結果。換言之，氣就是象的前身，尚未成象前，一切都是氣化未定的狀態。以人來說，心就是氣，心善則行善，來生有福報，擁有一個富貴吉祥的八字；心惡則行惡，來生受苦報，難逃一個貧賤凶夭的八字。

3.理：支持氣象運行無礙背後的理路，就是「理」。透過八字的「干支符號」之象，與五行生剋沖合變化的規律，自然而然能洞察先機，預知未來，這就是八字命理能預測的理由。決定命理的又是什麼？當然就是「易理」、「天理」等更高層級之真理，即所謂的「天地有改理不變」，「陰陽有盡理不遷」。這些不同領域的理，最後合於一道，由最高的「道」來整合與運作。即「理氣象」三者最終仍須「同於一理」，「合於一道」，才能和諧運行與作用。

【25問】研究八字命理為何要懂天命？

答：命理之「命」，本身就有豐富的內涵，不能不知，在中國哲學思想史上，「命學」或「命論」，都是很重要的核心命題，有完整的義理體系。其中「天命」更是意精義深，人們一定要去認識，因為人由天而來，「天命

思想」是「命理思想」的基礎。除了人的性命由天而賦予外，若不是從天命的高角度，超越性、圓滿性、根源性等來鳥瞰人生意義與價值，則面對自己的八字，回首自己的人生，心中的不甘與疑惑會一直存在著。

不甘什麼？不甘這個八字為什麼是我的？我為何是這樣子的人生？疑惑什麼？疑惑為何有生死無常？生死不絕？為何有命運捉弄？內心裡不解，總覺得此趟人生是殘缺、無常而無意義的。命理是用來預測後天吉凶用的，在諸理的層級中乃屬中等，故「命理」無法回答「這個八字為什麼是我的」諸如此類的問題，只有「因果之理」的「佛理」等才能解釋，甚至必須動用最高層級的「天命」、「天律」、「天理」等才能圓滿答覆。

宇宙天地間諸理分成「粗細微玄妙」等五種層次的理。說明如下：1.粗理：如「善有善報」等理，此理容易說也容易懂，一般用「肉眼」可見。2.細理：如「為何善沒有善報」、「世間有鬼神嗎」等，此理要細說，已經有些難懂，肉眼已難見，有「天眼」的人，才能見著。3.微理：如三教經典等已經難說，肉眼已無法見，必須用心去領悟、體會才能懂得，或有「慧眼」之人才能明白。4.玄理：如三教經典深奧處，此理用語言、文字等還可以勉強說一些，明心開悟者，先天智慧已顯者，或有「法眼」者才能領會。5.妙理：此理已無可說，得道成道者，與本靈會合者，或有「佛眼」者可通達。

從宋明理學「心即理」的思想來看，心是一個人的主宰，你認識、認同何種理，你就是何種人。佛家也說「一

心十法界」、「三界唯心」、「萬法唯識」，即世界一切
現象皆為自己內心所變現，所以「你的認識」決定了你的
今生及死後去處。假使一個人終其一生認同了偏邪歪理，
死後很可能墮入地獄、餓鬼道或畜生道等三惡道中。人若
認識了天命的真實義，能從天命觀的超高角度與視野來看
自己，除了有形身體之外，人還有天性、靈性等「形而
上」無形的先天成份存在。認同了這些先天生命的內涵，
進而去充實與改變不好習性，這樣的人生才有目標與價
值，也才有機會歿後往生淨土，及今生改變後天命運，扭
轉人生。

　　《論語‧顏淵》：「生死有命，富貴在天」，指出
人的生死等遭遇皆由天命決定，人力所難以挽回。其實並
非天命操控一切，安排了後天命運，而是自己的認識與認
知，及因此而造下的果報後，一切由自己來承擔。一切都
是最好的安排，不是嗎？上天在「人的命運」這件事情上
只是扮演公正的角色，無人可例外，無人能倖免，上天的
天命讓「因果定律」如是運行，讓「果報法則」如是現
前，讓天地萬物如是生滅，同歸於自然造化而已。

【26問】何謂「天命」？

　　答：「天命」觀念由來已久，人的命從何而來？先
民認為命由天而來，人命是由天來所賦予的，這種「人命
由天所賦」的天命觀念，就是天命的最簡單解釋。天命觀
念起源甚早，周朝時期已頗為流行。《尚書》：「有夏多
罪，天命殛之。」意思是夏王犯了許多罪行，上天命令

我去討伐他，這當中的「天命」就是指「上天命令」。總之，「天命」中的「命」字，有「命令」、「賦予」、「規定」等意義，古代認為帝王除受天命而有生命外，且擁有天下的統治權與教化責任，即上天賦予帝王統治萬民，教化群生的責任與權柄。

因此，所謂的「上天」，並非只是自然物質的天而已，人格化的天也有類似人的意志、思想等的精神功能。上天是無量清虛、絕對清淨、至尊至聖、永恆不變的存在，祂是我們性命的根源，是萬物的造物主，是靈性的母親。人的生命根源是來自於上天，不明此理，就無法理解天命的內涵意義。

【27問】何謂「五十而知天命」？

答：天命的觀念到了孔子時有些改變，孔子說「五十而知天命」，這時天命思想少了政治等意義，多了道德與宗教意義，即孔子年過半百時，知道了上天要他做「天事」，什麼是天事？代天宣化，傳天道脈，宏揚道德使命來救渡人心也。人心最難救，但也最重要。代天宣揚何事？孔子及諸天仙佛要告訴大地眾生，身體裡面的靈性是來自於無極理天，真靈不會消滅，人和天是母子的關係，人要好好修行回到理天靈鄉等等，這些就是上天主要宣揚的道理內容。

何為「天」？天者至尊而無為，至高而無形，至神而無情。天命不只是思想，也不只是理論而已，而是上天對無極先天道在世間流傳的一種「具體規範」，故天命即

天律，天命卽天事。天命之事沒有幾個人能懂，也沒有幾
個人能做，天事以「天命爲憑」，以「正法爲據」，所以
必須有像孔子這樣子有德行的人，懂天命，識天時，順天
意，遵天律，接天命後才能去做上天交待的事，於是天命
乃降在孔子身上。孔子之後，此天命不再是由君王傳承，
而是轉入俗家，道降火宅卽君王之道換成民間百姓來傳，
由道統道脈中之祖師來接天命，一代接一代，無令斷絕。
上天的天命系統遵循著天律，配合天時，由應運祖師接道
脈，領導辦理三曹普渡之天事，祖脈傳燈，使無極先天大
道能在人世間流行不絕。

【28問】許多宮廟為何也說自己帶天命？

答：現代有些宮廟靈修者說自己「帶天命」，就是
氣天神明要他做事，或當氣天神明的乩身等，來濟世救
人。孔子五十知天命的「天」，與宮廟帶天命的「天」，
其實並不相同，諸天神明所居住的世界，都可稱之爲天，
佛家有三十三天之說，道家說九重天，平常我們說的「上
天」，則是諸天之上，最高的「無極理天」。

孔子所說的天命是指最高的「無極理天」而言，理天
直降的修道法門爲「先天大道」，承接道脈聖職者稱之爲
「有天命在身」，引渡世間修子回天所辦者爲「天事」，
而宮廟神明則替氣天辦理後天濟世，與助道之事。換言
之，承接無極理天天命者，辦理無極先天大道爲其主要職
責，後天宮廟則「助道」而不「辦道」，如此「先天道」
與「後天廟」各司其職。孔子五十歲時已清楚知道，自己

除了「人命」之外，另有第二條命，即「天命」。接了天命，天人合一，與天共辦，引渡修子回歸理天原鄉，完成天賦予之使命。

【29問】如何理解「天命之謂性」？

答：天命觀念除了上述「君王受天命而有天下」之偏重政治上的意義外，最主要的就是「人的生命根源是來自於上天」。《中庸》這本經書的第一句就是在闡明此一眞義，《中庸》：「天命之謂性」，」意思是人的性命是上天賦予的，人們有此靈性之後，才能存活與運作。

整本《中庸》就是教人認識此一天賦之靈性，此性爲身中之道體，人來世的目的就是「修道了道」、「成道返天」。因爲吾人既然由理天而來，當然要返回理天原鄉去，否則就算是努力行善，積了大福報，不論在人間享多少富貴名利，甚至能成就氣天神明，享千年天人之福，福盡仍要墜落，繼續在三界六道中輪迴。

天賦之靈性，至圓至明，虛靈不昧，在聖不增，在凡不減。人的靈性來自於無極理天，理天無聲無臭，不生不滅，沒有輪迴，靈性具有同理天一樣的體性。人只要復性返本，慢慢恢復原本在理天的自己，與本靈復合，歸於眞道之後，就能回到理天原鄉，如此才算是眞正的獲得解脫，眞正的成仙成佛。

【30問】「天命」與「人命」有何關係？

答：天命與人命有何關係？天命與人命爲「天人關

係」，天為人的靈鄉，無極理天之主宰者為眞神，為造物主，為老母，是靈性的母親，所以「天人關係」就是「母子關係」，也是「性命關係」。如果沒有上天賦予我們這條靈性，其實色身命只是死屍一具而已。靈性不生不滅，不隨變化，人人同有，平等無差，具足一切，但只有聖佛清楚知道此靈之「體用」，聖佛不但知之，還能充之盡之，故聖佛「明體達用」，皆能「知性返天」。

上天靈性的母親賦予眾生一條靈性，此「天賦之本性」謂之「內在天命」。此「內在天命」人人俱有，個個相同。上天降下理天大道，由孔子等歷代祖師住世，辦理普渡三曹人鬼仙之天事，謂之「外在天命」。此「外在天命」非時不降，非人不傳，只有道脈祖師得以承接。此命由天所降，完全不假人力，此乃天律所定，天運使然。

《尚書 · 康誥》：「天命靡常」。「靡」是「沒有」之意，故此句話是針對外在天命在說的，外在天命不會永遠不變，外在天命會改變也會轉移，外在天命的轉移不是偶然與隨意的，而是有原因與根據的。身擔天命者無道敗德時，外在天命立即收回；住世祖師一旦成道回天繳旨了，外在天命也會轉移。道統中的歷代祖師接天命，完成在世傳道之任務後，即由新接掌天命的應運祖師接道脈，繼續大道普渡未盡之聖業。「道脈銜接」之理乃如一年四季自然運轉，簡單易懂，放下我執即能明白，《周易》：「一陰一陽之謂道。」天命分內外，內外天命合一才是道。修道者有此正確認知，才能維繫靈根慧命於不墜，圓滿回歸理天原鄉。

【31問】如何理解「大德者必受命」?

答:以修行的角度來看天命與人命的關係,另有一番深義。說明如下:如果沒有順天應命,如諸佛菩薩或孔孟聖者,接天命來宣揚無極先天大道真理,好讓眾生明理修行,則眾生雖有靈性,也只是專注後天,追逐物質享受,僅有「存活的功能」而已,百年之後與草木同朽,何來的萬物之靈長之美譽?

聖者承擔天命來教化萬民,群生一旦能明心開悟,以先天智慧平靜地來看自己的「因果人生」,則後天生活中遭逢的各種挫敗、不幸、被出賣、被欺侮等,就不會有那麼多的在意與不平了。有先天「真理的教化」才能改變思維與態度,態度決定高度,高度也決定態度,從最高的無極理天思維,俯瞰人間多少事,事事皆無礙,理理都通達,自然能接受後天的一切遭遇,無論富貴貧賤,壽夭窮通,一切都是最好的安排。

總之,無極理天的聖佛為了渡化世間有情眾生,將這種引渡的責任,交付予人間有德行之修子,所以《中庸》才說:「大德者必受命」。真正有德行,有願力,承接天命者才能傳理天大道,辦理天天事,教人改變命運,引渡原靈回天。天命之涵義,豐富又深奧;天事之莊嚴,神聖又難辦。只有內心清淨,發大悲願者,方能領悟與承擔,以先天智慧的強大力量,與天相應,遵天律法,神人合一,天人共辦,完成普渡三曹的重責大任。

【32問】孔子為何說「不知命，無以為君子也」？

答：「知命」與「立命」分別由孔子與孟子提出。孔子在《論語》最後一章說：「不知命，無以為君子也。」白話文：「不懂得天命，就不能做君子。」命在這裡不作「命運」解，而是指「性命」、「天命」而言。即要曉得人之所以有命能存活，不只是這個身體而已，身體內還有一條靈性的真我，更重要的是，知道這條靈性是由理天而來，由無極理天所賦予。

人生短短幾個秋，「無常今生」比起「永恆靈命」，如滄海一粟。《楞嚴經》：「譬如澄清，百千大海，棄之，唯認一浮漚體。目為全潮，窮盡瀛渤。汝等即是迷中倍人。」內容是說佛陀告訴我們，人的如來藏靈性大我，有如百千個澄清的大海，你卻拋棄它說看不到，只認識今生此色身，如同把浮在海面上的一個泡沫，認為這就是大海。真是一個加倍迷糊的人啊！

儒釋道三教合一，仙佛聖同此心性，宣說相同的宇宙真理。知命，知什麼命？知道此命來自無極理天，既知來處，就知歸處，人死就要返天而歸。知道這個道理的人，不會只在千門萬教中當信徒，拿香跟拜而已，而是走上真修實煉，明理達道，修己渡人的道路，在世成為才德出眾的君子，歿後回歸理天淨土故家鄉。

【33問】孟子的立命之道是什麼？

答：《孟子》最後一篇說：「盡其心者，知其性也。知其性，則知天矣。存其心，養其性，所以事天也。夭壽不貳，修身以俟之，所以立命也。」

白話文，孟子說：「盡了自己的本心，才能懂得自己的本性。懂得自己的本性，就能懂天命了。保存自己的本心，涵養自己的本性，如此來代天宣化，與天共辦。不論長壽或短命，都不曾改變道心，只是修身養性，等待天時，配合天命，這就是確保自己靈根慧命的方法。」

《孟子》一書最重要的就是〈盡心篇〉，孟子認為人一定要「盡心」之後才能「知性」，「知性」之後才能「知天」。所以「知天」不是件容易的事情，但是「知天」卻是人生來世間，最主要的一件事。不知天，人就不知自己真正的來處與去處，當然也就不知人生的意與價值。平常一般人所謂的「聊天」，真的是在聊「上天的事」嗎？恐怕都是在「聊是非」吧！人們何時才能真正輕鬆「聊天」、「知天」，最後「返天」見靈性的母親呢？

【34問】何謂「天人合一」？

答：抬頭仰望悠悠蒼天，似乎與我無關，其實天人之間並非永隔，何況天是你我的靈鄉呢！從大道化生萬物的事實來看，天人「同出而異名」，人身上有天在裡面，身中的靈性屬天，身中的真神也屬天，返于內觀，自然可以明白「天人一貫」，「天人一體」之理。

孔孟也都是從體認到「上天賦此靈性」，「天人本無

所殊」這個根本道理之後，從「人命」觀念進階接受「天命」觀念。進而風塵僕僕的去宣揚此一理念，盡心「與天共辦」，「與天相通」，「與天同道」，從此很少再去想到或擔心個人的命運，所想盡是上天要我承擔的天事，如何把天事圓滿完成。如此一來，把個人的小小命運融入天地大生命後，就能參贊天地之化育，建立第一希有功德，最後自然獲得解脫，成就永恆靈命，此即以「天人合一」的理念與實踐，來完成人生的無限價值。

知道後天的生死、名利與富貴等都屬於命，是命定的、短暫的、無常的，也是強求不得的。因此不再枉費心思在這些「因緣生滅的世俗」上，而是用盡心力在「可以把握的德行」上，這才是真正的「知命」與「立命」之道吧！

【35問】我只想研究八字，其它四書五經不想了解？

答：這種想法是錯誤的。人學會了八字後有比別人佔便宜嗎？懂了八字後就能改變自己的不良習性、錯誤觀念，真正走向趨吉避凶的人生道路嗎？恐怕很難。人學不學八字其實無所謂，但人人都應看四書五經，認識當中的「宇宙真理」與「人生真相」。懂八字之人，若只停留在取用神喜忌，看歲運吉凶，找適合自己的方向、行業等，想盡辦法避開凶險，然後盡量把後天的福份極大化，像這樣子的對八字命理學的認識，就只停留在「理氣象」三者中最低層級的「象」界的粗理而已。

　　只懂「象」的人生就是工作滿檔，只知追求世俗名利，即是一個被「物化」的人，膚淺且無知。這種人對於無形無象的能量、磁場、精神、鬼神、聖佛、天命、天律、天時、文化等，通通不懂也不想懂，當然也不信。在世間像這種只信物質，只信現象界，「眼睛爲憑」，只活在物質象界的人，認爲物質是唯一，其它的都沒有意義。

　　這種眞理知識平貧乏，命學認知錯誤的人，其實還眞不少呢！這或許是末法時期，衆生福淺慧薄的一種普遍現象吧！末法時期即「成住壞空」中的「壞」階段，也是「青紅白黑」中的白陽時期，人類世界處在即將毀壞的狀態，物質耗盡，災劫頻傳，人心敗壞，一幅末日來臨景象。此時此刻，人不學八字或不懂八字都沒關係，也不重要了，但絕對不能不懂四書五經中所說的道理，因爲經典中的道理，玄妙眞實，至高無上，圓滿究竟，是回歸理天靈鄉的資糧，也是靈性開悟必要的靈糧，絕不可或缺。

【36問】孟子認爲人和禽獸不同在哪裡？

　　答：《孟子·離婁下》：「人之所以異於禽獸者幾希，庶民去之，君子存之。舜明於庶物，察於人倫，由行義行，非行仁義也。」白話文語譯，孟子說：「人之所以不同於禽獸的地方，其實是極其細微的，普通人都把它丟棄了，君子卻把它保留下來。舜帝懂得萬事萬物的原理，明白做人的道理，內心依從天性而仁義行事，而不是去刻意強行仁義。」

　　孟子的這段話很有名，人畢竟是人，總有與禽獸相異

之處。不過這種相異之處，很細微。所謂「庶民」即是大多數的人，丟失了與禽獸相異的這點東西，只有君子還保存了這點東西。「幾希」的這點東西，是什麼？就是仁義的良心。良心、佛心、眞如、菩提心、如來藏、明心、理心、道心等，所講皆是同一個心，也就是不生不滅，具足圓滿的自性清淨心。

丟了良心，泯昧人性的結果，人雖能呼吸，何異木石？人雖能行動，何殊鳥獸？死後與草木同朽，生滅輪迴轉生於三惡道之迷界，而無法出離解脫，可惜了此趟人生之旅，形同虛度，空在人間走一回。正確的人生態度應該是，從八字命理體悟到更多的道理出來，如易理、佛理、天理等玄妙之理都應該要懂。另外，命運的「形成原因」與「解脫之道」，也都應該去認識與明白，人才有資格稱之爲萬物之靈。

【37問】行善一定能改變命運嗎？

答：絕大多數人都相信，善有善報，惡有惡報，行善終能改變命運。但社會上窮凶極惡，壞事做盡之人，竟然享福且長壽者仍然很多；而安份守己，行善助人之人，卻壽命不長，命運多舛者也常所見。爲什麼現實的情況與「善惡到頭終有報」的定律，會有這麼大的落差呢？

因果論三世，橫跨過去、現在、未來三世，建立因果報應之理。《增廣賢文》：「人惡人怕天不怕，人善人欺天不欺。善惡到頭終有報，只爭來早與來遲。」問題關鍵就在於「果報的時間」，果報又稱爲「異熟」，因與果

經常是「隔世異時」而熟，即常常「來世再報」，「現世報」者反而並不常見。

因果業力通三世，因此不要執著「今生」一定要親眼看到果報才甘願，內心相信「天理昭昭，報應不爽」之理就夠了，正義不會缺席，只會遲到。不信抬頭看，蒼天饒過誰？行善一定能改變命運，但不一定在今生就讓你看到成果。若你堅持行善的善報，一定要在今生讓你看到，而且一定要能夠來改變今生的命運，很抱歉，你可能要大失所望了。

【38問】人應抱著怎樣的心態來行善積德？

答：何謂「善」？美好的、優良的就稱之爲「善」。而所謂「善行」，一般指的是幫助別人，急難救濟，助印善書等行爲。有的人認爲行善積德，就一定是拿錢出來救濟貧人，或捐獻物質等，其實這些都只是行善的方式。無錢者可以出力，如救人之危，乘車時讓位，參加義工等，同樣是在行善積德。

《周易》：「一陰一陽之謂道，繼之者善也，成之者性也。」白話文，《周易》：「道之本體爲太極，道之作用爲陰陽。從太極到陰陽兩儀，都是純然不雜，純善無惡。在人生成之後，上天所賦予之靈性，也是清淨之善性。」

從孔子在《周易》繫辭傳所說的這段話，可以明白只要是「本性良知」流露出來的一切自然無爲的行爲，都是

「純善」與「至善」的。若非如此，而是從計較的、不清淨的人心所做的所謂「善行」，只是有爲、有漏的小善小德而已。因此，行善時的心態是關鍵，不求回報，沒有期望，自然的來行善積德，無相布施，才能做得既長又久，眞正利己利人。

【39問】「行善」與「修道」有何差別？

答：聖人勸人修道，並不以行善爲主，釐清「行善」與「修道」中的差別，是很重要的一件事情。修道不單單行善而已，而是要在積極行善中，心性能「超象入氣」、「超氣入理」，超越陰陽善惡相對，而進入純淨光明的無極絕對之境。

「修道」與「行善」來做比較，行善簡單多了，目前民間有很多行善團體，會員人數動輒數十萬甚至百萬，致力於國內外弱勢，及身心障礙家庭家屋修繕整理、醫療義診，乃至於舖路造橋，及各種災難的救援和提供物質救濟、捐衣施棺等。這些行善的義舉確實也帶給社會溫暖與風氣，也獲得大家普遍的讚揚。

行善即修道嗎？行善是修道的主要工作嗎？善是什麼？道又是什麼？善與道是什麼關係？天與人又是什麼關係？父母生我們的身體，誰又生下我們的靈體？我是誰？我從何處來？將來要往何處去？這趟人生我到底是來做什麼的？以上種種問題，修道者悟道明心，就會明白以上諸多問題。

何謂「明心」？一顆明白的心，看見了自己清淨的本

心。明心之人首要明白先天，明白自性，明白天道，明白因果等。因爲，「道」是宇宙眞理與人生眞相的整體，是生天生地，生萬事萬物的源頭，修道者必須正確了解，建立正知見，以不枉此生。行善雖得後天福報，但救不了迷失的靈魂，若不學道，滴水難消。

【40問】何謂「神道設教」？

　　答：「神道設教」此句出自於《周易・觀卦》：「觀天之神道而四時不忒，聖人以神道設教而天下服矣。」白話語譯如下：「聖人觀察大自然運行的神妙規律，就能理解四季交替毫不差錯的道理。聖人效法大自然的神妙規律，由上天設立教化來教育萬民，全天下之人自然信服。」

　　以上最容易爲大家誤解者卽「神道」一詞，許多人把「神道」視爲「宮廟神壇」，其實，在這裡「神」是指「神佛」或上天的運行規律，很神奇，很神妙之意，所以「神道」卽「天道」。上天爲了讓天下百姓明白「道爲何物」，所以才有五教聖人宣講眞理來教化萬民，教人來認識「神」，認識「道」，認識「天」。《中庸》：「修道之謂教」，更是直接說出「教化的目的就是依道的原則來修行」，換言之，「道」才是宗教信仰的重點。

　　許多人把宗教視爲人生最高價值，這種觀念是不正確的，信教或歸依宗教的眞正目的，是爲了「認識神佛」，「認識大道」，「認識上天」與「認識靈性」，而不是只有心靈寄託的表面信仰而已。以時間來論，五教出現的

時間約二千五百年前，但「神佛」、「大道」與「上天」早在億萬年前已存在。不論是「時間先後」或「位階高低」，「神、道、天」三者才是宇宙天地中最高境界，其重要性比世俗宗教要高出許多，五教聖人所宣揚的真理教育主要的內容也離不開此一宗旨。「神、道、天」三者以「道」為代表，與宗教的不同，整理如下表：

	掌管	核心	法門	方式	時機	求得	宗旨
道	上天	天命	頓法	先得後修	有隱有顯	理天三寶	了脫生死
教	教主	教化	漸法	先修後得	普遍常有	教義教規	行善積德

另外，以先後天來論，道為先天，教為後天。以渡化對象而言，道為「三曹普渡」，即上渡天曹氣天大仙，中度人曹人間善男信女，下渡地曹地府幽冥鬼魂。除此之外，「先天大道」是由承接天命的住世祖師，來掌理人間道場。道與教是相輔相成的，道無教不興，教無道不立。神道設教中的「神」，除了有「神佛」、「上天」等之義外，也可以解釋成人的「元神」，或人的「靈性」或「本性」、「道心」等身中自神。此神此靈為原本的自己，人唯有靠此神此靈才能與天感，與神佛應，才能明道。人若老是用人心來思考，來讀經，來修行，千百萬劫恐難明白「天、神、道」等為何物。

【41問】「福報」就是「功德」嗎？

答：《六祖壇經》：「弟子聞達磨初化梁武帝，帝問云：『朕一生造寺度僧，布施設齋，有何功德？』達磨言：『實無功德。』弟子未達此理，願和尚為說。」師曰：「實無功德，勿疑先聖之言。武帝心邪，不知正法。造寺度僧，布施設齋，名為求福，不可將福便為功德。功德在法身中，不在修福。」

白話翻譯：「韋刺史說：弟子聽說達摩祖師剛來中國，第一個要渡化的是梁武帝。那時，梁武帝問達摩：『我一生建廟與剃度僧侶無數，並且佈施設齋，這樣，不知功德有多少？』而達摩祖師回答：『真的一點功德也沒有！』弟子不懂為何梁武帝一點功德也沒有，還請大師為我釋疑，惠能大師說：『真的是一點功德也沒有，不要懷疑達摩祖師的話，梁武帝知見偏差，不明白真正的佛法，建廟剃度僧侶，佈施齋僧這樣的事，叫做修福德，只會感得來生福報，無法了脫生死，千萬不要把福報錯認是功德，真正的功德在自性法身中，本自俱足，並非透過修福來獲得。』」

【42問】何謂「功德在法身中」？

答：一千五百多年前的梁武帝對於「功德」與「福報」兩者分不清楚，千年後的你我，能分辨功德與福報其中的差異嗎？何謂「功德在法身中」？最簡單的說法，就是從自性靈體流露，所作出來的一切清淨無為行為都是「功德」，若非如此，就是「福報」。

　　何謂「福報」？「福」就是「福氣」，「報」就是
「果報」，福報是一種前世今生以人間的善行，或物質去
利益他人的後天，救急救難等，幫助了別人今生的生活，
而行善者最終獲得報答酬謝的果報，就稱之爲「福報」。
行善獲得的福報是有形有限的，今生或來生享受完就沒
了。另外，行善非究竟，行善如放生等行爲經常引起副作
用，所以說行善是有漏法。

　　至於「功德」則是出自於自性清淨心做上天的事，自
然無爲，配合天命，救渡人心，昇華先天靈性，讓其心開
了悟，生妙智慧，回歸靈鄉，不但救渡了衆生的今生，也
救渡了生生世世的靈命。功德與福報的分別，表解如下：

功德	助其先天、救渡靈性、影響永生、無漏無爲、無量福德、無形無象、永恆不變
福報	助其後天、救濟物質、影響今生、有漏有爲、有限福份、有形有象、無常變化

【43問】何謂「感覺、知覺與靈覺」？

　　答：感覺、知覺與靈覺即「身心靈」三者的作用與功
能，此理極爲重要，不能不知，以表解分述如下：

身	感覺	可愛童星謝欣諭，騎腳踏車輾過阿嬤的腳，阿嬤卻沒反應，童星慌張得哭了出來的樣子，相信停留在許多人腦海中。在身心靈當中，手腳等身體器官屬於「身」，卽身體感官能力的部分，對冷熱觸碰等的正常反應，稱之爲「感覺」。
心	知覺	喜怒哀樂等內心認知、情緒等反應，在身心靈當中，屬於「心」，卽頭腦心智部分，則稱之爲「知覺」。感覺與知覺這兩種覺知，大多數的人都能熟知，但這兩者都僅止於「表層思考」，未觸及本性的「深層體悟」。
靈	靈覺	在身心靈當中，屬於「靈性精神」部分的覺知，或稱之爲「靈覺」的，許多人終其一生，都不解與陌生。靈覺，在佛經中稱之爲本覺。《佛光大辭典》對於本覺是這樣解釋的：「先天本有而不受煩惱污染等迷相所影響，其心體本性乃本來清淨之覺體，稱爲本覺。」本覺就是先天本靈與人的靈魂會合，而產生的覺醒。如此悟道明心，能生先天智慧與無窮力量。

人的「感覺」出了問題，感覺遲鈍，手腳痲痺等，可以藉由藥物來改善末梢血液循環。「知覺」與頭腦心智問

題，也能經由現代醫學及教育等，來醫治與培養訓練。至於，我們出生之後，一直呈昏睡狀態的「靈覺」，這個最高層次的靈性精神本體，有沒有叫醒或開啟的方法？好讓人們能走上通往認識無形，認識先天，認識天命，認識本來，認識生命的實相後，找到常樂我淨的永恆人生。

《莊子》：「夫哀莫大於心死，而人死亦次之。」白話文：「沒有任何悲哀可以與『靈性的死亡』來相比，『身體的死亡』等都只是次要的。」《莊子》這一段所論述的「心死」之「心」，是指「道心」、「佛心」、「本心」、「自心」等而言，就是在說人的靈性一直沒有醒來的情況，形同是「靈性的死亡」。

我們雖然不斷地出生入死，投胎轉世，但對於身體內的那條靈魂而言，它一直在昏迷中。所以此趟人生之旅，無論社經地位多高，物質享受多好，金錢財富多豐，卻一直找不到人生的方向與生命意義價值。為什麼？因為來到人世間的主要目的，甚至是唯一目的，是喚醒您的靈性啊！喚醒之後才能有先天智慧去學道、懂道、行道、成道。此樁「喚醒靈性」之事即「了脫生死」的一大事，只要沒完成此事，這一輩子即為虛度，此趟人生等同白活。

覺雖分「感覺」、「知覺」與「靈覺」等三種，都是同樣一顆心，轉念開悟只是一瞬間。自覺自悟，要從日常對道理的「小悟」，慢慢積累而成「大悟」與「頓悟」。等到有朝一日靈性醒來，一句話，一件事，一景象等都能讓人醒悟迷津，突破塵緣，道在我心，就能找到生命意義與方向，並開始踏上修行回歸靈鄉之道路。

【44問】如何昇華自己的人心？

答：何謂人心？就是你的想法、看法、情緒、意志、思想與認知等皆是。人心是今生在世間的主宰，心怎麼想，人就怎麼做，若人心清淨也明理，根本不會有「起惑造業」之事。但從唯識學來論，人心是歷劫的善惡種子，含藏大量的貪嗔痴在裡面。日常生活在歷緣對境中，由六根與六塵相應，種子起現行，透過身口意產生業行，然後現行再薰種子，新的種子又深植於藏識中，等待下個因緣再現行。如此「種子起現行，現行薰種子」，循環不斷，形成自我「表層意識」的人心與「深層意識」的我執。

這些表層與深層意識的「人心」與「我執」，對於自性道心而言，是覆蓋了厚厚的一層塵垢，這些塵垢人心讓我們迷失，讓我們無明，讓我們失掉智慧與力量，只是不斷地胡亂過日子與造惡業。

人心的迷失，與人對「理的無知」有密切的關係，簡單的講，對理不明不白，心也就無法清淨，即所謂的「理不明，心不清」。一旦心不清淨，心就沒有力量，根本無法面對紛至沓來的家事、國事、天下事，於是人從「心的迷失」、「理的無知」，變成了對「事的無能」。內心一片紊亂，理路完全不清，心力終日交瘁，事情總是不順，這究竟是一個怎樣的人生，如何度過？這樣的人生還有救嗎？

人人皆有佛性，只差「迷」與「悟」而已。《道德經》：「上士聞道，勤而行之；中士聞道，若存若亡；下士聞道，大笑之。不笑不足以為道。」白話文：「有先天

智慧的上士聽了道，積極努力地去實踐；還有一點慧根的中士聽了道，有時進道有時退道；一般世俗的下士聽了道，哈哈大笑。不被這些人嘲笑就不是真道了。」從無極理天下來的佛子，求得理天大道後，道緣深厚，當下明白，道在我心，幡然覺醒，此為「頓悟」；輪迴已久的芸芸眾生，只能慢慢學習，逐漸明理，此為「漸悟」。其實只要有心，無論頓悟漸悟，聞道後精進修道、成道，最終都能離苦得樂，同登彼岸。最怕是執迷不悟，一再造業，苦海漂泊，生死不絕，恐怕真的要萬劫不復了。

堯傳位給舜時說「人心惟危」，所說的就是這種執迷不悟，人心浮動，胡作非為，違背天理的情形。人若沒有求道修行，透過學道與明道來自省降服人心，只任憑人心隨心所欲，是非常危險的。誰能降服人心？就是道心！但道心卻深藏在隱密細微處，識者不多，信者更少。只有透過求道修行，精進持戒，力行實踐善行善德，一心不亂，有朝一日，由聖者指引，領悟覺醒，道心不昧，念念清淨，必能回歸本然。

【45問】八字輕容易看見鬼嗎？

答：八字輕或重的算法，和八字命理推命法並不相同，此種八字輕重算命法正確的名稱為「袁天罡稱骨算命法」，此法是由唐代著名的星象預測家袁天罡所創。這種算命方法同樣使用四柱八字，來預測人一生的吉凶禍福，但方法卻簡單許多，深為一般世俗之人所喜愛。其法為將四柱年月日時對應的重量加起來，就會得到從二兩一到七

兩二之間，共有五十二組的不同結果。

五十二組再簡分成三大組別：1.八字輕：二兩一到三兩七。2.八字中等：三兩八到五兩四。3.八字重：五兩五到七兩二。原則上，八字輕者，代表出身寒微，生活困苦，一生貧賤等。八字重者，代表出身富貴，生活優渥，一生榮華。八字輕容易看見鬼嗎？這是民間流傳已久的一種說法，真正的理由不明，或許認為歹命人元神弱，容易被鬼怪來上身或欺負。這種說法能信嗎？只能說：信者恆信，不信者恆不信。

【46問】何謂八字的「根苗花果」？

答：八字由年月日時等四柱來組成，它的組成時間序是先有「年柱」、「月柱」、「日柱」，最後才是「時柱」，如同植物的種子先生根，再長苗後，開花與結果。

《神峰通考》：「以年為根，月為苗，日為花，時為實者，看年月中，若有財官印綬，無少剋破，是根苗先有氣也。」這段講的就是說，若在年月柱有財官印等，沒有被沖被剋，則表示出生後到青年時期，不論家運或個人運勢都亨通，因為代表幼青年之年月根苗都氣旺也。

八字的「根苗花果」所代表的涵義，如下表：

根	年柱	人之所生，幼年運、祖先宮、父母宮，1-20歲運勢。代表祖先、祖德，可知祖先之盛衰，祖蔭之有無，及幼少年運的好壞。

苗	月柱	人之立身，青年運、父母宮、兄弟宮，21-40歲運勢。代表父母及兄弟姐妹，可知親蔭之有無，及青年運的好壞。
花	日柱	人之行事，中年運、夫妻宮，41-60歲運勢。代表自己與配偶，可知己身之所作為與中年運的有無成就。
果	時柱	人之收成，晚年運、子女宮，61歲之後運勢。代表子女與晚輩，可知晚年及其福壽情形如何。

【47問】有那幾種人不宜為他們算命？

答：有六種人。此說出自於《命理探源》：「一是因為自己有錢，把別人都不放在眼裏的人。二是貪財而不講義氣的人。三是作風不正的人。四是來算命時，言不由衷，試圖玩玩的人。五是只相信自己的能力，而不相信命的人。六是出生時刻不準確的人。」佛有「三不度」，即無緣者不度，無信者不度，無願者不度。對照一下「六不算」，其中有些道理是相通的。

【48問】何謂「命造」？

答：「命造」即一個人的生辰八字，可簡稱「造」。命造，根據人的性別不同，又可分為「乾造」和「坤造」。乾造代表男生八字，坤造代表女生八字。命造是由「命由我造」、「命由己造」等概念而來，符合佛教的

「因果報應法則」之說，卽我們的生死、命運是由自己所作，受因緣果報而來的。所以，無論遭逢如何悲慘的人生命運，你的心要相信上天的公平無私，不必怨天尤人，一切都是自作自受，自己做的事情，由自己來承擔後果，剛好而已。

【49問】剖腹擇日是人工八字，不可信？

答：近年來剖腹生產的情形越來越普遍，原因不外乎準媽媽們想替孩子創造一個好八字。根據2017年4月世界衛生組織的一份報告顯示，中國孕婦的剖腹產率一直高居50%左右，穩居世界之首。有人認爲剖腹擇日是一種人工八字，故此八字失去價值不可信，眞的是如此嗎？

其實，剖腹擇日並不容易，因爲年柱與月柱都被固定了，充其量只能擇日柱與時柱，卽八字中只能擇其中的四個字而已。另外，你請哪一位命理師幫你擇日，是一個變數。再過來，婦產科醫師能不能完全配合，也是一個變數。最後，孕婦能不能等到所擇之良辰吉時，又是另一個大變數。萬般皆由命，從剖腹擇日看到人們對生命的美好憧憬，也看到「希望生個來報恩子女」的可憐天下父母心！

以八字實務來論，剖腹擇日首要避開與產婦「刑沖剋」的日時，另外，八字結構日主和其它五行十神的中和平衡，財官印透干情形，格局成敗，用神衰旺，以及用神選取是否符合行運喜忌等等，在有限的時段中要多方考量，面面俱到，找到一個好命八字並不是件容易的事。

【50問】人應該以何種態度面對算命結果？

答：算命的結果不是吉就是凶，結果是吉，內心當然高興；結果是凶，內心難掩失望。會有這些反應，都是人之常情，不足怪也。吉凶是絕對的嗎？顯然不是，經過人為的積極努力，吉凶是可以改變的。以八字推算財運為例，若此運為凶，不冒險投資不就成了嗎？吉運不是叫你坐者等成功，凶運也不是叫你坐著等失敗，而是積極面對，智慧決擇，調整自己主觀意識，配合周遭變化環境，終能扭轉頹勢，迎向成功。

更何況，逢凶也是自己的過去世業力使然，如今因果業報，時間成熟而現前，每經歷一次的凶災，就了一次的業，還了一次的債，因果業債會越來越輕，這是上天因果定律的公平。從「還清業債」這個角度來看，遭逢凶險不也是好事一椿嗎？

第二篇

八字命理源流

【51問】八字命理學說最早起源於何時？

答：人類的歷史有多久，算命的文化就有多久。因爲整個人生的過程是充滿了不確定性，各種無情災變，意外事故隨時都會發生。生命會自己找出路，人們會想預知未來，未雨綢繆，想辦法來預測未來吉凶。六千年前埃及人就有占星術，中國也有八字命理學，八字主要由十天干與十二地支組合成，若論干支的使用歷史，最早可推算至黃帝時代，至今約五千年前。

《御批歷代通鑑輯覽》：「作甲子，甲乙丙丁戊己庚辛壬癸謂之幹，子丑寅卯辰巳午未申酉戌亥謂之枝，枝幹相配以名，日而定之以納音。」此段文字卽說明軒轅黃帝創立「干支紀年法」，最早時稱之爲「幹枝」，以樹幹與樹枝來比喻時間的推演與發展，後再由「幹枝」改稱爲「干支」。卽干支六十甲子本來是用來表示時間序列用的，後來，六十甲子再由「時間符號」，轉變成預測人生命運吉凶的工具符號。

我國古代算命術，始於戰國時期的鬼谷子，道號玄微子，世稱鬼谷先生、王禪老祖。《錄異記》一書中視鬼谷子爲仙人：「鬼谷先生者古之眞仙也。云姓王氏，自軒轅之代，歷於商周。隨老君西化流沙，泊周末，復還中國。居漢濱鬼谷山，受道弟子百餘人。」鬼谷子的主要著作有《鬼谷子》及《本經陰符七術》等二書。八字算命術可考的則始於唐代李虛中，唐代李虛中之前論命法，以年柱納音五行爲主，李虛中則改以年月日三柱合論。

【52問】最早用生辰來算命是在何時？

答：根據目前可以看到的史料，二千二百多年前的秦簡《日書》是最早用生日來推算人之命運的，當時四柱中只用日柱來推算而已。《日書》是當時占卜師在占卜時所使用的工具書，司馬遷在《史記》中撰有《日者列傳》，其中的「日者」即占卜師。秦簡《日書》：「甲戌生子，飲食急」。意思是甲戌日出生的人，吃東西很快。又說：「丁丑生子，好言語，或眚於目。」意思是丁丑日出生的人，喜歡講話，以及善用語言來表達意念，但眼睛有毛病。

【53問】八字與術數有何關係？

答：所謂「術數」指中華文化利用河圖、洛書等書籍，關於陰陽、五行、八卦等的應用，用它來推測國運興衰和個人吉凶。術數包括有星占、卜筮、八字、六壬、奇門遁甲、相命、拆字、擇日、堪輿、紫微斗數等。術數的範疇很廣，舉凡應用陰陽、五行、干支等工具，來預測未來吉凶的，都是術數文化的一員。《黃帝內經》：「上古之人，其知道者，法於陰陽，和於術數。」意思是上古時代的人，都懂天地間的道學，他們主要是根據陰陽學說與術數的內涵，來預測吉凶的。可見術數文化的歷史非常悠久。

【54問】八字命學歷代重要的著作有哪些？

答：除了唐代的《李虛中命書》之外，晉代郭璞的《玉照神應真經》，隋代蕭吉的《五行大義》，還有宋代徐大升的《淵海子平》，徐子平的《珞琭子三命消息賦注》，南宋廖中的《五行精紀》。明代劉伯溫的《滴天髓》，張神峰的《神峰通考》，萬民英的《三命通會》，作者不詳的《星平會海》，西窗老人的《蘭台妙選》，雷鳴夏《子平管見》。清代《御定子平》，沈孝瞻的《子平真詮》，陳素庵的《命理約言》，任鐵樵的《滴天髓闡微》，餘春台的《窮通寶鑒》等。民國之後韋千里的《千里命稿》，袁樹珊的《命理探源》，徐樂吾的《窮通寶鑑評註》、《造化元鑰評註》、《寶鑑例釋錄》，吳俊民的《命理新論》，陳品宏的《預言命學真解》等。

【55問】最早的一本八字典籍是什麼？

答：是一千二百多年前唐代李虛中所寫的《李虛中命書》。李虛中，唐魏郡，今河北大名人，西元761-813年，祖籍隴西。北魏侍中李沖的八世孫，貞元十一年進士及第，曾任殿中侍御史。李虛中病逝後，韓愈曾為李虛中撰寫墓誌銘：「喜學，學無所不通，最深於五行書。以人之始生年月日所值日辰干支相生勝衰，死王相斟酌，推人壽夭貴賤利不利，輒先處其年時，百不失一二是也。」內容是說李虛中對五行生剋有很深的研究，推算人的禍福貴賤等命運，一百人當中只一二個不準而已。

【56問】《李虛中命書》的主要內容是什麼？

答：此書爲「祿命法」的代表著作，分成三卷，〈上卷〉說明納音及神煞論命法，〈中卷〉論陰陽、五行生剋沖合、八卦、干支、胎元等，〈下卷〉論十二長生、大小運、格局等。此書主要用「年月日三柱六字」來推算人的命運，據說其理論來源於鬼谷子，故《李虛中命書》又稱爲《鬼谷子遺文書》。

此書以人出生的「年干支」，即年柱爲主，輔以月日干支，再加上年干支納音五行的旺衰，進而來推算人生命運。出生年天干稱之爲「祿」，代表權貴；出生年地支稱之爲「命」，代表財富；出生年納音稱之爲「身」，代表才能。「干祿」、「支命」與「納音」也稱之爲「三命」，此三命即可看出一個人的終生福祿富貴。除此之外，還參看「神煞」，神煞分爲吉神和凶神兩種，吉神主要有「天乙貴人」等，若人遇之，主官貴早發。

【57問】《李虛中命書》中胎元的主作用爲何？

答：「胎元」即「母親受孕成胎的月分」。是從八字月柱去推出，其方法是以月柱的天干向前推一位就是胎元天干；月柱的地支向前推三位就是胎元地支。例如丙戌月起胎元，丙向前一位是丁，戌向前進三位是丑，故胎元是「丁丑」，其餘仿此。

胎元的吉凶斷法如下：1.胎元是根基，不可與四柱相

剋，若與命局某一柱相沖剋，則主某一柱的六親不吉。
2.胎元若與日柱相沖相穿，則主此人一生辛苦勞碌，少福
份。3.胎元干支與年柱和時柱干支相生，得祖上庇佑且長
壽，如與生時干支刑沖剋害，主父母壽命不長。4.胎元遇
吉星大吉，如與天德月德貴人相臨，必得福星護佑。5.四
柱納音不宜與胎元納音相剋，如有三柱納音與胎元納音相
剋，主此人祖上貧困，父母早喪，幼年一無所有。

【58問】《李虛中命書》的命運觀為何？

答：《李虛中命書》：「噫造化寥廓，禍福杳微，或
積善而有災殃，或積惡而多喜慶，蓋禍福定於生時善惡由
人，然而天道福善禍淫，故君子修身以俟命。」

白話文：「天地造化的原理是如此的空曠深遠，禍福
吉凶的法則也是如此的深奧難解。有人多行善積德遭到無
情的災禍；有人多行不義卻反獲得了吉祥如意，這究竟是
怎樣的一種安排？其實，今生的福禍是顯現先天帶來的命
運，在出生時就已確定；而今生所做的善惡行為則屬於後
天所造命運。上天一定會賜福給行善的人，也會加禍於做
惡之人。天道賞善罰惡之公正無私，絲毫不爽，因此君子
仍要努力修身，以待天命。」

其中提到「修身以俟命」，是出自於《中庸》：「君
子居易以俟命，小人行險以徼幸。」意思是說一個君子平
常為人處世，生活單純，光明正大，其它的命運就任憑上
天去安排；若是小人則相反，只想得到非分利益，做事情
走險路，抄小路，不遵循天命，一出事就怪東怪西，怪命

運不好。

【59問】「祿命法」就是「子平法」嗎？

答：「祿命法」在漢代就已經有了，到了唐代祿命法的理論與實務已經很完善且流行，宋代以後「子平法」才取代「祿命法」為大家所接受，因此祿命法可說是子平法的前身。祿命法主要以年柱為核心，以胎元及其它三柱為輔，重納音，重神煞。到了宋代徐子平創立了以日干為論命核心的理論，不再使用納音五行，而改以正五行，取消了胎元等。以日干為核心，以月為提綱，以十神為基礎，徐子平開創了子平法的時代。

【60問】八字學為何又稱之為「子平八字」？

答：八字學又稱為「子平八字」，跟徐子平這個人有關係。徐子平，名居易，北宋人，生平事蹟皆不詳，傳說五代末年時曾與陳摶一起修行，隱居於陝西華山一帶，著有《徐氏珞琭子賦注》二卷。他把李虛中的年月日「三柱六字」法，改進成今日的年月日時「四柱八字」法。後人為了紀念他，於是把八字命理也稱為「子平八字」。

【61問】何謂「干支納音」？

答：「干支納音」，亦稱「納音五行」，是六十甲子和五音十二律的結合，使得每個六十甲子都有一個五行與之相配。以甲子為例，甲屬木，子屬水，甲子這組干支

應該屬什麼？木或水？答案不是木也不是水，而是屬金。六十甲子與納音的關係，有一個《六十甲子納音歌》，寫得很清楚，很方便就可以查到任何六十甲子的納音五行。

【62問】「干支納音」的理論根據為何？

答：「干支納音」的理論是六十甲子和五音十二律的結合，使得每個六十甲子都有一個五行與之相配。其中十二律，即高低十二調，如同西洋音樂的ABC等調。這十二調的來源，據說是由黃帝命令他的臣子伶倫氏，到昆侖山去采十二根竹子所做成的。這十二根竹管的長度與直徑都不同，因此，可以吹奏出十二種調。十二調又可分成：陽六律，配合鳳的鳴聲；陰六呂，配合凰的鳴聲。最長的律稱為黃鐘，長九寸，直徑九分。最短的呂稱為應鐘，長三點三二寸。這十二律呂應十二個月，即每個月所演奏的樂都是不一樣的調，而定調的標準正是這十二根竹管。

每一調，又可分為「宮商角徵羽」五音，十二乘五，剛好是六十音調，可以配上六十甲子。至於為什麼甲子、乙丑的納音是金？則要從「數」的角度說起。根據《太玄經》所載：天干之數：甲九，乙八，丙七，丁六，戊五，己九，庚八，辛七，壬六，癸五。地支之數：子九，丑八，寅七，卯六，辰五，巳四，午九，未八，申七，酉六，戌五，亥四。河圖之數：水一，火二，木三，金四，土五。納音之理源于天地「自然之理」，符合「天地之數」，因此，易理中之大衍之數五十，使用則為四十九

數。卽以四十九減去干支之合數，所剩之數再除以五，如果餘數是一，則爲水，二爲火，三爲木，四爲金，五爲土，再以五行所生之另一五行卽是答案。

【63問】何謂「三命」？

答：《窮通寶鑒》：「古法以年命之天干地支及納音爲三命，干爲祿，支爲命，納音爲身。」《五行精紀》：「談命者當分祿命身，以干配祿，以支合命，以納音論身，之謂三命。」《李虛中命書》：「干主名祿貴權，爲衣食受用之基；支主金珠積富，爲得失榮枯之本；納音主財能器識，爲人倫親屬之宗。」

其它各書如《三命通會》和《淵海子平》等，對於「三命」也都有詳細的論述。可見從古以來干支納音就是祿命法中的重要內容。總之，「干爲祿、支爲命、納音爲身」的三命論法，是祿命法論命體系中非常重要的一環。

【64問】八字如何應用干支納音？

答：在宋代之前，祿命法的推斷相當重視納音，其主要的法則是：大運與流年的納音，不可以剋到本命年柱與時柱之納音。例如：乙亥年生坤命，年乙亥納音火，月己卯納音土，日辛亥納音金，時丙申納音火。大運6庚辰納音金，16辛巳納音金，26壬午納音木，36癸未納音木，46甲申納音水，56乙酉納音水，66丙戌納音土。

從上述可知，此人在46歲至65歲這二十年中甚爲不利，因爲大運納音水，剛好剋到年柱與時柱的納音火。若

再細查這二十年中的每一流年納音，如果再有屬水者，則大運與流年都不吉，即可以直接斷為大凶了。

【65問】《五行大義》的主要內容是什麼？

答：此書是西元594年隋朝陰陽學家蕭吉的著作，當時蕭吉寫這本書，主要是獻給隋朝皇帝看的。《五行大義》是關於五行很重要的古代典籍，此書共分五卷二十四篇四十段，〈卷一〉有釋名、辯體性、論數。〈卷二〉有論相生、論配干支、論相雜、論德、論合、論扶抑、論相剋、論刑、論善、論衝破。〈卷三〉有論雜配，〈卷四〉有論律呂、論七政、論八卦八風、論性情、論治政。〈卷五〉有論諸神、論五帝、論諸官、論諸人、論禽蟲。此書重點探討五行的起源，認為五行是「造化之根源」，「人倫之資始」。

【66問】《五行精紀》主要在說些什麼？

答：作者廖中，南宋人。西元1228年發行時，岳飛的孫子岳珂，曾為其作序，可見其歷史價值。書名取《五行精紀》，表示此書是「五行學說的精華記錄」，《五行精紀》論命的理論體系與現今八字推算方法不同。主要是以年柱干支來推算富貴貧賤，用納音，重神煞，講格局等。此書每引用的資料，都有注明資料出處，該書共引用了宋朝之前五十二本命理著作，可惜絕大部分古籍均已失傳。

【67問】《珞琭子三命消息賦注》的作者是誰？

答：《珞琭子三命消息賦注》是宋代徐子平所注解，《珞琭子三命消息賦》原著是戰國珞琭子所作，珞琭子何許人也？只知道是戰國時期的一名隱士，其它都不得而知。《珞琭子三命消息賦》是古代提出「祿命身」三命論法最早的一本書，使古代命理學從「星象命理」轉入到「四柱命理」，珞琭子本人也被譽為秦漢魏晉以後祿命學的祖師。

【68問】《三命通會》的價值在何處？

答：《三命通會》由明朝進士萬民英所撰，全書共十二卷。《四庫全書總目提要》曾評論此書：「自明以來談星命者，皆以此本為總彙，幾於家有其書。其闡發子平之遺法，於官印、財祿、食傷之名義，用神之輕重，諸神煞所係之吉凶，皆能採撮群言，得其精要。」從以上所述，可知其價值之所在。此書總結了明代之千年來的八字命理學的發展歷史，擷取精華，摒棄糟粕，使八字體系臻於完善。後三卷收錄了很多歷史上重要的八字經典賦文，使之得以保存並廣傳。

【69問】《滴天髓》的主要內容為何？

答：《滴天髓》一書被稱為八字命理學中的「聖經」，此書的重要性與價值可想而知。此書為明朝劉伯溫所作，全書主要分成〈通神論〉、〈六親論〉兩大綱要，

〈通神論〉包括：天道、地道、人道、知命、理氣等，共計二十九章。

民國命理學家徐樂吾《子平真詮評註》序：「此中舊籍，首推《滴天髓》與《子平真詮》二書，最為完備精審，後世言命學者，千言萬語，不能越其範圍，如江河日月，不可廢者。」又說：「後學者研究命學原理，得此二書，不致於誤入歧途。」清初《命理約言》作者陳素庵對《滴天髓》的評價如下：「其書窮干支之情，通陰陽之變，不拘格局，不用神煞，但從命理推求，愈入愈微，愈微愈顯，誠此道之專精，術家之拔萃也。」

至於另一本《滴天髓闡微》則是清代道光年間，任鐵樵的畢生研究《滴天髓》的成果，他結合一生命理實踐的功夫，分篇增注，闡微發隱，正本清源，並以大量的命造作為命例，來證明命學理論體系的正確無誤。

【70問】《張果星宗》內容說些什麼？

答：《張果星宗》成書於明代時期，為七政四餘之星命術。「七政」是指日月金木水火土等七種星曜。再加上「四餘」紫氣、月孛、羅睺、計都等四個虛星。七政四餘斷命，是以出生之年月日，觀察當天七政四餘等星曜，所居十二宮的廟旺，與所躔二十八宿的度數，以測知人生日之吉凶。七政四餘又稱「果老星宗」，是中國古代占星學的鼻祖，傳說由唐代張果老所創。此書掛名張果，其實並非張果所作，一般認為是後代星命家收羅編輯而成，內容十分龐雜。張果老，唐朝人，西元618-907年，本名張果，

人們在他的名字上加一個「老」字，表示對他的尊敬，是古代八仙之一，在民間有廣泛的影響力。

【71問】《子平真詮》是誰寫的？

答：《子平真詮》爲清朝乾隆進士沈孝瞻所著。沈孝瞻，清朝人，乾隆四年己未年（1739年）進士。乾隆十六年（1751年）任江西德興縣縣令，乾隆四十一年出版《子平真詮》，六十二歲時逝世。《子平真詮》一書中實例很少，所舉實例，多從古書中出。《子平真詮》一共四十八章。全書最大的特色爲提出「格局用神」的理論，凡是「財官印食」等格局，即要生之護之，稱爲「順用」。如正財格喜用爲食傷，忌神爲比劫。凡是「煞傷劫刃」等格局，即制之化之，稱爲「逆用」。如七殺格喜用爲食傷，忌神爲財星。

【72問】《神峰通考》內容在說什麼？

答：《神峰通考》爲明朝神峰子張楠所著。作者本身是名中醫師，研究子平命學一輩子，晚年才寫此書。全書分成四卷，作者自己說寫書的目的是要匡扶正理，修正謬論。因此，書中很多是作者自己的經驗與心得，有「動靜說」、「蓋頭說」、「六親說」、「病藥說類」等，此書被稱之爲「命理正宗」，和《淵海子平》、《三命通會》、《星平會海》、《子平真詮》等五本書，被譽爲傳統子平命理學五大名著，凡有心研究八字命理者，均值得一讀。

【73問】《蘭台妙選》的特色為何？

答：《蘭台妙選》一書是納音古法論命之經典之作，專門以納音取象再配以五行生剋來論命。作者是西窗老人，關於此人的生平、籍貫之等資訊，一概無從考證，連什麼朝代到現在都無法確定。有可能是明代，因爲此書就是收錄在《明史藝文志》中。此書專以納音取象論命，除此之外，《蘭台妙選》書中有許多奇格異局，諸如「馬化龍駒」、「蛇化青龍」、「子歸母腹」、「石榴噴火」等。《三命通會》的作者萬民英高度推崇此書，並認爲《妙選》一書「信非得道者不能作，眞三命之指南，蘭台之妙選。」

【74問】《淵海子平》全書內容大要爲何？

答：《淵海子平》是八字命理學上重要的著作。此書原本爲宋朝徐大升所著《淵海》與《淵源》兩書，後至明代楊淙將兩書合爲一，並有所增補，取名《淵海子平》。全書分五卷，〈第一卷〉論基本知識，〈第二卷〉論看命方法及各種格局，〈第三卷〉論六親、歌賦、詩訣等。〈第四卷〉論人鑒及十二月建侯，〈第五卷〉爲詩訣。此書理論爲子平原始論法，與當今流行論法差異甚大，此書取格都有一個特點，即謀求「財官」爲第一要務，與現今論法不同。此書爲民間盲派的基本經典，據說民間盲派都需整本背熟，在命理學上有十分重要的地位。

【75問】《玉照神應真經》作者為何人？

答：相傳《玉照神應真經》是由晉代郭璞所寫，宋朝張顒所補註，但也有人認爲就是宋朝張顒本人所寫，但假名說是郭璞所著，這樣比較能受到大家重視。此書被明代的《永樂大典》和清代的《四庫全書》列入術數類命書之中，有崇高的學術價值和歷史地位。《四庫全書》認爲此書「所言吉凶應驗，切近中理，亦有多可采。」此書使用「賦」的文體作爲表現形式，這種賦是介於詩與散文間的韻文，是當時頗爲流行的語法。書中強調「中和平衡，太過與不及」等命學原則，也說明地支辰戌丑四墓庫，「凡入墓有氣者爲庫，無氣者爲墓。」和現今之八字理論幾乎相同。盲派把此書列爲算命的重要祕籍之一。

【76問】《子平管見》主要內容為何？

答：《子平管見》一書是明朝雷鳴夏著，全書上下二卷。〈上卷〉論子平諸格及十干喜忌、形氣、虛邀、夾拱等項，〈下卷〉收《管見篇》、《陰命賦》、《二五心鑒篇》、《探玄篇》，並附《腎論》、《膽論》二篇。此書來源按雷鳴夏自己的說法是，某天睡夢中見一異人傳授其子平要理。序言：「餘幼多病，以爲命否所致，因留心于五行家言，得其梗概。嘉靖丙寅，水災壽陽，人亡家破，浪跡江湖者二十年。丁亥入都，抱病旅邸，夢一異人授余子平要理，餘訝其言與平日所聞者異。大約言命理與天理相通，其旨甚微，不能易曉。」

序言的最後一句「命理與天理相通，其旨甚微，不能

易曉。」很值得我們來深思。命理之所以能成爲世間的一門學問，所憑藉是什麼？就是一個「理」字啊！此理在天曰天理，雷鳴夏說「其旨甚微，不能易曉」，意思是命理與天理相通，這樣的道理很深奧、精深、細微，不太容易懂。天理爲何？天理在諸理中屬「玄妙」之理，爲最高層級之理，此理在何處？遠在天邊，近在人心，天理之存于人者，曰「天性」、「自性」、「佛性」也。只要能私慾淨盡，天理自然流行，天理乃明。天理既明，命理眞相大白矣。

【77問】《命理探源》是怎樣的一本書？

答：《命理探源》由袁樹珊所著。作者袁樹珊，江蘇鎭江人，1881年生於清末的光緒年間。其祖上乃醫卜世家，他自己曾留學日本，歸國後回到家鄉仍以醫卜行世，並興辦義學。他說：「卜可決疑，醫可療疾，同爲民生日用所必需。」並認爲算命決不能貪財，更不能騙人。

《命理探源》全書有八卷，〈卷一〉本原，〈卷二〉起例，〈卷三〉強弱，〈卷四〉宜忌，〈卷五〉化合刑沖，〈卷六〉先賢名論，〈卷七〉潤德堂藏稿，〈卷八〉星家十要。《命理探源》對八字中一些有爭議的問題，作了澄清和考證，書中還討論了雙胞胎如何論命的問題。

【78問】《命理約言》初學者可以看嗎？

答：可以的。《命理約言》是清代的命理典籍，四卷，陳素庵著。陳素庵，明末清初浙江海寧人，著名命理

學大師，崇禎丁丑年中榜眼，後升爲禮部尚書，著作有《命理約言》、《命理輯要》、《滴天髓輯要》等書。徐樂吾曾極力推薦《命理約言》，說它是命理學研習必讀之書。書分四卷，〈第一卷〉爲法四十八篇，〈第二卷〉爲賦二十篇，〈第三卷〉爲論四十八篇，〈第四卷〉爲雜論。

【79問】《御定子平》是近代的一本書嗎？

答：《御定子平》是2011年才出版的一本書，也可以算是近代。其實《御定子平》是清初時學者所編撰，可能是一群人的集體創作，所以沒有留下姓名，後來經康熙皇帝來頒佈確定，過去一直藏在皇宮之中，並無刻本傳世。《御定子平》是古法格局派的經典，內含514個吉格及188凶格，並收錄了歷代子平學的重要典籍並加以解說，還有一些所謂的「祕本祕法」收錄在內，很有研究的價值。

【80問】《千里命稿》作者是誰？

答：《千里命稿》是民國時期韋千里先生所著。韋千里，1911年出生，卒年不詳，浙江嘉興人，復旦大學文學系畢業。成書時間在1935年，韋氏一生著作甚多，本書可謂其代表作品。此書匯集了民國時期百餘人的命例批註，如蔣介石、吳佩孚、閻錫山、宋子文等。該書對五行、六神的體性講解清楚，並具體說出八字斷命的程序：排八字、看強弱、定格局、取用神、論喜忌、查歲運、推六

親、評性情、斷事業等，給初學八字命理者有個斷命時的
依循，功不可沒。

第二篇　詳論陰陽五行

【81問】何謂「先天後天」？

答：先後天的說法，最早是由宋朝的邵雍提出來的，他以「伏羲八卦」為先天，以「文王八卦」為後天，強調先天講自然、天道、本體；後天講人為、人道、作用。他在著名的《皇極經世》中說：「先天所以立體，而明法象自然之妙；後天所以致用，而著隨時變易之道。」意思是說先天的重點，是在瞭解本體，瞭解宇宙的本體以及奧妙之後，才能發揮後天的功用與隨順後天的變化。

先天、後天是以「天地」作為一個分界點，在「有形天地之前」就存在的東西，就是先天；「有形天地之後」才產生的萬物，就是後天。天地未形成之前有什麼東西存在嗎？當然有，它是一股無形之氣、一種無形之理。整部《易經》主要探討的內容是「理氣象數」，八字命理學的主要探討內容，同樣也離不開「理氣象數」，其中理氣為先天，象數為後天。「身心靈」中，身心為後天，靈則為先天。

唐詩人李白《春夜宴桃李園序》：「夫天地者，萬物之逆旅也，光陰者，百代之過客也。而浮生若夢，為歡幾何？」意思是說天地是萬物短暫寄居的旅館，百代三千年的光陰也是匆匆而去的過客而已，像浮萍般的虛幻人生如夢一場，得到的歡樂，又能有多少呢？。

一個人若沒有先後天的觀念，若沒有無形理氣的觀念，只信眼見有形物質，其實很難理解八字命理與其它聖佛經典，甚至也不認識自己的，為什麼？只認得眼前，只認得今生，永遠受因果業力的追討，因為因果就是在三界

六道中所造的。一個人只要有先天的觀念，就容易從後天的迷茫中套跳脫出來，不再只是名利追逐與美食遊樂等。若人天真的以為後天的一切，就是人生全部的意義與目地，甚至只認得此身驅而已，且認為死了火化變成塵土，什麼都不存在。這種斷滅式的人生觀，是極為膚淺與可笑的，白白糟蹋了天地人三才的難得人身。

【82問】何謂「太極」？

　　答：「太極」在遠古時代為就被認為是具足一切，陰陽未判，宇宙本體的混沌原貌。太極一詞最早見於《周易‧繫辭傳》：「易有太極，是生兩儀，兩儀生四象，四象生八卦。」意思是太極為天地之先，並為天地的根源。太極的動靜產生出陰陽，再由陰陽而產生五行萬物。朱熹認為：「太極只是一個理字。」從以上的解釋，太極可為「天地萬物的本源」，「不動的本體」或「絕對的一」，或「道」或「理」等。以人來講，太極就是大腦，就是人心等。

　　一切的氣化自太極開始，換句話說太極就是氣之主宰，所以我們若要窮究生化之源頭或氣數之根本，就要先從太極認識起。不識太極，就無法明白天地造化的過程與原理。

【83問】太極與八字有何關係？

　　答：八字預測所依據的陰陽五行原理，都是出於太極。換句話說，有形有象的萬物，都出自於原始的、絕對

的實體太極。換言之，太極是天地萬物之母、氣數之祖、生成變化之大本。所以朱熹說：「總天地萬物之理，便是太極。」可知太極是萬物源頭，是無始之始，是萬有之宗，是第一因，是第一義，是造物主，是主宰，是上天。太極，無名無形，至精至一，至中至善，勉強給它取個名稱，稱之爲「太極」。

至於「無極」又是什麼？若說太極是氣化的源頭，太極以上則連氣都還沒產生之前的狀態，即是無極。太極以下，則生生不已，無窮無盡。太極在數稱之爲「一」，一生二，二生三，三生萬物。太極若是一，則無極是零，無極之境什麼都沒有，也可說是什麼都有。無極之境無形無象，不生不滅，不隨變化，超三界六道的絕對世界，今稱之爲「無極理天」、「無極老母」、「無極眞宰」等。宣揚無極眞理大道的法門，稱爲「先天大道」，此道配合天時，遵循天律，在天命道脈下由理天直降，理天神佛奔波於天上人間，直接借由三才飛鸞或借竅來教化群生。

認識無極與太極的概念，讓我們知道宇宙天地，與生命的形成是有源頭的，形成之後也有法則在規範。有起源，有主宰，有規律，有準則等；這，就是我們身處的宇宙天地與人類性命。在這樣的理解前提下，來認識與學習八字命理，才有所本而有正確觀念。

【84問】陰陽的涵義為何？

答：若太極爲「道體」，則陰陽爲「道用」，何爲「道用」？萬事萬物也。萬事萬物都可用陰陽來歸類，干

支也不例外，干支分陰分陽，加上五行生剋，形成陰陽五行生剋理論體系，如此才能論衰旺與斷吉凶。陰陽是古人觀察自然界萬事萬物性質及其變化規律後，所得歸納的一個總結。陰陽最初指日光的背向，背日為陰，向日為陽，後來被廣泛引伸，用於自然和社會，只要是相對的「二元概念」，如天地、日月、男女、成敗、吉凶、生死、色空、真妄、大小、上下等皆可稱之為陰陽。

故陰陽其基本意義有二：一指「未具形體」前的混沌之氣，是構成萬事萬物的原初物質。二指客觀事物具有的「二元相對」，「兩兩相對」屬性的東西都可稱之為「陰陽」，而不限定是氣。《易傳》總結古人思想提出「一陰一陽謂之道」的原則，把陰陽定義為「生化天地」、「成就萬物」、「運行天地」的最高哲學範疇。用陰陽二爻的錯綜變化來來觀察、解釋事物的變化與發展。

【85問】陰陽的作用是什麼？

答：陰陽的主要作用有三：1.陰陽是自然界的根本規律。2.陰陽是相對的。3.陰陽是宇宙間互相消長、互相平衡、互相發展、互相轉化的最大兩股力量。有了陰陽的概念後，才能進一步以「對立與統一」，「消長與轉化」的觀點，來說明人與自然界的關係，並用來解釋及預測未來吉凶的變化。

陰陽概念對於我們人有何意義？以「天地人」三才來論陰陽，會更清楚陰陽的涵義與作用。天為「陽」地為「陰」，人則為「半陰半陽」，即人身上有陰的成分，也

有陽的成分。陰的成分是人的肉體，與大地的成分一樣，所以人死肉體火化，或土葬入土爲安，就是表示肉體是屬地，屬陰的。至於人的靈體屬陽，與上天的成分一樣。人死之後，正常的情況靈魂應該歸天才對，可惜的是輪迴已久的靈魂已經「物質化」、「陰氣化」，不知返鄉之路，只能繼續在紅塵浪裡中打滾，無力可回天。

【86問】陰陽與八字有何關係？

答：《御定子平》：「人稟天地，命屬陰陽。生居覆載之中，盡在五行之內。欲知貴賤，先觀月令爲提綱。次斷吉凶，專用日干爲主本。」內容說人稟承陰陽二氣生存於天地間，靈性屬陽，肉身屬陰，天覆地載，受陰陽五行之氣的影響。所以要知道八字的格局高低、貴賤等，首先要看月令，它是干支五行強弱的決定綱領。接下來若要斷四柱之吉凶，則以日主爲判斷的主體，命局或歲運對日主有利則吉，不利則凶。

【87問】何謂「欲曉生平造化，當知二路推詳」？

答：此句出自於《月談賦》：「欲曉生平造化，當知二路推詳。」意思是想知道人的一生的禍福吉凶，壽夭順逆等，首先要知道八字陰陽體用變化的基本原則。一般而言，天干爲陽，地支爲陰；天干可再分爲陰干與陽干；地支也有陰陽之分。

簡單的講，「二路」就是指陰陽之理，或八字的氣勢

與格局，或男女命順推逆推等，亦通。總之，先有陰陽，後有五行，天地萬物一切造化之機都從此展開，推斷八字也不例外，掌握陰陽五行的生剋變化規律，吉凶自然可驗。

【88問】五行的意義及作用為何？

答：古人根據宇宙萬事萬物變化，體悟出陰陽「相對」及「統一」的現象後，還發現一切事物之構成均離不開「氣化的五種運行方式」，這氣化的五種運行方式彼此之間有相生相剋的作用，並訂定五個代名詞就是金木水火土，簡稱爲「五行」。

《尚書·洪範》進一步解釋五行：「水曰潤下，火曰炎上，木曰曲直，金曰從革，土爰稼穡。」從上述可以知道，五行並非指五種實體的物質，而是指五種氣化的形態，這五種氣化彼此之間互相作用，生剋制化，運行不息的意思。

【89問】五行的理論是從哪裡來的？

答：《尚書》雖然提出了五行之說，但沒有太多的論述，真正完整交代五行如何產生的是《河圖》。《河圖》出現的年代很早，相傳是在伏羲氏那個時代，有一天，從黃河中跑出一匹龍頭馬身的神獸。馬背上有一幅由白點、黑點所構成的圖，這張圖即稱之爲「河圖」。

另一種說法則是說好幾萬年前的上個元會，或幾個元會之前，有聖人體悟到天地造化與陰陽五行之理，爲了將

它留傳於世，因此，將所悟眞理濃縮成簡單的圖像，刻在玉石上，埋於土中，而在黃河決堤時，被洪水沖出土。這些傳說不管對或錯，可以確信的是，《河圖》絕對是古代文明的結晶，因爲它解答了地球上五行如何產生之謎，讓陰陽五行有一個在學理上的理論基礎。

【90問】《河圖》中的「河圖歌」在說什麼？

答：《河圖》最重要的內容即是「河圖歌」。「河圖歌」：「天一生水，地六成之；地二生火，天七成之；天三生木，地八成之；地四生金，天九成之；天五生土，地十成之。一六在北，二七居南，三八居東，四九居西，五十在中。」

此歌其涵義如下：1.歌中的「天」，即陽或奇數。「地」，即陰或偶數。2.天數有五個，即一、三、五、七、九。地數有五個，即二、四、六、八、十。天數加地數共計五十五。3.每列都是一陰一陽組合而成，而且一生一成，二數之差，都是五。4.歌中的天地即陰陽二氣，由陰陽二氣再化成水火木金土五行。5.五行之氣布於五方。五方者，歌中之北南東西中也。6.生數有五個，即一、二、三、四、五。成數也有五個，即六、七、八、九、十。一陰一陽，一生一成，兩兩相合，才有五行之生成與萬物造化之功能。

【91問】五行是如何產生的？

答：宇宙剛形成之初，只是一團眞氣，一股能量，並沒有陰陽五行之氣的化生。《道德經》：「道生一，一生二，二生三，三生萬物。」其中道生一，一是「太極」；一生二，二是「陰陽」；二生三，三是陰陽配合後的「五行之氣」；三生萬物，萬物是「萬事萬物」。《河圖》詳盡的說明五行的產生過程，圖中的白點表示陽，黑點表示陰。《河圖》最下面是一個白點和六個黑點，此方稱爲北方，卽五行之中最早產生的是水，卽由北方的寒氣孕育了水氣。之後再生出其餘的四氣。

「天一生水，地六成之」，卽在說明五行之水的形成，主要分成二個階段。首先是天上的陽氣與北方濕潤之氣，形成「氣化」的水，這時的水是「有氣無質」，還處在「先天之生」的階段。接著，由地上的陰氣凝聚，使「氣化」的水走向「形化」的水，此卽「後天之成」，水眞正的完成階段。總之，五行是指氣化的五種運行，卽：1.水：氣向下運行。2.火：氣向上運行。3.木：氣向外運行。4.金：氣向內運行。5.土：氣平向運行。

【92問】五行之水是真正的水嗎？

答：五行之水並非眞正的水，但它是一股濕氣，是水的源頭，這股濕氣不斷向下運行，最後產生了實體的水。其它火木金土，同樣也是指熱、溫、寒、中和之氣。「地二生火，天七成之」，卽在說明五行之火的形成，是先由地中的金石，蘊藏了熱氣，經由天上雷電之擊，才形成火

焰之前身。

「天三生木，地八成之」，卽在說明五行之木的形成，是先由天上的溫暖之氣，經由地氣的配合，才形成木質之前身。「地四生金，天九成之」，卽在說明五行之金的形成，是由地上的礦石，蘊藏了寒氣，經由天火的淬煉，才形成金質之前身。「天五生土，地十成之」，卽在說明五行之土的形成，是由空中的微塵，最後落下，聚之成爲土的前身。

【93問】五行產生的次序爲何？

答：河圖歌中的水一，火二，木三，金四，土五，就是五行產生的先後次序。這個「水火木金土」的順序，和一般所說的「水木火土金」並不相同。前者是地球形成之初，五行產生的先後，因此五行之間是一種「兄弟關係」。至於水木火土金則是一種相生的「母子關係」了。

水一，說明陰陽二氣化生爲五行之時，最早是先生「濕」故水生於一。接著基於平衡、對稱發展的原理，再生「熱」，故火生於二。從水火二氣首先孕育產生的事實，可以知道在有形的物質世界，水火是最重要的二大要素。在地球形成之初，動植物都還沒有出現的洪荒時期，空氣中就有濕潤的水氣存在，地殼中則有熾熱的火氣在燃燒。

後來，濕熱兩種作用相互制約變化的結果，產生了「溫」，故木生於三。有木氣之後，再基於平衡發展的規律，必須另有制衡木氣者存在，於是生「寒」，故金生於

四。至此，「濕熱溫寒」都有了。但水火金木這四種氣化相互相剋，無法順利完成生化萬物的責任，必須另有一種「中和之氣」來溝通水火木金，故土生於五。五行之氣的形成，至此大功告成。

【94問】何謂五行「生剋制化」？

答：先說明五行的「生剋」。五行之中的任何一行都有「生我」和「我生」，以及「剋我」和「我剋」的關係。五行之間之所以會有相生相剋的機制，主要還是在天地或人體等五行間，存在著「盛衰盈虛」等偏失的情形，須要藉由「相生相剋」的運作規律，來加以平衡，使之達於中和。

接著說說明五行的「制化」。比起「生剋」來說，「制化」的概念平時較少聽到，除非研究陰陽五行思想者，否則較難理解。「制」有「壓制」、「管制」、「限定」等義；「化」則有「轉化」、「生化」、「變化」等義。五行學說認為，化生和剋制是互相為用的，事物「生中有剋」，「剋中有生」，才能維持平衡。這種生剋的配合，讓五行之氣得以正常、永恆、和諧的運行無礙，稱之為「制化」。以水為例：水能剋火，但火能生土，土又能剋水，通過這種「輾轉相生相剋」的調節，使水不能過度的剋火。其餘五行可以類推。總之，五行的生剋制化，讓天地萬物得以生生不息，永無止盡。

【95問】何謂「制殺不如化殺高」？

答：在八字論斷吉凶的實務中，制化的概念接近於生剋中的「剋」。「制殺不如化殺高」，此句話出自於《神峰通考》：「殺一也，而馴服爲用有二，制與化是也。制殺者，食神也，所謂『服之以力』也。化殺者，印綬也。所謂『服之以德』也。與其制之以力，不若化之以德，故《通明賦》云：『制殺不如化殺高』。制化不可並立，有制不必有化，有化不必有制。」

《神峰通考》這段話的重點是說，八字有七殺則優先考慮如何處理它，即要壓制七殺的凶性，可用「制殺」與「化殺」兩種方法。制殺用食神，食神剋七殺；化殺用印星，印行星泄七殺。其中又以化殺比較沒有衝突且有效果，但兩者不可並用，否則制殺會太過，而導致官貴之氣也會隨之減低。

【96問】何謂「五行論命法」？

答：八字命理論命主要利用「五行」與「十神」這兩大工具。原則上先用五行，看十干、十二地支間的五行生剋沖合等，之後再論十神來取象和斷吉凶。若單用十神來論命，而不五行則因較少理論基礎，難以周全。單用五行論命似乎也難以完成，故流傳下來的古代八字命書，會先提到一些五行的概念，之後主要都是用十神來論命的，其中包括財官法、格局法等。

有沒有專用五行來論命的？有的，《窮通寶鑑》和《五行精紀》即專用五行論命的兩本古書。五行是氣，非

形非物，較難化成日常具體的東西來方便取象，比不上十神的通俗易懂，如財星就是錢財、妻子等，官星就是官位、丈夫等。因此八字建議不要單獨用五行來論命。

【97問】何謂「合化」？

答：在八字命局中，干支的合化非常的重要。干支因爲合化而變成另一個五行，常會因爲合化而導致命運吉凶的重大改變，它可以讓本來極凶情況而有轉機，同樣也能讓原本的天堂人生，瞬間掉到地獄。八字合化的結果，創造出一個嶄新的局面，增添了人生命運的多變與複雜。

八字的合化包括了「地支合化」與「天干合化」。合化要成功是有條件限制的，天干合化能否成功，月令影響力很大，除此之外，整體命局是否有助於「化神五行的形成」也是關鍵。合而不化，稱爲「合住」，又稱「羈絆」，絆住喜神則忌之，絆住忌神則喜之。

【98問】《滴天髓》「論十干喜忌篇」，如何論甲木？

答：《滴天髓》「論十干喜忌篇」：「甲木參天，脫胎要火。春不容金，秋不容土。火熾乘龍，水宕騎虎。地潤天和，植立千古。」

白話文如下：「甲木是陽木，很雄壯的木，可以長得很高，好像要長到與天同高一般。因爲木通常生於春天，寒氣未退，須得丙丁火來暖身。春天的金爲休囚無力之狀態，難以來剋春天的旺木。若木生在秋季，木氣雖失時而

衰，但秋金旺而泄土，所以土氣也很虛薄。如四柱見寅午戌三合火局，干又透丙丁，木有被焚燬之可能，這時最好見辰土，因為辰屬龍為濕土，又為水庫，能泄火養木。如支全見申子辰，或亥子丑，而干透壬癸，則水多木必漂，這時得寅為救，因甲木得祿於寅，寅中藏火土，能納水，不畏水多。若真能如此，地溼潤且天和諧，甲木可以長上千年不死。」

【99問】《窮通寶鑑》「論四時五行宜忌篇」，內容說什麼？

答：五行在每個季節所處的強弱與狀態是不同的，需求也跟著不同，只有真正了解了它們的需求後，才能更準確的找出喜用神，以春木為例。《窮通寶鑑》「論四時五行宜忌篇」：「春月之木，余寒未除。喜火溫之、喜水潤之。若水盛則木濕，水缺則木枯，是以水火相濟為佳。土多則力損，土薄則財豐。若金旺，見火則無傷。木強者，得金則良。」

白話文如下：「春季的木，冬天剛過天氣還有些寒冷，春寒料峭，須用火使其溫暖，用水使潮溼不乾枯。但水也不宜過多，否則過於陰冷濕重，根部會受損。水也不宜過少，總之水火適當，才有既濟之功。另外，土層不宜過厚，否則嫩芽就無力衝破。嫩芽能穿透薄薄的土層，才會枝繁葉茂。春木仍柔弱，不能遇到太強的金，若有火出現，則火可剋金而使木無傷害，但若木旺，得金反而是好事。」

【100問】《淵海子平》「論五行生剋制化宜忌」，內容說什麼？

答：「論五行生剋制化宜忌」內容主要在說明，五行生剋不是表面理解的這樣，生就是吉，生越多越吉，所以說「土多金埋，火多土焦，木多火熾，水多木漂，金多水濁。」此即「生多反為剋」之理，或所謂的「母旺子滅」，母愛雖偉大，但過分溺愛，反而是害他。總之相生也要守中道，不能過度，否則會適得其反。

另外「泄多也為剋」，所以說「水多金沉，木多水縮，火多木焚，土多火晦，金多土弱。」比如兒女太多，父母操勞過度而病亡，或子女多反不孝，多子餓死父，子女相互推來推去，沒有一個要養父母。

【101問】何謂「能贏甲兄，輸于乙妹」？

答：這句話是在講「庚金的體性」，出自於《滴天髓》：「庚金帶煞，剛健為最。得水而清，得火而銳。土潤則生，土幹則脆。能贏甲兄，輸于乙妹。」白話文：「庚金帶殺氣而剛健。得水則氣流轉清。得火則氣純而銳利。濕土能生庚金；燥土卻使其變脆。甲木雖強韌，庚金力足以剋之；乙木雖柔順，能合庚金而使庚轉弱。」

簡單地說，剛強的金不怕火反而喜歡火來鍛鍊它；金剋木，但屬陽的庚金只勝同樣剛強屬陽的甲木，卻輸給柔順屬陰的乙木。道德經：「弱之勝強，柔之勝剛。」講的是同樣的道理。

【１０２問】何謂「藤蘿繫甲，可春可秋」？

答：這句話是在講「乙木的體性」，出自於《滴天髓》：「乙木雖柔，刲羊解牛，懷丁抱丙，跨鳳乘猴，虛濕之地，騎馬亦憂，藤羅繫甲，可春可秋。」白話文：「乙為陰木，柔如花卉。乙木雖柔，如果生於未（羊）丑（牛）月，乙木根固，則制土仍有餘。乙木日元，四柱透丙丁火，雖生於申（猴）酉（鳳）月，不畏金強，反而雕刻成器。乙木生於亥子月，即使地支有午（馬）火，但弱火無濟於事，令人擔憂。如果四柱透甲木，地支藏寅木，乙木就能依附甲木生氣，春天或秋天的乙木均可健康的成長。」

【１０３問】何謂「虎馬犬鄉，甲來焚滅」？

答：這句話是在講「丙火的體性」，出自於《滴天髓》：「丙火猛烈，欺霜侮雪。能煅庚金，逢辛反怯。土眾成慈，水猖顯節。虎馬犬鄉，甲來焚滅。」白話文：「丙乃純陽之火，其勢猛烈，不怕秋霜，也不畏冬雪，有除寒解凍之能力。丙火可剋庚金，但若出現辛金，丙辛化合水，反而剋火。若四柱戊己土多，土為食傷，多有慈愛之心。若四柱中壬癸水旺，水為官殺，則為臣忠君，為官清廉。若丙火支坐寅午戌化火局，再見甲木來生火，則火太旺大不利，有焚燬滅亡之可能。」

【104問】天干的沖剋規律為何？

答：《命理約言》：「天干甲庚相沖，乙辛相沖，壬丙相沖，癸丁相沖，蓋東與西，南與北相對也。丙庚丁辛相見以剋論，不以沖論，蓋南與西不相對也。戊己無沖，蓋居中央無對也。」

以上內容說明天干沖剋規律如下：1.相剋且相沖：共有四組，即甲庚、乙辛、壬丙、癸丁。因為這四組不但在五行上是「相剋」，在方位上也是「相沖」，不是東西沖，就是南北沖。這種互相沖剋的結果，如甲庚相沖剋，受沖剋的甲木，受傷非常嚴重，但庚金也有損傷。2.相剋不相沖：共有二組，即丙庚、丁辛。3.無沖：戊己居中無沖。《命理約言》並沒有提到甲戊、乙己、戊壬、癸己等，這四組應該歸「相剋不相沖」才對。

【105問】何謂「天干的合化」？

答：「天干的合化」即：甲己合化土，乙庚合化金，丙辛合化水，丁壬合化木，戊癸合化火等五種。但並非每個合皆能合化，合化有合化的嚴格條件，只有少數可以在符合條件下合化成功，大多數則是「合而不化」，合而不化者變成「互相牽拌」，合而化者則改變了原有五行性質，形成另一種新的五行。八字有天干合化者，主人緣好，特別是異性緣，能接納他人意見，但相對的缺乏主見，容易受人影響。

【106問】十天干中何者最陽，何者最陰？

答：《滴天髓闡微》：「五陽皆陽丙為最，五陰皆陰癸為至。」從以上可知丙火最陽，癸水最陰。丙是純陽之火，萬物莫不由此而生發，如春夏之季；也由此而收斂，如秋冬之季。癸乃是純陰之水，萬物莫不由此而出生，也由此而茂盛。陽極則陰生，所以丙辛合化為水；陰極則陽生，所以戊癸合化為火。因為陰陽水火的相濟，萬物才能生生不息。

【107問】何謂「地支藏干」？

答：十二地支藏天干如下：寅藏：甲丙戊。卯藏：乙。辰藏：戊乙癸。巳藏：丙戊庚。午藏：丁己。未藏：己乙丁。申藏：庚壬戊。酉藏：辛。戌藏：戊辛丁。亥藏：壬甲。子藏：癸。丑藏：己癸辛。以上十二地支共藏二十八個天干。

地支屬陰，是地球「地象的符號」，表示「有形的」、「物質的」、「形而下」的一切存在。天干屬陽，是地球之外「天象的符號」，表示「無形的」、「能量的」、「形而上」的一切存在。「地支藏干」即表示「有形物質」藏有「無形能量」等道理，其它還深藏很多的道理等著我們去發覺。

【108問】「地支藏干」還有更深層的意義嗎？

答：十二地支藏干並非隨意設置，它與天球上黃道和天赤道附近的二十八個星座有關。具體的原因雖然還不是很清楚，但可確定的是二十八星宿的宇宙天體運動變化，會影響作用於地球上的萬事萬物，進而產生自然界與人類社會的千變萬化，當然也影響到人的存在和發展，即產生了所謂的「命運」。人人頭上都有一片天，這片天和你我有何關係？從「地支藏干」的原理，可以看到「天與地」，「天與人」相應的關係，看到「天地人三才」之理，人與天地自然休戚與共，和諧發展之道理。

地支為有形，天干為無形，因此「地支藏干」也有「凡是有形皆藏有無形」之理。人能從「有形世界」領悟到有「無形理氣」藏在其中者，才能學道悟道，也才有機會懂道。從太極、兩儀、四象、八卦演化至「十天干」為止，都處於「無形氣化」的階段，接下來氣化發展到「十二地支」才算是初步的「成形成象」。「成形成象」之後，原先的「無形氣化」能量到哪兒去了呢？哪兒都沒去，隱藏到所成之形象裡去了。這樣的現象，與靈魂投胎轉世之後，靈魂隱藏在身中的道理是一樣的。

【109問】地支也分陰陽嗎？

答：《滴天髓闡微》：「陽支動且強，速達顯災祥；陰支靜且專，否泰每經年。」從以上可知地支也分「陽支」與「陰支」，十二地支中子寅辰午申戌等六支陽，

其體性屬動，其勢強大，發展快速，發生吉凶災祥都很明顯。子卯巳未酉亥等六支陰，其體性屬靜，其氣專一，發展緩慢，發生順逆變化之應驗，以流年為例，陰年吉凶經常要等年後才能看見。

【110問】何謂「月令分日用事」？

答：所謂「月令分日用事」，就是指月令地支中所藏的人元，在該月中分別「司令幾日」的意思。以申月為例，申中藏有「戊壬庚」三干，其中的「戊」是由前月未中己土之餘氣而來，最先司令七日，然後「壬」水也是七日，最後才由本氣「庚」金司令十六日。《三命通會》、《星平會海》、《淵海子平》、《神峰通考》等書或稱「人元司事」、「藏干深淺」，都提到類似月令分日用事，但內容沒有任何二種完全雷同。雖然有些八字門派，說他們有獨門的月令分日用事表及運用訣竅，但很少看到斷準的案例。

【111問】何謂「旺相休囚死」？

答：不同五行在四季中的狀態與力量各有不同，其力量由大到小，可分成「旺相休囚死」五種等級，整理成下表：

	旺	相	休	囚	死
春月	木	火	水	金	土

夏月	火	土	木	水	金
秋月	金	水	土	火	木
冬月	水	木	金	土	火
四季	土	金	火	木	水

　　表之規律如下：「當令者旺，我生者相，生我者休，剋我者囚，我剋者死。」

　　以春月爲例，木當令，故木旺；木生者爲火，故火相；生我者水，故水休；剋我者爲金，木旺勢強，金無力剋伐，故金囚；我剋者爲土，木強剋土，故土死。

【112問】地支六合原理是什麼？

　　答：根據清代《御定星歷考原》：「六合者，以月建與月將爲相合也。如正月建寅，月將在亥，故寅與亥合。二月建卯，月將在戌，故卯與戌合也。月建左旋，月將右轉，順逆相值，故爲六合。」其中「月建」是北斗七星的斗柄，確定節令的十二個黃道月，即我們一般稱的「月令」。「月將」則是月亮每月在宇宙中的相對位置，每月占一個地支，古人習慣上稱爲「地月將」，簡稱爲「月將」。換言之，月將右轉，月建左旋，一在子，另一在丑，子丑合；一在寅，另一在亥，寅亥合等，順逆相值，而生六合也。

【113問】地支三合原理是什麼？

答：地支三合是三地支間的作用，「生旺墓」三者成局。分別是：1.申子辰合化水局，水長生于申，旺于子，墓于辰，故申子辰合水局。2.亥卯未合化木局，木長生于亥，旺于卯，墓于未，故亥卯未合木局。3.寅午戌合化火局，火長生于寅，旺于午，墓于戌，故寅午戌合火局。4.巳酉丑合化金局，金長生于巳，旺于酉，墓于丑，故巳酉丑合金局。地支三合，三個地支不須緊貼，但四柱天干須透有化神來引化。

【114問】地支三會原理是什麼？

答：八字中的「三會」是指三個地支會合成一方之氣，分別是寅卯辰三會東方木；巳午未三會南方火；申酉戌三會西方金；亥子丑三會北方水。地支三會因三字連珠相會，氣偏一方，三會的力量最大，大於三合與六合。三會局成立後因為力量強大，吉凶的表現就也會很明顯，被其剋制的五行受損最為嚴重。地支三會，三個地支不須緊貼，但四柱天干須透有化神來引化。原則上，三會成之五行若為命局所喜，則以吉論，若為命局所忌，則以凶論。

【115問】地支三刑原理是什麼？

答：「刑」是由「刑罰」、「刑傷」引申出來的一種傷害概念。三刑的由來，根據《陰符經》記載，三刑的理論生於三合。《陰符經》：「恩生於害，害生於恩；三刑生於三合，亦如六害生於六合之義。如申子辰三合加寅卯

辰三位，則申刑寅，子刑卯，辰見辰自刑；寅午戌加巳午未，則寅巳，午見午自刑，戌刑未；巳酉丑加申酉戌，則巳刑申，酉見酉自刑，丑刑戌；亥卯未加亥子丑，則亥見亥自刑，卯刑子，未刑丑。合中生刑，猶人夫婦相合而反致刑傷。造化人事，共理一而已矣。」

有所謂刑是「側面摩擦」而不是「正面頂撞」，這種側面摩擦，往往是長期性的內心折磨，雖然只是在苦在內心，長此以往，也會帶來致命的影響，因此在斷八字時仍應注意有無刑的出現。三刑有三刑、互刑、與自刑三種。1.三刑：有兩組，寅巳申三刑、戌丑未三刑。2.互刑：子刑卯，卯刑子。3.自刑：辰刑辰，午刑午，酉刑酉，亥刑亥。

【116問】何謂「十二月建」？

答：古代以北斗七星斗柄的運轉作爲季節的標準，以北斗七星斗柄所指爲「建」。一年之中斗柄旋轉而依次指爲十二辰，而所謂的「十二辰」，就是把黃道即太陽一年在天空中移動一圈的路線，分十二等分，由東向西配以十二支。十二支和十二月相配，依序稱爲建子月，建丑月，建寅月等，這就叫「月建」。

「月建」不是陰曆也不是陽曆，而是以節氣作爲分界線，把一年分成十二個月，從立春算起算，每個節氣即每個月的開始。月令如司令官，掌管一月之權，作用於當月中的任何一天。月建在六爻占卜非常重要，爻之衰弱者，月建能生助之；爻之強旺者，月建能沖剋刑之。月建的作

用在八字判斷日主或任何五行的衰旺強弱時，爲最重要之關鍵因素。

【117問】何謂「二十四節氣」？

答：太陽在天球上的運動軌跡是一個圓形，稱爲「黃道」，從冬至起，將黃道等分二十四段，配上二十四點。二十四節氣就是太陽通過這二十四點的時刻，也是每年季節及氣候變更的重要標誌。由立春算起，單數的節氣稱爲「節氣」，包括立春、驚蟄、清明、立夏、芒種、小暑、立秋、白露、寒露、立冬、大雪、小寒等十二個。雙數的節氣稱爲「中氣」，包括雨水、春分、穀雨、小滿、夏至、大暑、處暑、秋分、霜降、小雪、冬至、大寒等十二個。八字以二十四節氣來排命盤，以每年立春爲新的一年的開始，該月稱爲寅月，逢節氣到就換月分，驚蟄爲二月卯月，清明爲三月辰月等。

【118問】如何排八字？

答：過去沒有電腦與手機的年代，起八字必須使用「萬年曆」，萬年曆中記載著每年、每月、每日的干支，所以四柱中的前三柱很容易查得到。至於時柱可用「五鼠遁法」，由日干來查得。其中，有兩點要特別注意。1.年柱的起點的爭議，現今均以「立春」爲每年正月之開始，但少數人以「冬至」爲年柱干支的分界點。2.時柱「早子時」與「晚子時」的爭議。「子」時，以24時制來說，始於23點到隔日凌晨1點之間。以子時之初的23點，還是以

24點為一天的開始，命理學界則有不同的看法，古代以23點為一天的開始沒有爭議。若日柱的以24點分界，但子時以23點為分界，則就有早晚子時的爭議。同一天出生者，早子時與晚子時的八字，七個字相同，只有時干不同，晚子時的時干是以隔日的日干，來「五鼠遁」的緣故，目前八字軟體可以設為區分或不區分早晚子時，以供選擇。

　現在科技進步了，有了手機之後，只要下載八字排盤應用軟體，再輸入出生日期，只要注意農曆與國曆的時間不同，起八字變得容易多了。

第四篇
預測學與命理吉凶

【119問】八字命理會準的原因為何？

答：八字命理會準確，會靈驗的原因是什麼？「命理」主要就是靠一個「理」字，即它的預測理論是有道理的。何謂理？理就是原則、定律、規律與眞理。自然界萬事萬物的變化都是先由無形的「理」，再經由「氣象」來化生成有形現象界的一切，個人小小的人生命運當然也可由「理氣象」三天宇宙論模型來預測未來。

從「象」的角度來看，象即形象，萬物一旦有名有形，就有定數，旣有定數則未來事事皆可推得。另一方面，八字命理主要是應用「陰陽五行生剋制化」的原理，而陰陽五行源於《周易》，也是源於大自然的規律與不變的法則。現代物理學、天文學、數位電腦、遺傳密碼等，已證明這些現代科技都與《周易》有密切的關係。換言之，現代科學已證明《周易》的價值，因此，八字命理能對人生命運吉凶做出準確的預測，乃天經地義的事。

【120問】何謂「預測學」？

答：所謂「預測學」（Prediction）即是在事情還沒發生之前，或正在進行過程中，用已知的「條件」或「模型」，利用「科學方法」和「邏輯推理」，對事物未來發展的趨勢作出「預先估計」和「事先推測」，甚至判定其最終的結果，研究這種推理方法的學科即爲「預測學」。

預測學目前正被廣泛的應用在氣候、環境、政治、經濟、軍事等各個領域當中，對於人類的生存發展以及適應環境變遷，具有不可磨滅的貢獻。簡單地說，預測學即以

「推測未來事件」為目的的一門學科，從這個定義來看八字命理學，或可稱之為「古代傳統預測學」。

【121問】預測就是預言嗎？

答：「預測」（Prediction）與「預言」（Prophecy）兩者並不一樣。預言往往是由極少數的預言家透過所謂的「預知超能力」，而對未來將發生的事情預報，最常見的預言是宗教上對世界末日即將來臨的警告。古代較有名的預言書有《燒餅歌》、《推背圖》、《馬前課》、《梅花詩》、《武侯百年乩》等。其中以《推背圖》最為有名，預言了從古至今中國朝代的遞變，甚至預言現在及未來的事情，最近則有度神童阿南德（Abhigya Anand）多次預言成真而聲名大噪。預言所憑藉的理論是什麼，我們無從知曉，其預言內容令人半信半疑。八字命理則完全根據五行生剋制化理論在推斷，人人可學，可信度高。

【122問】何謂「可知性原則」？

答：可知性原則（Knowability Principle）是預測學的基本原則之一，即我們所要預測的對象，它本身最終的結果是可知悉的。換言之，事物的發生與發展過程雖然複雜難料，但其本身有變化之規律，而且這些規律可以為吾人所認識和掌握，就稱之為「可知性原則」。

八字命理對象主要是與人們本身有關的工作、財運、感情、婚姻、六親等問題，而這些問題最終都是可知的，

不但可知且可驗證。因此，八字命理只要掌握干支五行生剋變化的規律，就可以預測人生命運未來狀況及最終結果。

【123問】何謂「連續性原則」？

答：連續性原則（Continuity Principle）是預測學的另一個基本原則，卽所預測的對象要有連續性。任何事物的發展都不可能是突然冒出來的，與過去必然存在一定的聯繫。如果沒有過去和現在，也就沒有未來。換句話說，未來一定就是過去和現在的延伸，瞭解過去和現在，是預測未來的基礎。八字命理主要靠十天干與十二地支，十二地支正是時間的代表符號，而時間就具備了連續性的特質。

【124問】何謂「可控性原則」？

答：可控性原則（Controllability Principle）也是預測學的基本原則，卽預測的主要目的是什麼？就只是滿足好奇心理，想提早預先知道未來的結果嗎？當然不是。在掌握事務發展變化的規律情況下，人們是可以從預測未來當中，想盡辦法，利用各種人為手段來控制變因，來改變未來，趨吉避凶，這才是預測的眞正目的。

【125問】何謂「預測模型」？

答：預測模型（Predictive Model）是一種由「數學語言」或「公式」所計算出來的工具。預測方法的種類有

很多，各有其相應的預測模型。預測模型在一定程度上揭示了事物間的「內在規律性」，預測時把它作爲計算預測值的直接依據，因此，它對預測準確度有很大的影響。科學上預測的方法很多，至今已有一百五十餘種以上，常用的卻僅有三十餘種而已。爲什麼？主要還是預測模型的不容易被建立，以及所預測的準確度不高等原因。

【126問】八字命理的預測模型是什麼？

答：八字命理所運用的陰陽五行、天干地支等理論，同樣可以建立起類似科學預測的模型，可以稱之爲「八字分析模型」、「陰陽五行模型」、「四柱干支模型」、「理氣象模型」等。利用這些傳統術數文化所建立起的預測模型，可以來預測大千世界萬事萬物的變化，其功能性與準確度，與現代科學預測模型來相比較，絲毫不遜色。

【127問】八字命理是一種科學嗎？

答：經常會有人問：算命有什麼科學依據？其實不論八字、風水、手相、面相、奇門、六爻等，都是以「人」爲研究對象的一門學問，若從這個角度來看命理、卦理、易理等還眞符合「社會科學」的範疇呢！何謂社會科學？曾任行政院行政研究發展考核委員會主任委員十二年的魏鏞博士，在其《社會科學的性質及發展趨勢》一書中，將社會科學定義爲「研究人類行爲、人際關係及人類及其他生存環境之間的關係的科學」。美國《社會科學百科全書》（Encyclopedia of Social Sciences）將社會科學

定義爲「社會科學是研究團體中個人活動的心理及文化的科學」。不管是哪一個定義，八字命理算命活動完全符合定義中所謂的「人類行爲」、「人際關係」、「心理及文化」及「人類及其他生存環境之間的關係」等，看到這裡，喜歡算命者應該可以大聲的說，算命是有科學依據的了吧！

【128問】何謂不確定性？與預測學有何關係？

答：不確定性（Uncertainty）是指事先不能準確知道某個事件或某種決策的結果如何。或者說只要事件或決策的可能結果不止一種，就會產生不確定性。以經濟學爲例，不確定性是指對於未來的收益和損失等經濟狀況不能確知。

不確定性給企業帶來的影響有大有小，小的可能只影響一次促銷活動的成敗，大的則可能使企業遭受破產倒閉。由於不確定性的原因，一些企業不敢長期的規劃和投資，也有可能不顧後果地胡亂去投資。不確定性是幾乎所有經濟、金融、心理、社會、政治，以及人生的未來發展命運等各領域問題的根源。也因爲萬事萬物的不確定性，才有預測學的發展空間，預測學也成爲了有效解決無常世界諸多問題的工具。

【129問】不確定性的無常人生是很糟糕的事嗎？

答：佛教的「諸行無常」之說，指的是世間上一切事物，在剎那間遷流轉變，可能在轉眼間變為泡影，沒有一樣是常住不變的，因為世間一切有為法都是因緣和合而生，所以隨緣生滅。佛教此說與不確定性的理論是相通的，佛陀也因此勸人不要有「我執」與「法執」，即不可視你我身體與覺知心為真實不變，百年之後就歸塵土；也不可視世間宗教法門為真實，一切法都是方便與權宜。

表面上看無常不確定的世間，似乎不好，其實正因為有不確定性，才讓人有機會脫離你想要脫離的。如果一切都是不變，那麼何來修行改變命運？如果一切都是一成不變，窮者永遠窮困，富者永遠富有，這樣的生活還有什麼意義與價值可言？因此，無常的不確定性是彌足珍貴的，正是因為有了它，生命才有翻轉輪迴的可能，也讓修行的人生顯得豐富多彩，有方向且有希望，不是嗎？

【130問】何謂「古典預測學」？

答：所謂「古典預測學」（Classical Prediction）指的就是利用《周易》這部經典，來當成預測學的工具。《周易》即一般說的《易經》，自古以來就被視為占卜的書，可以預測國家命運與個人吉凶等。孔子在《周易‧繫辭傳》說：「是故君子居則觀其象而玩其辭，動則觀其變而玩其占。是以自天祐之，吉無不利。」

白話文：「所以，君子平時靜居無事即研讀《周

易》，觀察卦爻之象，並玩味其所繫之文辭意義。有事而行占卦預測時，則觀察卦爻剛柔之變化，而玩味占筮之吉凶後果，故人能從中悟出眞理來，並獲得上天降下之祐助，人生從此吉祥而無所不利。」

從上面這段經文來看，孔子教人在平時就要觀察卦爻之象，及研讀卦辭與爻辭等。先瞭解天地間的道理後，有事則可進行占卜預測，上天會保佑我們吉祥如意的。孔子對占卦預測的態度是積極鼓勵的，前題要先能「居則觀其象而玩其辭」。

一個學易的君子平常在家中，安靜無事的時候，細心觀察《周易》六十四卦的卦象和三百八十四爻的爻象。並且體會卦辭與爻辭，背後所顯示的宇宙人生的眞理。換句話說，無事要先「讀經懂道」後，道在我心，以眞道來端正自己的身心，多做有益於「世道人心」的事情，有事時占上一卦預測未來，上天一定會來指引明路，獲得吉利。

【131問】術數文化中的預測方式有哪些？

答：數術通常指中華文化中關於陰陽五行，易理八卦的應用，主要的目地就是預測未來吉凶。數術指的是所謂的「五術」，「五術」包括山、醫、命、卜、相五類，後三類都是與預測有關的學問。1.命：命以紫微斗數、子平八字、星平會海等爲主，來探求個人之命運。其中紫微斗數是「河圖」、「洛書」的運用。子平八字是運用干支五行，生剋刑沖來斷吉凶的占術。星平會海則是利用人之八

字，以月亮、太陽等星宿來推人之命運。2.卜：卜包括占卜、選吉、測局三種，來預測事物成敗與吉凶。占卜又可分爲「六爻占卜」、「卦象占卜」及「六壬神課」等。選吉一般用奇門遁甲。測局則以太乙神數爲主。3.相：相包括：印相、名相、人相、宅相、墓相等五種，來觀察與人們關係密切的五項東西或環境的吉凶等。

【132問】有規律就可以預測嗎？

答：「有規律就可以預測」是科學的社會發展預測中，很重要的一條規定。社會發展預測不是憑空臆測，和胡亂幻想出來的，而是要建立在所預測的物件上，有其「發展規律」的基礎上才能夠進行。以社會上最普遍的人口問題、經濟問題、環境污染問題等爲例，都是人類違背自然規律造成的後果，根據經濟和社會的發展規律，可以預測出上面這些問題，若不思考如何改善或根本決解，任其發展的後果，就是帶來的更嚴重，甚至人類滅絕等無法收拾的惡果。

人類社會是自然界的一部分，自然界有它不變的法則存在，不是可以任憑人類亂搞。例如居高不下的新冠病毒疫情，讓人類面對生存危機，其它如世界氣象組織與聯合國，已經多次呼籲正視地球暖化以及極端氣候變化等現象，這些都是大自然對人類破壞環境的反撲，人還是乖乖遵守大自然的各項規律，才能與大自然和平共存。

【133問】何謂「數往者順，知來者逆」？

答：此句出自於《周易·說卦傳》：「數往者順，知來者逆，是故易，逆數也。」白話的意思是，推算過去只要順著事情發展的軌跡就可以知道，預測未來卻要逆推，逆求其本始，逆返於先天，則未來之事，一目了然。逆者已知求未知，已往求未來。八字命理之所貴就在於能預測未來，有人說八字算過去的很準，算未來則不一定準，此言差矣！未來因為還沒到，無法驗證，但不能說算未來不一定會準。

八字以「理氣象」模型論之，順著氣數的發展，最後的結果就是「象」。若只在象中去觀象、解象，是絕對看不清楚的，所解之象也只是片段、局部而殘缺的樣貌。只有「超象入氣」，「超氣入理」，逆而返之，從「理氣」的超高角度來俯瞰人生萬事萬象，才能清楚明白，恍然大悟。因此八字命理所重是這個「理」，此理乃理天之理，先天之道，不發心窮研，不得其精髓也。

【134問】如何解釋「人算不如天算」？

答：「人算不如天算」比喻名利之事，天意已定，人無法自作安排。還是早日看開要緊。此句話出自於浙江省烏鎮道教的修真觀。修真觀大門上有楹聯：「人有千算，天則一算。」橫批位置上是一個大算盤。後人把它說成了「人算不如天算」。勸世人做事要遵循自然規律，不要有非分之想，否則不但達不到目的，還遭到上天的懲罰。

　　另外，人算不如天算，也有要我們學會「認命」的意思。「認命」不是什麼事都不做，而是後天富貴之事，聽憑命運的安排，一切都是最好的安排，因為今生福份是累生累世的行善積德而來，要想強求也求不得，千萬不要機關算盡，出賣了自己的良心。《紅樓夢》：「機關算盡太聰明，反算了卿卿性命，生前心已碎，死後性空靈。」意思是為人若太會計較，最後反而害了自己的性命，生前的名利心已經無法達成而完全絕望，死後一切都如過眼雲煙，雲消霧散，再也無所企盼了。

【135問】八字命理預測中，「吉凶」概念如何說？

　　答：「吉凶」，簡單的講，就是「吉祥與禍殃」。《周易‧繫辭傳》說：「八卦定吉凶，吉凶生大業。是故天生神物，聖人則之。天地變化，聖人效之。天垂象，見吉凶，聖人象之。河出圖、洛出書，聖人則之。易有四象，所以示也。繫辭焉，所以告也，定之以吉凶，所以斯也。」

　　白話文：「八卦形成之後，便涵蓋了一切吉凶的道理，依循吉凶的道理而行，便可開創盛大事業。天生蓍龜等通神之物，聖人依據它們而創作了占卜法則。天地運行變化，聖人效法而制定了卦爻原理。天象垂示一切現象，表現了吉凶的道理在其中。黃河出龍圖，洛水出龜書，這是天所顯象，也是聖人所要效法的。因此易有太陽、太陰、少陽、少陰等四象之分，以垂象昭明於我們天地的造

化真理。在卦爻之下繫辭來加以說明，就是要告訴我們吉凶的道理，好讓大地眾生知所選擇，趨吉避凶。」

其實，人在世間的遭遇與所面對的事情，若只用吉凶兩字來形容，失之籠統。八字命局與行運的吉凶若要細分的話，還可分成大吉、吉、小吉，大凶、凶、小凶等，以及小凶帶吉、小吉帶凶、吉凶未定、吉凶混雜、吉凶並見、吉凶參半等等十幾種之多。

【136問】命運中的吉凶禍福從何而來？

答：《太上感應篇》：「禍福無門，惟人自召；善惡之報，如影隨形。」意思是說人的吉凶禍福降臨，好像無一定的法則，其實都是自己善惡行為所導致，平日做善做惡的果報，如同影子般與人寸步不離。另外，《周易·繫辭傳》：「易有太極，是生兩儀，兩儀生四象，四象生八卦，八卦定吉凶，吉凶生大業。」

意思是世間的萬事萬物，都是由太極孕育演化而來。太極生出陰和陽兩種氣化，通過陰和陽的相互交合，便能生出「少陰」、「少陽」、「老陰」、「老陽」等四象，而四象又交互作用生出「乾兌離震巽坎艮坤」八個卦象。八卦一經確定，人世間的吉凶禍福也就跟著確立，人若能趨吉避凶也就能建立很大的功業。

從以上引證兩段經文，說明個人的吉凶產生與禍福降臨都是自己做，自己受，剛好而已。「太極，是生兩儀，兩儀生四象，四象生八卦，八卦定吉凶，吉凶生大業。」這句話若放在人身上論，「太極」即主宰，誰在主宰？就

是你的這顆心。「是生兩儀」說的是指心動之後的兩種情況，善念或惡念。「兩儀生四象，四象生八卦」是從心念到行為，從內心到外顯的一連串身心運作。「八卦」即意念已現前，透過身口意造出了善惡業的言行。「八卦定吉凶，吉凶生大業」，一旦造下善惡業，吉凶已定，果報已成，無法改變。了解吉凶形成道理的人，若能諸惡莫作，眾善奉行，自淨其意，吉凶了然，易如反掌，自然能改造命運及成就聖業。

從上面分析，應該很清楚了禍福吉凶的來源，簡單的講，善念是一切福報善果的根源，而惡念最終就會導致禍害惡果。表解如下：

吉	福	善念→善心→善因→善行→善業→善果→福報吉利
凶	禍	惡念→惡心→惡因→惡行→惡業→惡果→禍事凶災

【137問】命理古籍中有提到善惡與吉凶關係的嗎？

答：有的。《珞琭子三命消息賦》：「殊常易舊，變處為萌。福善禍淫，吉凶異兆。」內容說一個人若能知變善通，身處變化莫測的環境中，還是能知道幽微之處。上天大道賜福給行善之人，而降禍給淫亂之輩。要知道吉凶如何的發生，都是有不同之預兆的。

　　表面上看起來，禍福之招，吉凶之來，由上天或神明來主導，賞善罰惡，賜人以吉凶，人好像很倒霉，只能被動承受。事實上哪一件吉凶事件，不是世人自作自受？《道德經》：「天道無親，常與善人。」上天或自然律絕對是公平公正的，對任何人都沒有偏愛，但永遠只幫助有德的善人。

【138問】何謂「吉凶悔吝」？

　　答：「吉凶悔吝」四個字，是《周易》中常見的占辭，何謂「吉」？預測的結果如果是吉祥的、幸運的、吉利的，就稱之為「吉」。何謂「凶」？與吉相對的就是凶，即不祥與災禍。何謂「悔」？事後懊惱、追恨即是悔，如後悔、悔恨、悔過、悔不當初等。何謂「吝」？吝的本義是「捨不得」、「過分愛惜」的意思，在《周易》中主要的意思是「文過飾非」，就是犯了過錯後，還死不認錯，找了一大堆理由來掩飾過失與錯誤。

　　如何積極面對吉凶禍福，來亡羊補牢呢？《周易‧繫辭傳》：「聖人設卦觀象，繫辭焉而明吉凶，剛柔相推而生變化。是故，吉凶者，失得之象也。悔吝者，憂虞之象也。」意思是說聖人為觀察宇宙間物象，創設了八卦與六十四卦，用以效法天地之象，根據卦象用文字說明吉凶的道理。再從陰陽相互推移，觀察變化的軌跡。上述經文所說的吉凶，是指「人事上得失」的現象；悔吝，則是指「心念上憂慮」的現象。從以上繫辭傳經文，可以曉得趨吉避凶之道，有兩個字非常的關鍵，就是「悔吝」。因為

死不認錯，終將澈底失敗；內心有悔意，才能改過向善，最後獲得福份而招吉。

【139問】何謂「吉凶悔吝的循環」？

答：南宋朱熹認爲，《周易》吉凶悔吝的占斷辭，是隨著環境、條件的變動而循環的，即沒有一成不變的吉凶之占。《朱子語類》：「吉凶悔吝四者，正如剛柔變化相似，四者迴圈，周而復始。悔了便吉，吉了便吝，吝了便凶，凶了便悔。」人人都想趨吉避凶，但卻鮮少有人會去思索吉凶從何而來。

吉凶到底從何而來？《周易‧繫辭傳》：「八卦成列，象在其中矣，因而重之，爻在其中矣。剛柔相推，變在其中矣，繫辭焉而命之，動在其中矣。吉凶悔吝者，生乎動者也，剛柔者，立本者也！變通者，趣時者也。吉凶者，貞勝者也。」

以上重點是說，八卦排定之後，萬事萬物的象徵包含在卦爻之中。再由八卦重疊爲六十四卦，三百八十四爻包含在其中，由剛柔兩爻的感應相推，爻變之理便包含其中。聖人在每爻之下繫辭來詳加說明，使每爻都有其功能，那麼宇宙間一切的變動，都包含在其中了。吉凶悔吝的現象，是由「有所行動」而成的，剛柔兩爻也就是動變根本，能感應到變化而融通一切，就是爲了要能取捨合時宜啊！吉凶之辭，是以貞正爲勝，就是告訴我們若想要無往不利，關鍵在於能否把握正確之理，而非自持己見，我行我素。

【140問】吉凶一定都有徵兆的嗎？

答：吉凶是都有徵兆的。《了凡四訓》：「春秋諸大夫，見人言動，億而談其禍福，靡不驗者，《左》、《國》諸記可觀也。大都吉凶之兆，萌乎心而動乎四體，其過於厚者常獲福，過於薄者常近禍。」白話文：「春秋時期的諸多大夫們，善於從一個人的言談舉止中，去推算吉凶禍福，沒有不靈驗的，這些案例在《左傳》、《戰國策》等書中都可以看到。大多數吉凶禍福的徵兆，都是先發自於內心，然後再表現為四肢行動上。穩定持重的人常得到福報，輕浮刻薄者則常遭遇禍患。」

這段話主要告訴我們，徵兆如何看？徵兆最初發源於心，最後從言語與行動表現出來。吉凶產生與禍福降臨，都是有徵兆的，有福報的人才懂這個道理，也才能預先看到這個吉凶之兆，而預先防患於未然，這與所謂「菩薩畏因，眾生畏果」是相同的道理。《梅花易數》也有所謂「外應」之說，外應是生活中無意間得到的一種外界訊息，這種訊息往往是可以用來判斷吉凶的，換言之，吉凶未到先有兆。如見到鹿，可能有財祿到來。如見蜂，可有問封官授職之事。如見鞋，主事情和諧。如見枝葉飄零，主人事衰敗。如見飽滿果實，則主必有好結果等。

【141問】何謂「人心動而生吉凶」？

答：從上一問說明，很清楚的告訴我們，「吉凶悔吝者，生乎動者也」，即一切的吉凶禍福，順逆成敗，都是起因於一個「動」字。所以，每當求問者走一個比較不吉

的歲運時，我們都會勸說，保守為要，一動不如一靜。守靜不動，真的就能趨吉避凶？當然，一定有人不同意，心想我什麼都沒做啊！為什麼還是厄運連連？

這個「動」字，並非單指眼前當下，而是之前或前世，乃至累生累世之前身口意造作的業力牽引，都算是動。《太極圖說》：「自無極而為太極。太極動而生陽，動極而靜。靜而生陰」，太極動而生陰陽，人心動而生善惡。因為曾經妄心有動，身口意造作而有了善惡業，再由善惡業產生了禍福吉凶的果報。

【142問】何謂「人心惟危」？

答：舜授禹十六字心法，「人心惟危，道心惟微，惟精惟一，允執厥中。」意思是說人心是危險難測的，道心則是幽微難明，只有一心一意，精進誠實的修行，持守中道，才能轉人心為道心。何謂「人心」？人心就是今生主宰你身心的意念、認知、思想、情緒等內在精神體。這個「今生人心」在唯識學稱之為「第六識」，今生人心只是「表面意識」而已，在表面意識底下有更深層的意識存在著，世俗稱之「潛意識」，唯識學稱之為「第七識」，此為「累世人心」。

第七識在人死後依然存在，與第八識的如來藏，合成「中陰身」，短暫停留後在六道中繼續存活，此即所謂的「六道輪迴」。潛意識的第七識不用睡覺，時時思量，事事作主，處處攀緣，含藏歷劫貪嗔痴染污的種子在裡面。「累世人心」的第七識，時時刻刻輸送染污的種子給「今

世人心」，因此沒有自覺能力，也鮮少內省與內觀的人，終其一生，都會被自己累生累世的習氣種子驅使著。

因為「累世人心」的第七識力量實在太強大了，今生的你我無力招架，自己的心在想什麼，沒有力量反抗；為什麼會這樣做，也不知所為何來。心這樣思想著，整個人就跟著走，心不清不明，人生也就毫無方向。這就是你我的人生，累生累世的無明導致今生的心是苦的，不清楚的，沒力量的，也是不明的。人在這一世帶著一顆迷濛的人心，隨順因緣，在了因果中，無明又造下來生業因，如此生滅輪迴不停，永無止期。這就是舜帝告訴禹帝，人心為何危險難測的道理，因為歷劫層層疊疊的因果業力，在後天生活中就壓在你的心頭，讓你繼續貪嗔痴，繼續造惡業。人心既危，非省察無法拯救；道心既微，非存養無法顯現。如何人心轉道心？舜帝告訴我們要靠「精一」兩個字，即修行的道路上要精進不已，一心不亂。道心何在？人心道心同此一心，尋得先天理天大道，求得無極理天正法，轉念之處即是，回頭此刻即是，開悟當下即是。

【143問】如何看待命運中的吉凶禍福？

答：有情眾生人生旅途中的種種順遂、禍福、吉凶等業報，追查其根源無非「自造業因」，「自受果報」而來。今生能活得幸福快樂，有時跟今生的你沒關係，你要感謝的反而是「前生的你」，因為前世你的行善積德，而獲得福報，你現是正在享受你前世，甚至是累生累世的善業果報。

　　反過來說，今生過得痛苦難熬，有時跟今生的你沒關係，你要怨嘆的反而是前生的你，你是正在承受你前世及累世的惡業，而遭受痛苦惡報。但無論是什麼情況，今生就是一個總結，享福的人不要高興的太早，福份是愈享愈少，總有坐吃山空的一天；受苦的人也不要悲傷的太過，苦盡甘自來，總有柳暗花明的一日。

【144問】何謂「將來之福如添油」？

　　答：此句話出自於《格言聯璧》：「現在之福，積自祖宗者，不可不惜；將來之福，貽於子孫者，不可不培。現在之福如點燈，隨點則隨竭；將來之福如添油，愈添則愈明。」

　　《格言聯璧》這句話是針對今生正在享福的人說的，因為福報很大的人，很容易耗盡了福報又不懂得造福，福報只是讓他們沉浸在永無止境的物慾當中，而不知惜福，缺乏了生命的智慧。富而好禮，富而知修的人，寥如晨星。只有逆境中的人才會去思考人生和命運等課題。若沒有苦難，我們會變得驕傲；若沒有滄桑，我們會失去同理心；若沒有挫敗，我們會無法成長。生活中林林總總的這些凶險不順，讓我們體認到生命中的缺陷，學會了去深思與反省，也領悟了有形終歸虛幻的道理，才能回首見本真。

【145問】八字行運有沒有「反凶為吉」的情形？

答：《三命通會》一書中提到：「木逢壬癸水漂流，日主無根枉度秋。歲運若逢財旺地，反凶為吉遇王侯。」內容說如乙生亥月，壬為正印，若日主無根，又遇水旺之月，為漂流之木，必須行財土運，以土制水，乃能為吉。命局中的凶神，若行運中有物可以合去凶神，則可反凶為吉。

總之，行運中吉凶之情形非常複雜，不是行「忌神運」則論凶，行「喜神運」則論吉的如此簡單。因為還有原局回剋，命運歲合會，乃至於合化等情況，不一而足。行運常是吉凶混雜，其象難明而吉凶難斷，故需冷靜而明辨之。

【146問】流年吉凶如何論斷？

答：流年吉凶除了看流年本身的喜忌之外，還要看與命局、大運之間的生剋制化，刑沖合害等的關係而定。流年吉凶推斷重點如下：1.流年干支為喜用神者，吉。2.流年干支為忌神者，凶。3.流年不為喜用也不為忌神者，平。4.流年干利於用神，支不利於用神，吉凶參半。5.流年干不利於用神，支利於用神，吉凶參半。6.流年刑沖剋合命局忌神者，凶化吉。7.流年刑沖剋合命局喜神者，吉化凶。8.流年與命局合化成用神者，吉。9.流年與命局合化成忌神者，凶。10.流年與命局伏反吟，凶。

第五篇

詳論十神

【147問】何謂「十神」?

答:八字的「五行系統」雖可適用於解釋宇宙天地萬事萬物的變化規律,但拿來應用於複雜的人類社會時,則「五行系統」則嫌不足,於是有了「十神系統」的產生,卽從日干與其他各干支的關係而定出十神,設立十個具有「人類社會代表意義」的名詞。何謂「十神」?卽比肩、劫財、食神、傷官、正財、偏財、正官、七殺、正印、偏印等共有十個,以「十神」名之。

設立十神的目的主要是爲了強化八字的預測功能,依十神的體性形態可對應於複雜的人類社會、周遭環境,乃至於個人外在行爲、內在思想等範疇。利用十神來做八字命局分析,能做出更精準、更細緻的預測推斷。通常在排妥四柱八字之後,必須代入十神,如此八字命盤才算完整無誤。

【148問】十神產生原理爲何?

答:以日干爲「我」,因五行生剋作用而有生我、我生、剋我、我剋、同我等五種關係,若再加上陰陽區別,則變成十種關係,此卽爲十神產生的原理。其中生我者爲正印、偏印;我生者爲食神、傷官;剋我者爲正官、七殺;我剋者爲正財、偏財;同我者爲比肩、劫財。

【149問】十神間的相互關係爲何?

答:五行有相生相剋,十神同樣也有相生相剋。十神相生:正偏財生官殺,官殺生正偏印,正偏印生日主比

劫，比劫生食傷，食傷生正偏財。十神相剋：正偏財剋正偏印，正偏印剋食傷，食傷剋官殺，官殺剋日主比劫，比劫剋正偏財。

【150問】何謂「生扶剋泄耗」？

答：「生扶剋泄耗」與前面提到的生我、我生、剋我、我剋、同我等五種關係，意思是一樣的，其中對五行有增力作用的為「生扶」，相當於「生我」與「同我」；減力作用的為「剋泄耗」，相當於「剋我」、「我生」與「我剋」。以「扶抑用神法」取用來論，日主身弱者取生扶為用，日主身強者取剋泄耗為用。若與十神配合來論，生扶者就是印星、比劫，剋泄耗就是官鬼、食傷與財星。

【151問】十神所代表的意義為何？

答：十神可以類象為：六親、人物、事物、心性、場所等類，如下表所示：

	正印偏印	正財偏財	正官七殺	比肩劫財	食神傷官
六親	祖父母父母	妻子父親	丈夫子女	兄弟姊妹	子女
人物	長輩、師長	下屬、僕人	領導、老師	朋友、同夥	學生、晚輩

事物	書籍、房屋、契約	金錢、女人、財物	官職、官非、疾病	義肢、運動器材、骨骼	食物、旅遊、作品
心性	內斂、思考、領悟	物欲、現實、世俗	管理、守法、約束	剛強、自我、固執	享受、理想、表現
場所	學校、醫院、廟宇	商店、銀行、公司	政府機構、法院、監獄	競技場、體育場	娛樂場、餐廳

【152問】十神有分吉神凶神嗎？

答：有的，十神分成四凶神「梟煞劫傷」，與四吉神「財官印食」。「梟煞劫傷」是指偏印、七殺、劫財、傷官等，「財官印食」是指正財、正官、正印、食神等。《命理約言》：「人命值此二德，多多益善，吉者增吉，凶者減凶，臨於財官印食，福力倍增，即臨於梟煞劫傷，暴橫亦化。」《命理約言》這段文字是在說天月德貴人不論臨於任何吉凶神都能發揮功能，也間接告訴大家「財官印食」等四吉神是有福力的，「梟煞劫傷」等四凶神則會帶來災殃與橫逆。

【153問】命帶梟煞劫傷等凶神，就一定是凶命嗎？

答：當然不是。十神吉凶神在八字命理的功能與作

用，不是這麼簡單的「凶神入命斷凶」，「吉神入命斷吉」。凶神之所以爲惡，是相對於吉神之善而說的。「財官印食」吉神象徵財富、官貴、平安、福氣等福份；「梟煞劫傷」凶神象徵孤獨、壓力、鬥爭、違法等苦難。當四凶神在八字命局結構完善又能爲喜用，爲我所利用時，四凶神也會帶來富貴與平安，四凶神只有在「惡性不被剋制」時才會見凶。

【154問】「十神本身沒好壞，組合有優劣」，這句話對嗎？

答：這句話是對的。雖然十神可分成吉神與凶神的不同，這是從十神本身的體性上去區分的，我們不能說「正官一定比七殺好」，「正印一定比偏印好」等等，在某些八字組合結構下，七殺比正官更強悍，更有力，更有用。如日干身過旺，八字比劫多，財官無力，又無食傷洩日主旺氣，唯有靠七殺補官星之不足，以制比劫。同樣的，當日主過弱，或官殺太旺無印比時，偏印也發揮很好的功能。所以，十神本身沒有優劣之分，重點看他們在何種八字組合結構下，能產生多少功效而定。

【155問】梟煞劫傷四凶神，各自不同的災禍凶事有哪些？

答：1.偏印：易流於孤獨，缺乏人情，自私冷漠，子息無緣，破祖業，損家名。2.七殺：精神壓力，惡疾傷殘，甚至危及性命，不得善終。3.劫財：搶奪、爭鬥、小

人、破耗。因爭鬥或求財而傷身，甚至殘疾。4.傷官：慢性病、傷殘，聰明傲物，藐視法令，犯官司口舌，生活勞苦，身帶痼疾，縱富貴亦不長久。

【156問】印星太多及缺少，會有什麼現象？

答：印星爲長輩、貴人、護佑、學習等。太多及缺少時會對人生有何不利影響，從印星原始的意義去思考，卽能明白。另外，也可從印剋食傷，生比劫，泄官殺，耗財星等角度去推論，也能獲得訊息。

印星太多	1.過度依賴，沒有主見（印多）。2.內向，不愛運動（印剋食傷）。3.學習過多，但多學少成（印剋食傷）。4.身體差，多病（印多）。5.固執，不想改變（印生比劫）。6.女性宜防流產之事（印剋食傷）。7.不利公職（印泄官殺）。8.從商無利（印耗財星）。
印星缺少	1.與母親等長輩緣薄（印無力）。2.自我防護力薄弱，生病少求醫吃藥（印無力）。3.貴人少助（印無力）。4.不繼承祖業（印無力）。

【157問】財星太多及缺少，會有什麼現象？

答：財星爲財物、現實、利益、父或妻等。太多及缺

少時從財星原始的意義去思考，即能明白。另外，也可從財剋印星，生官殺，泄食傷，耗比劫等角度去推論，也能獲得訊息。

財星太多	1.母親多病災（財剋印星）。2.過度重視金錢，好享受（財多）。3.早出社會，不相信形而上的事物（財剋印星）。4.男命防因財或女人招致官非（財生官殺）。5.喜投資生財，但常虧損（財多為忌）。6.女命為夫辛勞（財生官殺）。
財星缺少	1.一生勞碌不聚財（財無力）。2.與父緣薄（父為偏財）。3.晚婚，夫妻感情不好（財無力）。4.盲目投資，亂花錢（財無力）。

【158問】官殺太多及缺少，會有什麼現象？

答：官殺為名望、權勢、壓力、夫或子等。太多及缺少時從官殺原始的意義去思考，即能明白。另外，也可從官殺剋比劫，生印星，泄財星，耗食傷等角度去推論，也能獲得訊息。

官殺太多	1.缺乏鬥志，膽小怕事（官殺為壓力）。2.多病傷之災（官殺為傷病）。3.錢財留不住（官殺泄財星）。4.兄弟有災（官殺剋比劫）。5.女命婚姻不順（官殺多為忌）。

| 官殺缺少 | 1.與公職無緣（官無力）。2.女命夫緣薄（官爲夫）。3.不受約束，自由行事（官無力）。4.財易被劫（官無力護財）。 |

【159問】比劫太多及缺少，會有什麼現象？

答：比劫爲自我、競爭、剋財、耐勞等。太多及缺少時從比劫原始的意義去思考，即能明白。另外，也可從比劫剋財星，生食傷，泄印星，耗官殺等角度去推論，也能獲得訊息。

比劫太多	1.固執己見，不易妥協（比劫爲自我）。2.靠體力賺錢（比劫爲耐勞）。3.不聚財，合夥生意有始無終（比劫剋財）。4.人緣好，朋友多（比劫爲友）。5.妻緣薄，父壽短（比劫多爲忌）。
比劫缺少	1.獨來獨往，朋友少（比劫爲友，無力）。2.自信不足，自我意識薄弱（比劫爲自我）。3.不適合推銷、跑業務之類工作（比劫爲人脈，無力）。4.耐力不足，執行力差（比劫無力）。

【160問】食傷太多及缺少，會有什麼現象？

答：食傷爲靈活、創意、欲望、子息等。太多及缺少時從食傷原始的意義去思考，即能明白。另外，也可從食

傷剋官殺，生財星，泄比劫，耗印星等角度去推論，也能獲得訊息。

食傷太多	1.才華外顯，恃才傲物、叛逆霸道（食傷剋官殺）。2.不利軍警公職（食傷剋官殺）。3.父母管不動（耗印星，印無力）。4.女命姻緣易變（官殺受剋）。5.勞碌閒不住。（食傷為動）。
食傷缺少	1.不喜運動、歌唱（食傷無力）。2.女命子息弱（食傷無力）。3.不夠靈活，缺乏圓融，不利人際關係（食傷無力）。4.沒有創意、才華不現（食傷無力）。

【161問】印星太多的人，如何化解？

答：印星太多為忌的人代表長輩溺愛，缺乏獨立，與父母不和，幼年時傷母，青年易不得志，財運薄弱，個性孤僻等等。化解之道有：1.財星剋印：可從事金融理財的工作，以避免過度追求精神境界，而忽略了現實的殘酷。2.比劫泄印：凡事親力親為，多鍛鍊自己的體魄，以建立自信、自主與自我，避免變成媽寶。3.食傷耗印：用食傷的思想才華外顯，來化解印的壓力臨身；用食傷的叛逆變化，來化解印的順從安穩。所以要多運動，多唱歌、跳舞等活動。也可多旅遊，增廣見聞，走出印星的自我封閉世界。

【162問】財星太多的人，如何化解？

答：財星太多為忌的人代表財多身弱，不自量力追求財利，容易遭來災禍。另外，財壞印星，得不到貴人的幫助。財又生官殺，更會導致生病及意外等。化解之道有：1.比劫剋財：若要做生意最好找合夥人，還有要強化自己的體能與學識，以增強日主的力量。2.官殺洩財：若要投資金融事業，找專業的經理人，或找大型的金控公司來幫忙，切忌單打獨鬥亂投資。3.印星耗財：多接近長輩請教，避免獨自決斷。同時修身養性，減低物慾的追求。

【163問】官殺太多的人，如何化解？

答：官殺太多為忌的人代表日主被剋的太過，膽小怕事，缺乏鬥志。除此之外，多有慢性病與意外之災。還有生活壓力大，受小人欺負，一生苦多樂少等。化解之道有：1.食傷剋官殺：生活中找娛樂與休閒，壓力暫時放一邊。2.印星洩官殺：歸依正道，長養慈悲心，把吃苦當成吃補。用「來人間還債，願結束因果」的心境，面對困境，甘之如飴。3.比劫耗官殺：廣結善緣，認識志同道合的朋友，相互鼓勵，彼此幫忙。

【164問】比劫太多的人，如何化解？

答：比劫太多為忌的人代表勞碌命，難聚財。日主過旺，主觀意識太強，個性偏激，福份少，男命與妻子、父親都緣薄。化解之道有：1.官殺剋比劫：要尊重制度，相信因果業報，不再我行我素。2.食傷洩比劫：多從事勞動

身心的活動，旅遊、運動、藝文等活動皆可，可讓身心平衡，放下執念。3.財星耗比劫：強化經濟概念，適當的參與投資理財的事情，親近父親與妻子等。

【165問】食傷太多的人，如何化解？

答：食傷太多爲忌的人代表欲望太多，個性高傲，自由自在，惟我獨尊，容易因言語來得罪人。與官對抗，難於與長官和睦相處。化解之道有：1.印星剋食傷：要尊重制度，歸依正法，學習正道，相信因果報應，不再放縱自己。2.財星洩食傷：找個小生意來做，把心思意念放在生意上，避免妄念紛飛，無所是事。3.官殺耗食傷：學習有計畫的做事，不再天馬行空的妄想。多參加進修活動營隊，以團體的規律來約束自己。

【166問】何謂「星宮相配」？

答：「星宮相配」又稱爲「星宮得位」。其中「星」是指十神而言，「宮」則是指四柱八字的八個干支，八個宮。以《三命通會》：「年上傷官，父母不全。」這句話來說明好了，爲何傷官現在年柱上，會造成父母不全？年柱是祖先父母宮，因爲印爲祖先父母，最適宜的是官殺與印星，官殺生印星之故。因此若官印透在年上即爲「星宮相配」。若非如此，反而是年上來了個傷官，傷官剋官，爲禍百端。另外，印星剋傷官，也是凶多吉少。因此，「年上傷官」就是星宮不相配，也是星宮不得位。

【167問】何謂「十神定位」？

答：「十神定位」與「星宮相配」類似，都是在探討十神與八宮間的關係，只不過「星宮相配」偏向於何星最好出現在何宮，星宮之間求相配合。但八字不是你我可以決定的，「十神定位」則著重於全面性的去看，十神出現在八宮的情形會是怎樣。星宮碰撞的結果，有好有壞，所反映的就是人生百態，與吉凶、順逆、禍福、得失等的命運起落真實面貌。

【168問】正官在四柱，各有何意義？

答：正官在年干、月干、日支、時干的意義如下表：

正官在年干	1.祖上清高，官貴。2.幼年家教嚴，成績優異，在學校當班長等幹部，長輩提拔。3.為長子或長女。
正官在月干	1.父母性情敦厚，重名望。2.青年時期有領導力，易獲提拔，升遷很快。3.女命易早婚。
正官在日支	1.自身有貴氣，責任感深厚，配偶易為公教人員。夫妻彼此尊重，生活協調。2.中年當領導，有社會地位。
正官在時干	1.子息忠厚。2.晚年有名望，當社團理事長等。3.女命晚婚。

【169問】七殺在四柱，各有何意義？

答：七殺在年干、月干、日支、時干的意義如下表：

七殺在年干	1.祖上清寒，但仍具有名望。2.幼年多病不好養，讀書也不專心。3.為長子或長女。
七殺在月干	1.父母管教嚴格。2.青年時期手足有傷。3.個性不畏強權，但脾氣不好。
七殺在日支	1.配偶性情剛烈，家庭不和諧。2.中年行事具魄力，公私分明，缺圓通性。3.容易滋生是非，犯小人。
七殺在時干	1.子女忠厚老實。2.晚年有名望。3.女命晚婚。

【170問】正印在四柱，各有何意義？

答：正印在年干、月干、日支、時干的意義如下表：

正印在年干	1.祖上在地方上有名望。2.幼年有長輩緣，受寵愛。讀書運佳。3.祖輩溫和有信仰。
正印在月干	1.母掌權。2.青年時期受母親教養較多。3.個性依賴，出社會遇貴人。

正印在日支	1.男命配偶年齡較大，賢慧有助力。2.中年在公家機關上班。3.一生少災殃。
正印在時干	1.子女聰明孝順。2.晚年有宗教信仰。3.晚年有名望，任民間社團要職。

【171問】偏印在四柱，各有何意義？

答：偏印在年干、月干、日支、時干的意義如下表：

偏印在年干	1.祖上寒微。2.幼年與生母緣分較薄。3.住所常搬遷。
偏印在月干	1.父母掌控欲強。2.青年時期精明孤獨。3.個性專橫跋扈。
偏印在日支	1.晚婚，夫妻猜忌。2.中年喜學術研究。3.內向，人際關係欠佳。
偏印在時干	1.與子女緣較薄。2.晚年體弱，兼職多。3.晚年對宗教執著。

【172問】比肩在四柱，各有何意義？

答：比肩在年干、月干、日支、時干的意義如下表：

比肩在年干	1.祖上人口眾多。2.幼年家境不好，好交朋友。3.錢被長上劫走。

比肩在月干	1.父母親固執。2.青年時期經濟困頓。3.過度重視朋友。
比肩在日支	1.妻多病。2.中年勞碌。3.個性獨立、剛毅，精神旺盛。
比肩在時干	1.子女倔強。2.晚年財運不佳。3.爲子女而破財。

【173問】劫財在四柱，各有何意義？

答：劫財在年干、月干、日支、時干的意義如下表：

劫財在年干	1.祖上清寒。2.幼年好交朋友。3.早熟。
劫財在月干	1.因父母兄弟損財。2.青年時期事業起伏大。3.個性倔強、投機。
劫財在日支	1.婚姻不和諧，口角多。2.男命中年因女人破財。3.不善理財。
劫財在時干	1.子女不節儉。2.晚年寂寞。3.因子女而破財。

【174問】食神在四柱，各有何意義？

答：食神在年干、月干、日支、時干的意義如下表：

食神在年干	1.祖上樂天知命。2.幼年得祖蔭，學習力強，但身體不好。3.幼年時家境小康。

食神在月干	1.得父母資助。2.青年時期好美食享受。3.不與人爭，知書達禮。
食神在日支	1.配偶偶心寬體胖。2.中年事業心重。3.內向多情，少煩惱。
食神在時干	1.子女聰明孝順。2.晚年衣食無憂，長壽。3.晚年多外出旅遊。

【175問】傷官在四柱，各有何意義？

答：傷官在年干、月干、日支、時干的意義如下表：

傷官在年干	1.祖業飄零，家道中衰。2.幼年叛逆、多病。3.與長輩溝通不良。
傷官在月干	1.與父母關係不好。2.青年時聰明、有獨創性，但叛逆。3.兄弟姐妹不全，有早夭者。
傷官在日支	1.女命夫緣薄。2.中年事業心重，多投資。3.才華橫溢，事業易成功，但恃才傲物，人緣不好。
傷官在時干	1.子女個性固執。2.晚年孤獨，生活潦倒。與子女溝通不良。3.女命晚年不利夫。

【176問】正財在四柱，各有何意義？

答：正財在年干、月干、日支、時干的意義如下表：

正財在年干	1.祖輩富貴，雙親節儉、保守。2.幼年家境富裕，不愛念書。3.男命早熟。
正財在月干	1.家世良好，雙親富貴，勤儉持家。2.青年時期勤勞節儉，有積蓄。3.重視諾言，爲人正直，但多計較。4.男命早婚。
正財在日支	1.男命得妻助。妻星在妻宮，賢慧理家。2.中年錢源固定。3.日主本人勤勞吃苦。
正財在時干	1.子女富有，用錢保守。2.晚年財運仍佳，享福。3.妻子長壽。

【177問】偏財在四柱，各有何意義？

答：偏財在年干、月干、日支、時干的意義如下表：

偏財在年干	1.有祖產，家境好，與父母緣薄。2.幼年貪玩，不愛念書。3.男命早熟。
偏財在月干	1.父星得位，父母富有。2.青年時早出社會，重義不重財。3.早婚，工作運佳。
偏財在日支	1.男命得妻財，妻賢惠。2.中年交友廣闊。3.個性不拘小節。

偏財在時干	1.子息事業有成，社交能力強。2.晚年常應酬。3.男命父長壽，得異性之助。

【178問】「月令建祿，多無祖屋」，如何解釋？

答：此句出自於《神峰通考》：「月令建祿，多無祖屋。」意思是月支是比肩者，得不到祖先的遺產如房屋。建祿即是月令有比肩，年月宮位本來就是祖上父母之宮位，此宮最好是見財官星，才能與祖上父母宮之印，形成財生官，官生印，輾轉相生大吉大利的命局。但現在卻出現比肩，比劫剋財，官也剋比劫，如何能得祖上父母之遺產？另有一解與上述完全不同，即建祿格者既富又貴，輕鬆擁有自己的房子，根本不用去住祖屋。

【179問】「年上財官，主祖宗之榮顯」，如何解釋？

答：此句出自於《神峰通考》：「年上財官，主祖宗之榮顯；月上官殺，主兄弟之凋零。」整句的意思是說，年干若出現財官，表示祖先有可能當官或富有；但若是月干出現官殺，反而是兄弟早死等悽涼景象。官殺在年上與月上，吉凶之應為何相差如此之懸殊？原因還是在於「星」有五行，「宮」也有五行，當星宮五行形成相生或相剋時，吉凶生矣。

【180問】財星生官殺表示何種事象？

答：1.用金錢去買官位（財主金錢，官殺主官位）。2.男命因女人或父親而心生壓力（財主女人或父親，官殺主壓力）。3.事業成就帶來較高的社會地位（財主事業成就，官殺主社會地位）。4.妻子對丈夫關心（財主妻子，官殺主丈夫）。

【181問】官殺生印星表示何種事象？

答：1.人一旦有官職後就想要掌權（官殺主官職，印星主權力）。2.因生活的壓力轉而向宗教信仰的探索（官殺主生活壓力，印星主宗教信仰）。3.因為有慢性病故特別注意自己的免疫力（官殺主慢性病，印星主免疫力）。4.因為小人太多而尋求靠山（官殺主小人，印星主靠山）。

【182問】印星生比劫表示何種事象？

答：1.因慈悲心所以對朋友友善（印星主慈悲心，比劫主朋友）。2.為長輩而破財（印星主長輩，比劫主破財）。3.歸依之後認識了很多志同道合的同修（印星主歸依，比劫主同修）。4.因依賴心找同事幫忙（印星主依賴，比劫主同事）。

【183問】比劫生食傷表示何種事象？

答：1.因同業競爭故要經常辦促銷活動（比劫主競爭，食傷主活動）。2.重視友誼而去唱歌（比劫主友誼，

食傷主唱歌）。3.以健美活動獲得喝采（比劫主健美，食傷主喝采）。4.邀同事們一起去旅遊（比劫主同事，食傷主旅遊）。

【184問】食傷生財星表示何種事象？

答：1.心思都花在如何投資理財上（食傷主心思，財星主投資理財）。2.靠口才取得財富（食傷主口才，財星主財富）。3.計畫到處去吃美食（食傷主計畫，財星主美食）。4.靠專業技術贏得美人歸（食傷主專業技術，財星主女人）。

【185問】財星剋印星表示何種事象？

答：1.為了金錢出賣了良心（財星主金錢，印星主良心）。2.追求物慾把學業都荒廢了（財星主物慾，印星主學業）。3.婆媳失和，妻子對婆婆不孝順（財星主妻子，印星主母親）。4.貪享受而毫無道德觀念（財星主享受，印星主道德）。

【186問】印星剋食傷表示何種事象？

答：1.以奉獻的心來對治任性的毛病（印星主奉獻，食傷主任性）。2.遵循傳統而非一味追求時尚（印星主傳統，食傷主時尚）。3.母親的溺愛對孩子的成長很不利（印星主母親，食傷主孩子）。4.長輩的出現約束了高談闊論（印星主長輩，食傷主談論）。

【187問】食傷剋官殺表示何種事象？

答：1.因喜歡變動而常換工作（食傷主變動，官殺主工作）。2.運動可以舒壓（食傷主運動，官殺主壓力）。3.靠技藝得到名望（食傷主技藝，官殺主名望）。4.因造謠而違反國家法律（食傷主說話，官殺主法律）。

【188問】官殺剋比劫表示何種事象？

答：1.大地震的災難死了許多好朋友（官殺主災難，比劫主朋友）。2.因責任感而改正了浪費的心態（官殺主責任，比劫主浪費）。3.管理的制度約束了個人的私心（官殺主制度，比劫主私心）。4.壓力太大擊潰了人的自信心（官殺主壓力，比劫主自信）。

【189問】比劫剋財星表示何種事象？

答：1.朋友合夥來賺錢（比劫主朋友，財星主賺錢）。2.朋友借錢沒有還（比劫主朋友，財星主借錢）。3.自我意識太強的男命是會剋到妻子的（比劫主自我，財星主妻子）。4.剛強者才能剋制住物慾（比劫主剛強，財星主物慾）。

【190問】陽刃與羊刃有何區別？

答：陽刃與羊刃有無區別，古今有兩種看法：一種認為陰陽干皆有刃，都稱之為「羊刃」；或者把陽干之刃稱為「陽刃」，陰干之刃稱為「陰刃」。另一種則是認為僅陽干有刃，陰干無刃，故稱陽刃。《子平真詮》：「陽刃

者，祿前一位，惟五陽有之，故爲陽刃。」顯見《子平眞詮》是主張只有陽干有刃。

換言之，當提到「陽刃」一詞時一定是指陽干而言，若是提到「羊刃」時，則適用於陰陽干。不論陽刃或羊刃皆是凶神，須加以制伏才能爲用，或日元弱而逢之，亦主功名、武貴等。

【191問】劫財與羊刃有何區別？

答：劫財是與日干同五行，但陰陽不同的十神。在地支的劫財則可稱之爲「羊刃」。劫財本義有「衝突」、「佔有」、「搶奪」等，到了羊刃更加凶狠，破壞性與攻擊性更強，如同帶把刀可以宰殺人或傷自己。

八字古籍《三車一攬》：「羊，言剛也；刃者，取宰割之義。」正是在說明羊刃的剛烈與暴戾。羊刃是日干帝旺之地，旺極必有其損傷，故羊刃爲凶神，命中逢之，八字組合不良者，必有傷殘或血光之災，但身弱者羊刃也能幫身，並非一無是處。

【192問】偏印與梟神有何區別？

答：命理古籍很多把偏印也稱之爲「梟神」，如《命理約言》：「梟神亦稱偏印」。及《命理探源》：「偏印亦曰倒食、又曰梟神」等。也有把偏印與梟神並稱的，如《淵海子平》：「若見印綬梟神，難得子也。」

以上這些論點都是不對的，實際上偏印和梟神是有區別的。梟神的主要危害爲「梟神奪食」，即命局中的福

星食神被偏印剋去，會發生各種的凶災、疾病、牢獄、車禍、刑剋父母等，都是很嚴重的災劫。八字古籍中只有《神峰通考》一書說對而已，《神峰通考》：「印星偏者，如甲生亥月，乙生子月之類。無食則為偏印，有食則為梟神。」

【193問】七殺與偏官有何區別？

答：在八字古籍上，除了《神峰通考》、《子平管見》等少數幾本外，其它古書並沒有特別區分七殺與偏官，這兩個名詞都混合使用著。《神峰通考》：「偏官無制曰七殺。」《子平管見》：「偏官者，陽剋陽、陰剋陰之類是也，無陰陽配合，故謂之偏。身強有制伏者，為偏官。身弱無制伏者，為七殺。」這裡有提出兩者之間的區別，命局身強有制伏者，為偏官，身弱無制伏者，為七殺。

其中所謂的「有制伏」，是指食神剋制七殺而言，故命局中若有食神在時，便稱之為「偏官」，若命局沒有出現食神時，即稱之為「七殺」。另一種說法是，當會危害日主時稱之為「七殺」；不危害日主時，稱之為「偏官」。這個說法其實與《子平管見》所說的身強與身弱的意思是相通的，日主健旺足以抗殺，殺是偏官，若不足以抗殺，偏官為殺。

【194問】何謂「食傷混雜」？

答：通常我們比較會注意到命局中有無出現「官殺混

雜」，會疏忽其它正偏星，如比劫、食傷等混雜的情形。「食傷混雜」就是命局中食神與傷官在天干「同時並見」之意。正偏星混雜有何不好？正偏星的星性差異很大，各行其是，各自爲政，互不協調，互相混雜的結果會導致命主性格多變，莫衷一是。

八字中如若見食傷混雜，因爲食傷兩者星性本不同，會造成命主本身氣場的雜亂無序，行事會沒有明確方向，也沒持續力量，甚至善惡不分，是非不明。若當領導主管，則會賞罰不明，朝令夕改。食傷混雜者表現在性格上的是，沒有主見，猶豫不決；行爲上是什麼都想做，又什麼都不做。結果是一事無成，白白空過。事業上也不順利，常因過度勞累工作而生病。

【195問】如何解釋「殺無刃不顯，刃無殺不威」？

答：語出自於《淵海子平》：「殺無刃不顯，刃無殺不威。」意思是說八字帶七殺者，最好能配上羊刃，如此才能顯出七殺的武貴；八字帶羊刃者，最好能配上七殺，如此才能現出羊刃的威嚴。

七殺與羊刃是命格中兩股最強硬的力量，其實它們不一定是凶惡的，必須看八字整體的結構與組合。一個很弱的八字，羊刃可以有很大的幫扶作用，但無制的羊刃絕對是個災難。所以，羊刃須要有制，制約羊刃最好的辦法就是見七殺。羊刃與七殺兩者之間的配合，有個完美的格局，叫「羊刃駕殺格」，以羊刃來對抗七殺，互相制化，

以達平衡，創造雙贏。

【196問】官星出現在年月與日時，有何差別？

答：《三命通會》〈碧淵賦〉：「年月官星，早年出仕，日時正貴，晚歲成名。」內容是說八字年月柱有官星，少年時可以出來當官，若日時柱才有官星，則要等到晚年才有機會可以成名。此即十神在四柱所代表意義，因時間上早晚而各有不同，原則上年月為青年，日時為中晚年。

明朝皇家祕本《命理微言》：「用神在前者早達，在後者晚昌。年月為前，時為後。前三十年年月用事，後三十年日時用事。」內容所說與〈碧淵賦〉相似，財官用神最好現於年月柱，才能早早享有名望與財富，若現於時柱，已垂垂老矣，尚能飯否？還要名利何用？

第六篇　詳論神煞

【197問】算八字要不要看神煞？

答：因人而異吧！命理師中有人完全棄之不用，有人言必稱神煞，更多人是將神煞作為吉凶判斷的「輔助工具」，取其有理可信的部分。古代八字算命神煞應用得較多，總共接近一百個神煞之多，近年來則普遍只用少數如天乙貴人、文昌貴人、桃花、紅艷煞、驛馬等神煞有應驗性者，可靈活運用之，來豐富論命的內容。

其實，神煞早已成為社會傳統文化的一部份，許多前來批命的客戶，在論命中自己都會提問：我有帶桃花？我有驛馬星動嗎？諸如此類的。所以，正確地運用神煞，對於命理師與求算者雙方都是有必要的。三命通會：「五行所司者，命也。論命，必先之以五行、四柱格局，次論神煞吉凶，可以較量禍福之輕重而已。」意思很清楚，論命還是以五行生剋，日干強弱，格局高低為主，神煞雖影響吉凶有限，但也不必完全棄絕不用。

【198問】《滴天髓》對於神煞持何種看法？

答：《滴天髓》對於神煞一說，是深不以為然的。《滴天髓》：「余詳考古書，子平之法，全在四柱五行。察其衰旺，究其順悖，審其進退，論其喜忌，是謂理會。至於奇格異局，神煞納音諸名目，乃好事妄造，非關命理休咎。若據此論命，必至以正為謬，以是為非，訛以傳訛，遂使吉凶之理，昏昧難明矣。」

意思是說子平八字論命，主要是在五行的生剋制化，

首先，看日主的強弱衰旺，決定格局及喜用神爲何，這才是正確的處理態度。至於怪異之格局和納音神煞等，都是胡亂假造的，如果根據這些來斷命，眞正的吉凶禍福是絕對看不出來的。

【199問】《命理約言》是如何評價神煞的？

答：《命理約言》：「舊書稱神煞一百二十位，一一細推起例，毫無義理者，十嘗七八，且一字每取吉凶神煞十餘，禍福何以取斷？此皆術家逞臆妄造。」

內容是說八字古書上的神煞有一百二十位之多，其中沒有什麼道理可言的，佔了十分之八。如果論斷一個八字竟然要動用了十幾個神煞，吉凶禍福究竟要如何推斷？這些沒道理的神煞都是捏造出來的。《命理約言》只用天德、月德、天乙貴人、月將、空亡等，極少數的神煞而已。

【200問】《三命通會》對神煞的看法如何？

答：《三命通會》是贊成使用神煞的，甚至把神煞提升到很高的位階。《三命通會》：「神煞者，天地五行精氣也，各有所主吉凶。談命者先推五行休旺格局，然後參以神煞，觀其事類。」其中提到神煞是天地五行精氣，什麼又是「精氣」？春秋戰國的儒道學家提出了「精氣」是構成萬物本源的學說，如《論衡》：「人之所以生者，精

氣也。」《三命通會》認爲神煞也是五行之氣，可以參與八字的生剋制化中去作用。

【201問】《御定子平》如何定位神煞？

答：《御定子平》：「論命不宜拘執神煞，故言命以財官爲重。財官得用，雖凶煞如十惡大敗者，能變而成祥，以明神煞之不必拘忌也。」從以上可知《御定子平》是使用神煞的，但強調不拘泥神煞，不被神煞限制住，而且主張八字論命以財官爲重。所謂以「以財官爲重」，卽根據八字中之財星的衰旺以及與日主的有情無情，來定位人生富貴貧賤壽夭吉凶，神煞可供參考，但無法決定命局的主要禍福吉凶。

【202問】神煞與所臨喜忌有關係嗎？

答：有關係的。通常神煞中的吉神臨喜用才顯吉，凶煞臨忌神才定凶。以「亡神」爲例，如亡神臨八字喜用之地支，主謀略深算；但若所臨是忌神的地支，則有刑妻剋子，官府獄訟的情形。再以「天醫」貴人爲例，若天醫貴人所臨地支爲八字忌神，且被刑沖剋害，則主一生體弱多病，經常跟醫院打交道。因此，不能只單獨看神煞來論吉凶，還要看神煞所臨地支之喜忌後，才能定奪。

【203問】何謂「犯太歲」？

答：所謂「犯太歲」，指一個人出生年的生支與流年的生支「相同」、「相沖」或「相刑」，民間統稱「値

太歲」、「沖太歲」、「刑太歲」這三種情況爲「犯太歲」。根據民間習俗來說，犯太歲的人流年會不利，甚至百事不順，如事業遇挫，身體病痛等。早期都是在家中自行擺設「太歲神位」來祭拜，現在大多數會到宮廟去安太歲，以祈求平安，諸事順利。

從八字理論來看所謂「犯太歲」有道理嗎？答案是：有的。以沖太歲爲例，流年支來沖入年支，命局逢沖則動，該年運勢多所變動，仍宜保守以對。安太歲有用嗎？信其有用才會去安，安太歲這一年，若能多行善積德，上天一定賜福予人的。

【204問】何謂「流年十二歲君」？

答：傳統八字大多根據流年喜忌，或刑沖剋合等來推斷流年吉凶，但江湖如盲師還有一種斷法稱爲「流年十二歲君法」。通常在農民曆上都會記載著生肖沖煞，其中最主要的也就是這「十二歲君」，或稱「十二神煞」。這些神煞有吉有凶，每個人每年都會碰上其中的一位神煞。

其吉凶如下：1.太歲：動盪、血光、病災。2.太陽：男吉祥，女犯刑剋。3.喪門：勿入喪家，防家中長輩過世。4.太陰：女如意，男犯小人、破財等。5.五鬼：防小人、官符。6.死符：防意外之災。7.歲破：血光、破財、是非、官司等。8.龍德：諸事亨通、財事盈門。9.白虎：血光、病災、小人等。10.福德：財事臨門，吉星臨照。11.天狗：車關、勞累。12.病符：病災、爲人陷害等。流年十二歲君會準嗎？有它的準確度與應驗度在，八字測流

年吉凶時可以酌用之。

【205問】「天乙貴人」有何作用？

答：天乙貴人是八字神煞中最吉之神，其神尊貴，所至之處，一切凶煞隱然而避。人命逢之功名早發，事業有成，貴人多助。天乙貴人入命之人，心性聰明，出入近貴，多福少凶。天乙貴人的查法有歌訣：「甲戊庚牛羊，乙己鼠猴鄉，丙丁豬雞位，壬癸兔蛇藏，庚辛逢虎馬，此是貴人方。」「甲戊庚牛羊」的意思就是說，甲庚戊年或日生人的四柱中，地支遇到丑或未，該柱就帶有天乙貴人，其餘類推。

大運及流年也可以看天乙貴人，甲庚戊年或日生人，歲運地支遇到丑或未，即遇到貴人。表示此運或流年中會得到貴人相助，辦事順利，任何困難迎刃而解。

【206問】「將星」是何種神煞？

答：「將星」為吉星，將星主「管理」，是一個有權威的神煞。命帶將星能增強領導能力，能文能武，有權柄威信，重權在握。《三命通會》：「將星者，如大將駐紮中軍中也，故以三合中位為將星。如寅午戌三合，午為中位，見午者是。」命帶將星之人有權威感，具有做領導者的天分，很多做官或工商高層主管都帶有將星。一般而言，命帶將星者，八字中必須官殺或印星有力，且將星無破，才可能真正執掌權柄。

【207問】何謂「祿神」？

答：祿神為吉神，祿者，福也，善也。祿神即「臨官」，祿在年支為「歲祿」，主其人能得祖上福蔭；祿在月支為「建祿」，在中年發達，過著穩定的生活；祿在日支為「專祿」，娶賢妻，妻子對自己會有很大幫助；祿在時支「歸祿」，晚年大吉，子女孝順，兒孫滿堂。

八字見祿神，人緣特別好，能得平輩貴人的幫助。祿神也代表錢財，八字沒有財星與食傷，卻能大富大貴者，大都和祿神有關係。祿神相當於財庫，與財庫不同的是，財庫宜沖，而祿神遇沖剋則不吉。八字有祿神且無沖剋，一生衣食無憂。

【208問】「空亡」是什麼意思？

答：十個天干配十二個地支，有兩個地支沒有天干來配，這兩個沒有天干來配的地支就稱為「空亡」。空亡有「空無」、「沒有」、「消失」等意思，如年柱空亡，年柱代表「幼年運」、「祖先宮」、「父母宮」等，因此代表此命主幼年運不佳，學業無成，祖先、父母等長輩的助力會很少，也與祖先、父母緣薄，可能早離祖居地，白手起家等。

【209問】四柱「空亡」有何種事象？

答：四柱空亡顯示的事象如下表：

年柱空亡	祖上無蔭，父母壽短，少年運困頓多阻，白手成家。
月柱空亡	兄弟姐妹緣薄，手足有夭亡者，青年運多阻礙。
日柱空亡	夫妻欠和睦，婚緣有變，配偶早喪，中年事業多阻礙，家庭多紛爭。
時柱空亡	子息少不得力，難享子女福氣，晚年孤獨，事業也不吉。

【210問】十神「空亡」有何種事象？

答：十神空亡顯示的事象如下表：

比肩空亡	手足少無助益，合夥事業不順。
劫財空亡	手足少無助益，合夥事業不順。
食神空亡	福份少，女命子息緣薄。
傷官空亡	男命與子緣薄，女命損子，婚易變。
正財空亡	錢財難聚，妻子緣薄，晚婚，家庭易生風波。
偏財空亡	不利父運，與父緣薄，無橫財運，男命妻緣薄。
正官空亡	學業受挫，不宜公職，男命子息少，女命夫緣差。

七殺空亡	爲官失權，男命女兒早別，女命夫緣差。
正印空亡	文書受害，學術難成，與母緣薄，母運差。
偏印空亡	學術難有成就，不利繼母。

【211問】歲運逢「空亡」會如何？

答：空亡碰上任何事物，該事物就會消失或不見，因此，喜用神逢空亡喜用作用就不見，以不吉斷；忌神逢空亡忌神不見，以吉斷。換言之，逢空亡是「吉運減吉」、「凶運減凶」。不過空亡對命局之影響較大，對大運與流年影響小，故歲運逢空不以爲空亡，不論空亡即可。

【212問】命帶「桃花」該怎麼看？

答：自古以來，對於八字帶桃花都是負面論斷，而且看得很嚴重，認爲會濫情無度，甚至因色喪命。眞有這麼嚴重嗎？其實命帶桃花者不少是俊男美女，深得人緣。桃花最忌唯有七殺桃花，易因感情糾紛而引來殺身之禍。《三命通會》：「官星桃花，不害於良人；煞星桃花，則多爲娼婦。桃花之煞雖一，而逢官遇煞迥異。」講的也是同一個道理。桃花最喜空亡，可降低其患，但忌刑合，絕對會因色惹禍。

【213問】如何知道「桃花」對你是否有利？

答：桃花有好有壞，卽所謂的「正桃花」與「爛桃

花」，如何知道桃花對你是否有利，主要從兩個關鍵點：1.看桃花所臨是喜或忌：如果桃花星所臨的字是八字喜用神，則會帶來幸運和幫助；若是忌神，則帶來衰運和損失。如身旺喜財星，桃花是財星，則行桃花運時，所遇對象條件都較優良，或會帶來財運等。2.看桃花所臨是何十神：通常與「財官印食」等在一起為吉，與「煞傷劫刃」等則為凶。其中劫財和七殺，且為忌神者最不好，逢桃花運會大破財，甚至引來殺身之禍。

【214問】「桃花」帶合好嗎？

答：不好。理由是桃花星本是風流之星，自不宜多帶，合的結果會使桃花越帶越多。通常桃花出現在年月柱為吉，稱之為「內桃花」，主深得人緣，夫妻恩愛，家庭和睦。若年月支與日時支成六合或三合，則桃花星就合入日時，等同日時帶桃花，稱之「外桃花」。古人認為外桃花，人人可採，表示容易出現感情糾紛。何況日時為中晚年，兒孫已成群，年老入花叢，再鬧桃色事件，有辱門楣。

【215問】命帶「紅艷煞」會如何？

答：「紅艷煞」主要針對女命而言，其星性與桃花類似，命帶紅艷煞的女人通常美麗動人，浪漫多情，異性緣旺。面對追求者很容易動情而接受對方，最終也會因感情糾紛而受害。

當然不能一見命局有桃花、紅艷等就一口斷定犯色

情之災，必須與所臨十神與喜忌等綜合判斷。如女命紅艷與官印同柱，其人雖然多情，但不會惹禍。但若與七殺同柱，則感情不穩，不利婚姻；紅艷逢沖，則要防病災與血光；逢合則一生桃花不斷。

【216問】「紅艷煞」與「桃花」有何不同？

答：這兩種神煞都與人的感情、人緣等有關，基本上兩者的星性與作用是大同小異。其中的差別如下：1.紅艷煞只用於女命，桃花星則男女通用。2.紅艷煞的星性強度比桃花星大很多，紅艷煞可說是敢愛敢恨，性格極端，對感情的執著也較強烈，完全無懼於世俗人的眼光，與左鄰右舍的指指點點，會大膽地與外遇對象同進同出。

【217問】命帶「驛馬」該怎麼看？

答：「驛馬」的本義是指「在驛站間傳遞文書的馬匹」。在八字命理中，命帶驛馬者，終身奔波遠行，不安其居。驛馬有它固定求法，如亥卯未在巳之類，皆為生動之象。驛馬出現在寅申巳亥的地支，有人一見命中有寅申巳亥，就說帶驛馬是不正確的。驛馬必須見「財官有力」方為真馬，所以《命理探源》說：「馬奔財鄉，發如猛虎。」驛馬逢歲運來沖必有搬家、調職等遷動之事，逢合則受制而走不動。命帶驛馬，適合跑業務。驛馬太多，要注意車關，因為馬路風險大。

【218問】四柱出現「驛馬」有何事象？

答：四柱出現驛馬事象如下：

驛馬在年柱	代表幼年時期多變動、搬家之事，學習也不穩定。變動與父母工作、居住環境有關。
驛馬在月柱	代表青年時期出現變動之事。若驛馬星不為喜用神，則主工作、學習或婚姻的不順，若為喜用神，則代表吉象。
驛馬在日柱	代表中年時期家庭、婚姻、事業、工作、住宅等多變動。
驛馬在時柱	代表晚年時期因子女因素而變動，或因事業而到遠方發展之象。若驛馬為喜用則晚運發達吉祥，否則晚運淒涼孤單。

【219問】不利婚姻的神煞有哪些？

答：1.孤辰寡宿：孤辰是孤獨之星，個性獨斷獨行，堅執己見，不利婚姻之兩人生活。2.亡神：亡神為忌神，其人心性難定，氣量很小，脾氣很大，婚姻失和。3.羊刃：命帶羊刃之人，個性極端偏激，急躁不已，暴戾之氣不利於婚姻之和諧。4.陰陽差錯：為人行事多顛倒，事成反敗。女命，妯娌、翁姑不合，剋夫運，不利子息。男命，不利妻財，與妻家是非寡合。5.紅艷煞：外緣極佳，感情世界豐富，性格浪漫多情。

【220問】「劫煞」有何不好的作用？

答：「節煞」是凶星，為五行的絕處，如巳酉丑金局絕寅即是劫煞。《三命通會》：「劫煞為災不可當，徒然奔走各利場；須防祖業消亡盡，妻子如何得久長。」人命帶之，性格強烈，好勝多怒，不利六親骨肉。命帶劫煞，易遇突發性災禍，或者突然意志消沉，不思進取，事業不順，一生名利虛浮。

【221問】命帶「元辰」會如何？

答：「元辰」又名「大耗」，是個凶星。元辰是「相背不合」之意，若歲運逢之，搖動顛倒，不得安寧。人命逢之，形貌會有缺陷，或頭骨凸露，或低鼻大口等。命帶元辰者，是非不分，善惡不辨，自甘墮落。元辰在日，剋配偶。元辰與官符並見，無緣無故受到挫折。元辰與劫殺並見，一生多艱難，生子不孝。

【222問】「天醫」是與疾病有關的神煞？

答：日主身旺又有貴人相扶，命帶天醫的人，學習醫術有天賦，學習能力強，容易成為名醫。若是身弱，又沒吉星相助，帶天醫成不了醫生，還主身體不好疾病多，經常跑醫院。天醫最好在年柱，表示祖先有從事醫事工作，可承繼祖業，學醫之路比較順暢。

【223問】易犯小人的神煞有哪些？

答：1.五鬼：五鬼陰氣重，會對運勢形成擾亂，導致命局陰陽無法平衡，運勢降低，被小人陷害。主小人、破財、人口不安、疾病、官非等。2.勾絞：勾絞，勾者，牽連的意思，絞者，表示羈絆，凡命帶之，容易有犯小人、口舌、刑獄之災，或傷身、破財等之災。3.劫煞：劫煞屬陰火，為小人星，為劫奪之星。主遭小人陷害、傷害等。

【224問】命帶「災煞」有哪些影響？

答：「災煞」是很不好的神煞凶星，《三命通會》：「災殺者，其性勇猛，常居劫煞之前，衝破將星，謂之『災煞』。如申子辰將星在子，午卻去衝子。」命帶「災煞」福少禍連綿，此煞主血光橫死。在水火，防焚溺，金木杖刃，土墜落，瘟疫剋身，大凶。假如八字命局中同時遇天德、月德、或太極貴人，即可化解災煞之星，使其化凶為吉。

【225問】「華蓋」的作用有哪些？

答：「華蓋」是很重要的神煞，《五行精紀》特別用一章來討論它。《五行精紀》：「華蓋為庇蔭之清神，主人曠穎神清，性靈恬淡，不較是非，好仙道技巧事，一生不利財物。」華蓋意為「華麗的寶蓋」，本來是玉皇大帝出巡時，頭頂上的一顆星宿，形如傘狀，有護帝顯威之職。「華蓋」主孤芳自賞，六親不靠，自主沉浮。華蓋又為藝術之星，命中遇之，主人氣度不凡，聰明好學，喜美

術，書法等文化藝術，才華非凡。吉者爲達官貴人，逢空亡則爲名道高僧。

【226問】命帶「金匱」如何？

答：「金匱」本來指「裝著書箱的箱子」，表示有傳統文化之素養。命帶此星，爲行業中的傑出人才，尤其在理財及管理方面，可當各部門主管職位。倘若八字命吉，又有金匱，其人多爲乘坐名車，八面威風。卽使大運流年遇到金匱，也能得到福蔭相助貴。女人帶金匱星，幸福平安，男人帶金匱星，能得賢妻之助，榮富顯貴。

【227問】命帶「血刃」之人多血光？

答：的確如此。《張果星宗》：「血刃血支二星在命，多主血光之災。」八字帶血刃者，容易遇到意外、開刀等流血事件，容易被尖銳物品如刀劍割傷。若與羊刃、驛馬等同柱，血光之災的機率更會大大增加。因此命帶血刃，尤其是命局中二柱以上帶血刃，又無天月德貴人解救，或者印星貼身保護者，開車或是外出旅遊，都須特別小心。

【228問】「陰陽差錯」影響哪方面的事？

答：「陰陽差錯」是凶星，此神煞主要是婚後男女雙方，與對方的家庭嚴重不和。《三命通會》：「陰陽差錯殺。乃丙子、丁丑、戊寅、辛卯、壬辰、癸巳、丙午、丁

未、戊申、辛酉、壬戌、癸亥十二日也。女子逢之，公姑
寡合，妯娌不足，夫家冷退。男子逢之，主退外家，亦與
妻家是非寡合。其殺不論男女，月日時兩重或三重犯之，
極重；只日家犯之，尤重。主不得外家力，縱有妻財，亦
成虛花。久後仍與妻家爲仇，不相往來。」

【２２９問】何謂「神煞相絆，輕重較量」？

答：此句話出自於《四言獨步》：「神煞相絆，輕重
較量。」意思是說八字命局中的神煞，就好像勒馬的繩子
一般，把八字命局纏住了。但真正影響命局的還是八字中
干支五行間的生剋制化，神煞所扮演的仍屬較輕的角色。

總之，神煞也有陰陽五行之體性，它的優點是「直接
規定吉凶」的結果，方法簡單明瞭，使用起來非常方便，
但缺點是講不出一套道理來。目前大多數的命理學家都不
贊成，單獨用神煞來斷定八字的吉凶禍福。

第七篇

日主衰旺強弱判斷

【230問】判斷日主衰旺強弱有何重要性？

答：「日主」即「日干」，又稱「命主」、「日元」等。日主代表命造本人，其它七個干支代表「六親」與「外在的人事物」等事項。日主衰旺影響到八字「用神選取」與「格局判定」，連歲運的「順逆吉凶」也都有關係。排好八字後，要很快的判定日主衰旺強弱，並不是一件容易的事，需要經驗與時間的累積。判斷日主衰旺強弱是八字初學者的基本功夫，也是八字格局取用的重要標準。日主最好不要太強，也不要太弱，日干強旺者，稱為「身強」或「身旺」；日干衰弱者，稱為「身弱」。

【231問】如何判斷日主衰旺強弱？

答：把「同日主」或「生日主」的兩種五行為一組，而其餘剩下的另三個五行，即「剋日主」、「泄日主」或「耗日主」為另一組。比較這兩組的力量誰強誰弱，就知道日主的衰旺強弱了。換言之，日主強旺者，必是「生助我」者數量多或有力，而「剋泄耗我」者數量少或無力。相反的日干衰弱者，必是「剋泄耗我」者數量多或有力，而「生助我」者數量少或無力。以十神來論，「比劫印星」比起「官殺、食傷、財星」數量多或有力，即為身強；反之，即為身弱。

也可以用日主是否得令、得勢、得地等三個原則，只要三個原則符合其中二個即是身旺。例如得令又得地即是身旺，或雖不得令，但得勢與得地也是身旺。

【232問】僅憑五行比重數量，也能判斷日主旺弱？

答：當然不行。不過對於初學者而言，判斷日主強弱既然如此重要，有沒有一個簡便的方法，可以快速的知道判斷日主強弱？有的，此法或可稱爲「算數法」。此算數法雖簡易未嘗不是個好方法，此法是利用八字中「生扶」日主五行的數量，和「剋泄耗」日主的數量，相做以較，就能快速地知道身的強弱。1.四比四：若生日主或同黨者有四個，對方也有四個，若日干這組含月令則爲身旺，若對方含月令，則身弱。2.五比三：若日主這方爲五，一般爲身旺，但若對方含月令，則較難判斷，可能要綜合干支刑沖合化，雙方位置，得地得勢等條件再定奪。3.六比二：若日主這方爲六，日主爲身旺；對方六身弱。4.七比一：若日主這方爲七，日主一定爲極強，可能爲從強格。

【233問】何謂「得令、得勢、得地」？

答：判斷日主的衰旺強弱也可透過日主是否「得令」、「得勢」、「得地」等三個原則，只要三個原則符合其中二個卽是身旺，如下表所示：

| 得令 | 「得令」又稱「得時」，是指日主在月支爲旺令、相令等。卽月支是比劫或印星，是生助日主的五行。不得時則稱「休令」、「囚令」或「死令」。得令與否在三個原則中影響力最大。 |

得勢	「得勢」是生助日主的干很多，除日干外其它三干，多比劫或印星。有另一種說法是得勢也包括地支在內。
得地	「得地」是指除月支外之三個地支，爲日主之長生、冠帶、臨官、帝旺等之地，卽地支多比劫或印星。

【234問】月令在日主強弱中的作用為何？

答：月令對日干旺衰的影響，卽日干在月令所處「旺相休囚死」的強弱狀態，月支在不受制的情況下，月令對日干旺衰的影響力有五成左右。月令是衡量日干旺衰的重要依據，但並非月令可以「生剋日干」，它只反映日干在月令中所處的「強弱狀態」而已。八字中除了日主以外的其它五行旺衰，也同樣受月令巨大的影響。

【235問】月令在八字中有何重要性？

答：月令在八字中的重要性有三：1.影響日主及其它五行的強弱：月令是衡量日干旺衰的重要依據，只要月令生扶日主，日主有一半機率會是身強。2.決定格局的形成：八字取格，在《三命通會》和《子平眞詮》中都是以月柱爲主。3.主宰歲運的成敗：大運是月令的延伸，月柱本身的優劣，影響歲運非常深遠。

《五行精紀》：「大凡看命，根實支茂，得月令氣象

牢固，有氣無衝破廢脫，則歲運雖有刑剋沖戰殺神擊搏，雖災必解，而輕。若根本不牢，月令廢脫，則歲運雖有些小神殺沖擊，便至十分之災也。」意思是說以八字看人命運，月令的穩固很重要，倘若月令有氣無沖剋，歲運卽使有些神煞或刑沖來襲，災必輕且有解。若月令本身干支受制剋不穩，歲運中的小災也會變成大災難。

【236問】五行在四季中的規律為何？

答：五行在四季是以「旺相休囚死」等形式呈現，其規律為：當令者旺，我生者相，生我者休，剋我者囚，被我剋者死，其中的「我」是指四季五行。以木爲例來說明：1.春天是木當令季節，所以木旺。2.火是木生出來的，所以火相。3.水是生木之母，現在木旺盛之，母可以退居一旁，所以水休。4.春天木強旺，金無力剋伐，所以金囚。5.土爲當令氣勢強盛的木所剋，所以土死。

【237問】身旺者命就比較好嗎？

答：並非如此。八字的身旺身弱，是日主經由八字結構「五行的數量多寡」及「生剋沖合」後所得結果，有了這個日主的強弱結果後，才能決定喜用神，以及整個命格妻財子祿壽的論斷。

但並不能只根據身之強弱就決定命格的高低貴賤。命好或不好，不是由八字身旺還是身弱來決定的，而是整體四柱八字的命局結構良否，以及和大運的配合，尤其是用神的強弱衰旺、有力無力、有情無情等，才是判定命局高

低貴賤的關鍵因素。八字命理以五行「中和均衡」為佳，即日主太強或太弱都不好，以普通格局而言，強者喜剋泄耗，弱者喜生扶，至於特殊格局則反順其勢為用。

【238問】日主中和者命運如何？

答：日主中和者，用神一定不好取，只能根據大運對日主的衰旺影響來取用，若大運生扶日主由中和轉為偏旺，則取剋泄耗之官殺、食傷、財星為用，若逢大運剋泄耗日主轉偏弱，則取生扶之印比為用。日主中和者，命局其它五行也不可能太旺或太弱，由於忌神力量不大，所以日主一生無大災大難，平平庸庸過一生。

【239問】身強者與身弱者性格上有何不同？

答：身強與身弱者性格上的不同如下表：

身強者	主觀性強，抗壓性高，意志力強，責任感重，獨立，有主見、自信，樂觀、積極、勇敢、堅定，不輕易服從別人。精力旺盛，可獨立做事，服從性較差，身體健康。另外，身強者可任財官，財旺我可控制；官旺我可承擔。但這並不表示身越強越好，仍以中和為佳。日主過強者，除非入特別格，否則容易獨斷專行，任意妄為，貪婪無度等。

身弱者	性格隨和，抗壓性低，意志力弱，責任感輕，內斂保守，安分守己，協調性較佳，不堅持己見，易受人影響，需要與人合作或長輩貴人的幫忙。做事上較感性，希望被關心與愛護，容易被感動。另外，身弱者一旦有錢或當官時，身體健康容易變差。

【240問】「身旺」與「身強」有差別嗎？

答：實無差別。有人認為身強者不一定身旺，但身旺者多兼身強。另外也有人認為：強者，是指力；旺者，是指氣也。所以日主得月令和時辰旺氣的才能叫「身旺」，日主地支有強根就可稱「身強」。其實以上這些說法及細分是沒多大意義的，判斷日主衰旺強弱已經沒那麼容易了，還分「身旺」與「身強」實無意義。辭典上「旺」與「強」的解釋如下：旺，興盛、盛大之義。強，健壯，盛大之義。兩者幾乎同義。八字古書上也是「身旺」、「身強」混合使用，不過「身旺」出現的次數較多。

【241問】何謂「通根」？

答：天干在地支藏有與天干「同類五行」，便稱為此天干「通根」，即天干在地支有它自己的根。天干是否通根是判斷五行旺衰的最主要因素，而用神衰旺又是決定事情成敗與吉凶的關鍵，故看出天干有無通根，是命局分

析判斷上的重中之重。天干透出再多的比劫，但地支卻無根，力量仍是小的。

地支中的氣分爲「本氣」、「中氣」與「餘氣」等三種，本氣力量最強，次強爲中氣，最弱爲餘氣，故通「本氣根」的力量最強，其餘遞減。在八字古代典籍常可看到「通根祿旺」、「通根有氣」、「通根得氣」、「通根得用」、「通根有靠」等，都是在說明通根的重要性。

【242問】有印星也算通根嗎？

答：不算。但印星因爲能生天干，所以是有增加天干的力量，但因印星非同類五行，故不算是通根。日主有強根的八字，只要配合得宜，整體命運相對算是好命。就印星來說，身弱依靠印星來生扶，還是比在地支沒比劫的，要有力的多。有所謂「本氣根」、「中氣根」與「餘氣根」時，都是指「同類五行」的比劫而言，其中並不包括印星在內。

【243問】印旺有可能身弱嗎？

答：有可能。八字只有印旺而沒有比劫，仍有可能身弱，當然也有人認爲印旺就不可能身弱，此一問題到目前爲止，大家觀點並不一致。

依扶抑理論而言，既然身弱，可同時用「印星」及「比劫」來助其身旺，但以病藥論，印旺是病，故需取財壞印而爲藥，但既然已經身弱，再用財會使身更弱。如果以食傷來耗印，結果會如同用財一般，只會使日主更弱。

因此「印旺身弱」者，只喜用須取「比劫」而不能用印星，一方面幫扶日主，另一方面洩印之氣。結論：四柱八字印旺並不能代表身旺，有可能是身弱；只有比劫旺才是真正的身旺。

【244問】身旺或弱，走印運有何不同？

答：《四句獨步》：「印綬根輕，旺中顯達；印綬根深，旺中不發。」內容是說八字日干在月令休囚，日主無力，在行生扶日主的大運則功成名就；反之，日干在月令生旺，則日主有力，行到印比生扶日主的大運，反而運程停滯不前。

整句的重點有二個：第一，月令影響日主的衰旺非常大，得月令者有五成都是身旺，再得地或得勢則確定身旺。第二，大運與日主的衰旺也關係密切，身弱者喜生扶大運，身旺者反而不喜。

【245問】何謂「干多不如根重」？

答：此句出自於《子平真詮》：「根之重者也；墓庫餘氣，根之輕者也。得一比肩，不如得支中一墓庫，如甲逢未，丙逢戌之類。乙逢戌，丁逢丑，不作此論，以戌中無藏木，丑中無藏火也。得二比肩，不如得一餘氣，如乙逢辰，丁逢未之類。得三比肩，不如得一長生祿刃，如甲逢亥子寅卯之類。陰長生不作此論，如乙逢午，丁逢酉之類，然亦為明根，比得一餘氣。蓋比劫如朋友之相扶，通根如室家之可住；干多不如根重，理固然也。」

　　《子平眞詮》這段話很長，重點在強調「通根的重要性」，甚至說「得一比肩，不如得支中一墓庫」，「得二比肩，不如得一餘氣」，「得三比肩，不如得一長生祿刃」等等，這些都是在判斷日主或其它干支強弱時，很重要的理論，學習八字者不能不知。

【246問】日干有根，單指日支嗎？

　　答：不是的，日支以外的三個地支，也可以是日干的根。不過此根在「月日支」的力量強過在「年時支」。所謂「根」，可以理解爲「根基」、「根源」、「根本」等，日干有了此根，表示此人就可穩固，不會像浮萍般，隨波逐流。日主有根者比較會買房、買地、買車等，好讓自己有個根基在。

　　《滴天髓闡微》：「長生祿旺，根之重者也；墓庫餘氣，根之輕者也。」意思是雖然都說有根，根還是有分輕重，十二長生中的「長生」、「冠帶」、「臨官」、「帝旺」等，都屬強根、根重；「墓」則屬弱根、根輕。

【247問】何謂「虛浮」？

　　答：「虛浮」與「通根」恰好相反，天干在地沒有「同類五行」，便稱爲此天干爲「無根」或「虛浮」。任何一柱的天干虛浮代表天干無力，連帶其十神也無氣無用。《神峰通考》：「苟若官星無根，官從何出？財星無根，財從何生？」意思卽財官雖透干，表面風光，但因無根虛浮，有名無實。另外，若是日干無根虛浮，對於命局

更是至關重要，因為除非極弱無根成棄命格局，否則日干無根虛浮者，不論是性格或健康等都有不利影響。

【248問】日干無根之人，性格如何？

答：1.信心不足：日主無根又不從者，自信心弱，凡事不主動積極，內心軟弱，膽小怕事，態度消極，只要遭逢小小的挫折，就會退縮不前，不願嘗試再努力。2.體力不足：身體方面體能較差，不喜歡運動，甚至也厭惡運動，因此多病災與意外等。平時不愛做家務，能不做儘量不做，沒活力也沒動能，感覺上一直在生病。3.被人控制：易受周遭人事與環境影響，無自主性，容易受別人安排與支配。4.缺乏毅力：日主無根，無恆心。做事缺乏毅力和堅持，經常半途而廢。

【249問】任何天干五行或十神，無根則無用嗎？

答：不一定是如此，要看個別不同的情形再推斷。《四言獨步》：「時殺無根，殺旺取貴。時殺多根，殺旺不利。」時干透七殺，此殺虛浮無根，反而是好事，因為行扶殺之運時，此殺可用來發貴；但若七殺多根，行扶殺之運時，此殺反而會發禍。總之，論殺，要先看殺之輕重，殺輕要行扶殺運，殺重則不宜再行殺運。

【250問】同樣無根走水運，丙丁火有何不同？

答：《四言獨步》：「陽火無根，水鄉必忌。陰火無根，水鄉有救。」意思是說丙火若沒根，就大忌水運，丁火若是沒根，則水運尚可救藥。原因在於丙丁火陰陽屬性的差異性，丙火陽日干其性剛健，不肯屈服於旺殺，最後恐被旺水所剋傷，故曰「大忌水鄉」。丁火陰日干其性柔順，沒根就可以從殺，故曰「水鄉有救」。

【251問】乙木無根入從殺格，為何忌火運？

答：《四言獨步》：「乙木無根，生臨丑月；金多轉貴，火土則折。」意思是說乙木若虛浮無根，生於丑月，四柱金多見，則可從殺格，既入從殺格論，則忌見火來破殺神金。此句話告訴我們，入從格的條件即是「日主衰弱毫無根氣」，故「無根」本身無吉凶，不可見無根就說凶。

【252問】「天全一氣，不可使地德莫之載」，如何解釋？

答：這句話出自於《滴天髓》：「天全一氣，不可使地德莫之載。」所謂「天全一氣」就是四柱天干四甲、四乙、四丙等都是，「地德莫之載」就是地支全無與天干「同類五行」。除此之外，天干剋地支或者地支剋天干，比如「四乙酉」地支剋天干，「四辛卯」天干剋地支，這

些也都屬於「地德莫之載」之情況。卽地支與天干之間無同類五行或無情相剋等，表示上下無情不協調。

　　從這句話所顯示的道理，來看古書上的所謂「奇特貴格」，如「四戊午」或「四癸亥」等，把這些「天元一氣格」之八字說成是大富貴之格局，就有很大的偏差了。八字論命還是得從日主衰旺，身強身弱，用神喜忌出發，再配合歲運喜忌進行分析終身吉凶，如此整體綜合來判斷才能準確無誤。

【253問】「干多不如支重」，對嗎？

　　答：對的。此句出自於《滴天髓闡微》：「干多不如支重，理固然也。」在這句話之前有舉一命例，八字甲申、甲戌、甲寅、甲戌，天干有四個甲，加上地支寅，似乎強旺，殊不知年支申沖寅，有根變成無根。在寅卯亥子大運中，衣食頗豐，但一交庚辰運，庚金剋四甲木，四個孩子都因故受傷，最後家產破敗，一貧如洗。所以「干多不如支重」這句話是有道理的。

【254問】刑沖會合等會影響日主衰旺嗎？

　　答：會的。日干衰旺強弱的判斷，除得時、得勢、得地等看法外，還要注意四柱間的刑沖會合等變化，都可能改變原有的強弱形勢。其中以三會的力量最大，其次為三合、六合、六沖、三刑等。總之，合化出的化神，若生助日主，則使日主變強；若剋泄耗日主，則使日主變弱。

【255問】何謂「比劫祿刃印」？

答：「比劫祿刃印」即比肩、劫財、祿神、羊刃、印星等共五種，當日主身弱時，這五種都能生扶日主，幫身使之轉弱爲強。這五種扶身之神，雖然都能幫扶日主，但功能與體性卻都不同，有必要做正確的認識。1.比肩：與日主五行同類又陰陽同性者稱之，如甲見天干甲，或見地支寅。2.劫財：與日主五行同類但陰陽不同性者稱之，如甲見天干乙，或見地支卯。3.祿：日主在地支之本氣也。如甲木本氣在寅，寅即甲之祿也。4.刃：祿前一位爲刃。如甲之祿在寅，卯乃寅前一位，故爲甲之刃爲卯。5.印：生日主者爲印，甲之印爲天干壬癸，或地支亥子等。

【256問】身弱者只要用「比劫祿刃印」，結果都一樣？

答：不是如此。五種幫身之神，功能與體性卻都不同，幫扶日主的力量也大不同。其中以羊刃之力量最強，其次是祿神，再其次是比肩、劫財與印星。「比劫祿刃印」當中前四種與日主五行同類，最後的印星則不同五行，但能生助日主，作用與功能都異於前四種。日主身弱在選用用神時，不只考慮日主身弱因素而已，還要考慮調候、通關，尤其是要兼顧格局順逆喜忌用神，必須不能引發破格等才行。

【257問】身弱只用比劫，不用印星的格局有哪些？

答：有「官殺混雜格」、「合殺留官格」等格，這些身弱命格只能用比劫，不能用印扶身。所謂「官殺混雜格」，就是正官與七殺在命局中同時出現，又稱為「官殺並見格」。合殺留官格，七殺為凶神，留下正官，合去七殺為貴命。以上兩種格，若用印星扶身，官生印，反而泄了官，此為官格所忌。故只能用比劫幫身。

【258問】身弱只用印，不用比劫的格局有哪些？

答：有「正官格帶財」、「正財格帶印」、「正印格帶財」等。1.八字以正官格為主格者，一定要配財與印，有「財」則財務狀況好，有「印」則有社經地位。無財印的正官格，格局較低。2.日主弱之財格，命局可以取印星生身為用。3.正印格之成，若見財星亦透，如果干支配合得當，財亦能為日主所用。以上三種格，若用比劫扶身，會剋財星，為格局之忌，故只能用印星來生身。

【259問】何謂「母旺子滅」？

答：「母旺子滅」在八字古籍上又稱為「母旺子衰」、「母旺子虛」、「母旺子孤」、「母慈滅子」等。即命局中印綬太旺，子無法受生，反被母滅，這是一種反常的五行生剋現象。金賴土生；土多金埋；土賴火生，火多土焦；火賴木生，木多火熾；木賴水生，水多木漂；水

賴金生,金多水濁,此皆母旺子滅之謂也。遇到「母旺子滅」、「印旺身弱」之格局,兒從母性,用神與歲運宜行比劫之地,母慈子安。不宜行財星食傷之類,逆印綬之性。

【260問】「中和為福,偏黨為災」,如何理解?

答:語出自《神峰通考》:「中和爲福,偏黨爲災」,意思是八字貴在「平衡中和」,命局中每種五行旺衰適中,干支結構配置恰當,上下左右無沖無戰等。中和非指每種五行數量一樣,而是五行功能上的和諧,流通有情,制約忌神,扶弱抑強,歸於中和等。

中和平衡的八字算是一個福份不淺,平安度日的八字。所謂「偏黨爲災」,其中的「黨」是指同類五行,卽八字中某一類的五行偏多偏強了,如此一來會妨礙到其它五行的空間,甚至去剋傷弱者而成災難,成了貧賤凶夭的命局。

【261問】如何解釋「有病方為貴,無傷不是奇」?

答:此句話出自於《五言獨步》:「有病方爲貴,無傷不是奇,格中如去病,財祿喜相隨。」白話文解釋,卽任何八字一定有病,一定有刑沖剋等損傷,一點也不奇怪。有病的八字一旦能找出最好的藥來醫治,就是一個上等吉佳的格局,自然財名利祿伴隨而來。

　　許多人以此句話來反對前一問的「中和爲福」，認爲不強不弱，接近中和的八字不是個好的八字。其實《五言獨步》的這段話重點在「格中」兩字，意爲「格局中」。卽所謂的「有病方爲貴，無傷不是奇」，並非在講「日主」，而是在講「格局」，卽有病的格局，如傷多無印，傷官見官，化局被破，從財不眞等，等到歲運恰好有藥來治，自能藥到病除，福份自來。

【262問】中和的概念與《中庸》有關係嗎？

　　答：有的，《中庸》一書中，對中和有下過定義。《中庸》：「喜怒哀樂之未發，謂之中；發而皆中節，謂之和。」白話文是說：「喜怒哀樂等感情在沒有發動前，叫做中；情感流露出來後都合乎節度，叫做和。」

　　這段文字看起來好像沒什麼特別，卻是儒道的最高境界，宗旨是強調爲人處事力求「中和而不偏不倚」。中和的「中」字，指的是人的本體，「和」字指的是由本體產生的功能與作用。你我的本體是什麼？是這個身體嗎？當然不是，身體僅是今生暫時使用的假體而已，它有生滅，會毀壞，所以不能是人的本體，所謂的「本體」是要能不生不滅，不隨變化的，身心靈中的靈，「靈體」才是人眞正的本體，由先天靈體流露出來的作用，才能合乎中道，沒有缺失。

【263問】八字命局已定，人又如何能改變？

答：台灣諺語：「落土時，八字命。」意思說：先天的命在出生墮地時，已經確定了，八字格局已定，行運喜忌已定，五行結構中不中和，也已定。如果我們繼續追問，這個不中和也不平衡的八字，為什麼是我的？萬法唯心造，其實眼前一切都是自己招來的。前世身心的不中和，有偏差，造下了因果人生，才有今生此不圓滿、不中和、有缺失八字，又因為福份不全，今生身心偏差，造惡結怨，又造下來生五行偏枯，滿局刑沖的八字。這種惡性循環，稱之為「生死輪迴」，永無止期。

如果說「因果人生」是命中的「不變」，那什麼又是命中的「可變」？以《中庸》書中的理論來說就是「感應上天」。何謂「感應上天」？卽以至誠之心，極大善德來感動上天，給予赦罪賜福。《尚書》：「惟上帝不常，作善降之百祥，作不善降之百殃。」這段文字所述就是說明，感應是直接又快速的，善德感動上天之事，其中「降之百祥」，是降在今生，甚至是在誠心發願，行大善德的當下，直接降下祥瑞來改變命運。因果雖分明，感應仍可移，不是嗎？

人要做到讓上天感動，並不容易但也很容易，為什麼？因為只要內心清淨，一片真誠，與天同頻，如此上與神接，無感不應，自然能與上蒼與神佛來相互感應。上天是何頻率？人人應該都要懂，所謂上天是「高明悠久」、「清淨不二」、「清虛光明」、「自然無為」等，就是上

天的頻率。以人的立場而言，平時若能做到懺悔改過，無私無欲，持戒精進，佈施渡人等，也就是已接近了上天的頻率。人若能再進一步，內心經常虔誠，轉依清淨靈體，進而識透天時，配合天命，與天共辦，來渡化群生，更是所謂「神人同道」，「天人合一」了。如此上天必然庇佑，這時必能放下因果業力，無懼於任何起跌的人生命運。

第八篇 詳論取用神

【264問】八字學中的「用神」是什麼？

答：用神就是一個八字中能「補救八字不足」的天干或地支，也是對日主或命局有「補偏救弊」作用的某一五行，此五行最符合日主或格局所需要。另外，也可以從「病」的角度來看用神，命局中五行的結構與平衡總有「不及」和「太過」等情況，稱之為「病」，而「用神」正是針對不同的「病」所下的一種「藥」。故《滴天髓》說：「用神者，日主所喜，始終依賴之神也。」總之，日主身旺則宜泄宜傷，衰則喜生喜助，用神具有使日主「命造中和」，「補弊救偏」，「扶助抑制」，「為藥去病」等之功用。

《御定子平》：「命之所重，在於用神，而不在日主強弱。」明朝皇家祕本《命理微言》：「一命到手，必須先提用神。」八字古籍都強調取用神是八字過程中關鍵的一步，取出用神後，才能判斷富貴高低、六親緣份、大運順逆等。用神取錯，可說是整個命盤全會斷錯，因此，有人說看命就是「看用神」而已。

【265問】「喜神」是什麼？

答：用神是否「健全」與「有力」影響了一個人的八字，基本上用神不可以損傷，而且用神要有生助才好。凡用神本身之力不足，四柱中有「生助用神」者，或四柱有刑沖剋害到用神的情形，而能「化解凶神」，「壓制凶神」者，就是「喜神」。

《滴天髓》：「夫妻因緣宿世來，喜神有意傍天

財。」言中之意是說，兩人能結成夫妻姻緣是要很深厚的，妻星即財星，若財星透天干，財星的喜神食傷恰好在財星的旁邊，這是一種最佳的八字組合結構。

有時會喜神、用神一起簡稱「喜用神」。或者只稱用神而不用喜神，當與忌神一起稱呼時，則用「喜忌」稱之。《滴天髓闡微》：「喜神者，輔用助主之神也。凡八字先要有喜神，則用神勢，一生有吉無凶，故喜神乃吉神也。」

【266問】「官印並用」就是喜用神的概念嗎？

答：是的。八字取用神之後，通常還會注意是否有喜神的存在，有人認為八字聚焦在用神身上就好了，再取喜神是多此一舉。事實上，取喜神是來「生助」及「保護」用神的。以身弱用印為例，身弱取印為用，印怕孤露被歲運財星所剋，故須官印並用，有官通關就不怕財來壞印，在這裡官星就是保護印之喜神。其它如「傷財並用」、「財官並用」、「印比並用」等都是相同的道理。

【267問】身弱可只取印星為用神嗎？

答：身弱者若只取印星為用神，當原局有財透干或行運遇財星時，印怕財星來剋。若取「印比並用」為喜神，則比劫可以剋住財星，使印星得到保護。換言之，印星為用神，比劫為喜神，或直接稱「印比為用神」也可。總之，喜神或用神都不能孤露而無保護，沒有喜神來保護的

用神，自身難保，其用有限。

【268問】「忌神」是什麼？

答：「破格損用」之神為「忌神」。對於八字來說，忌神是不利於日主的五行，舉凡刑沖剋害合去用神，或損害到用神及格局的五行即為忌神。在八字中忌神若是被剋制、化解，相當於病有藥醫治，是好事；若忌神反得生助，就是凶。常聽人說命理師告訴他，不要往北方去。這就是八字忌神為水，五行水主北之故。

《滴天髓》：「何知其人凶？忌神輾轉攻。」一個八字用神無力，不過是「無所發達」而已，一生並沒什麼凶險。但忌神太多的話，等到歲運來臨助之，輾轉攻擊日主或用神，不免刑傷破敗，災難連連，一生凶多吉少。

【269問】沖掉忌神就獲吉嗎？

答：並非如此。尤其是忌神太過、太旺之時，沖之反而招凶。如旺火中澆，弱水沖之，反激其凶猛之性，故處理「旺的忌神」要很小心。《千里命稿》：「故凡命中忌神太過，只宜泄化，不宜強制制之。」所講就是這個道理。沖與合，是命局與行運中經常遇的情況，沖合本身是中性無吉無凶的，沖合之後對命局整體的吉凶好壞才是重點，特別是「沖掉忌神」這件事。

【270問】「閑神」是什麼？

答：八字命局中，除喜用神、忌神之外，皆可稱之

為「閑神」。閑神之名很容易被人誤解為閒置無用，可有可無之神。一般而言，行閑神之歲運，平平安安，平平淡淡，不好不壞。但有些歲運干支，會和閑神合化成喜用神，如此則對命局幫助很大，但若合化成忌凶神，則其危害亦同樣嚴重。

【271問】有閑神發揮功能的案例嗎？

答：《滴天髓闡微》：「壬辰癸巳，得閑神制合，官途平坦」。此案例八字庚寅、戊子、甲寅、丙寅，日主身旺，取丙火為用，寅為喜神，金水為忌神，戊為閑神。壬辰、癸巳兩運，干透忌，幸戊閑神回剋壬，合住癸，官途得以平坦無傷。此例說明閑神有時並不閑，在重要時刻也能發揮強大功能。

【272問】何謂「相神」？

答：「相神」是《子平真詮》一書中，對於一般用神概念的稱呼，因為《子平真詮》把格局就視同用神，同一含義而不同稱謂，二者並無差別。因此另立「相神」一詞。所謂「相」，就是「宰相」，引申為輔佐之意；所謂「相神」，就是命局中輔佐用神，輔佐格局者。簡而言之，相神就是輔助成格之五行或十神。如財格財旺生官，則財為用神，官為相神；七殺格，殺逢食制，七殺為用神，食神為相神。

【273問】相神有何重要性？

答：《子平眞詮》：「傷用神甚於傷身，傷相甚於傷用。」主要在強調相神的重要性。因爲格局的成敗與高低，全看相神是否有作用，相神到位又有力者，則格局必成且高，命主不富卽貴；相神失位又無力者，命格必敗且低，命主難有作爲。

【274問】相神的作用為何？

答：詳論相神之作用有三：1.輔佐善：善的用神有「財官印食」等四種用神，這四種用神要保護它，輔佐它。財可養命宜有官護，官可榮身宜有財生，印可生身宜有官衛，食爲福神宜有比助。這些護財的官，生官的財，生身的印，衛印的官，助食的比，就是相神。2.制伏惡：惡的用神有「殺傷梟刃」等四種用神。這四種用神要控制它，規範它。殺會攻身要有食制或印化，傷會損名要有印制或財化，梟會害命要有財制，刃是劫盜要有官伏。這些制化七殺的食印，剋泄傷官的印財，制梟的財星和伏刃的官星等，就是相神。3.救護格局：在格局遭受到破壞時，相神可剋制或合絆住破壞者，救護格局。

【275問】用神的種類有哪些？

答：普通格局的用神，可歸納爲四類：

扶抑用神	扶抑用神是八字中最重要的用神，又稱為「旺衰用神」、「平衡用神」。日主弱者，生扶之，即以印星生之，比劫扶之。日主強者抑之，即以官殺剋之，食傷泄之，財星耗之。此以扶抑日主歸於中和，為取用原則。
調候用神	八字干支組合結構以中和為貴，故論寒暖燥濕，亦以中和為上。所以，如有寒暖燥濕失調，就必須用調候的方法來處理，稱為調候用神。因此夏天生的人用水，冬天生的人用火。氣候太寒、太燥，稱之「調候為急」，比扶抑要先處理也。
通關用神	兩神對峙，互不相讓，恐起戰端，見一字得和解者，通關為用神也。金木交戰，以水為用神，好讓金生水，水生木。其它水火交戰、木土交戰、土水交戰、火金交戰等，仿此。若命局無通關用神，則歲運取之，可富貴幾年，運過災立至。
格局用神	凡是以「財官印食」等格局，即要生之護之，不能使之受傷，這叫「順用」。如正財格喜用為食傷，忌神為比劫；凡是以「煞傷劫刃」等格局，即要加控制，制之化之，這叫「逆用」。如七殺格喜用為食傷，忌神為財星。以上稱之為「格局用神」。

【276問】何謂「用神破損」？

答：「用神破損」是說用神殘破損壞，沒有力量，沒有作用，失去了做為用神的功能與作用了。如發生「財星破印」、「梟神奪食」、「用財逢劫」、「用官逢傷」、「用傷逢印」、「用劫逢官」等情形者，用神被沖剋謂之「破」。另外，如發生「用印逢比」、「用官逢梟泄」等情形者，用神被泄謂之「損」。

以財星破印為例，日干弱，喜印星生扶日干，印星成為用，不喜見財星，若原局現財星或歲運逢財星，都可以剋制印星，一旦用神被剋傷而破損，則為不吉之兆。

【277問】何謂「用神清濁」？

答：「清濁」本義是水的「清潔」與「渾濁」，引申指事物的高下、優劣、善惡等分別。八字命學「清濁」的概念，主要出自於《滴天髓闡微》：「一清到底有精神，管取生平富貴真。澄濁求清清得去，時來寒穀也回春。」

例如正官格，身旺有財，身弱有印，並沒有傷官七殺夾雜在裡面，即使有比肩、食神、財星、七殺、印星等夾雜，也都安排得很好，沒有來破局，這就叫做「清」。反之，若有夾雜破壞了格局，則稱之為「濁」。從以上清濁的概念來看喜用神，除用神喜神外，別無其它忌神、閑神等夾雜其間，來沖剋刑合喜用神是謂之「清」；反之則為「濁」。

【278問】何謂「用神真假」？

答：「真假」是指事物的「真實」或「虛假」。「用神真假」的概念，出自於《滴天髓闡微》：「令上尋其聚得真，假神休要亂真神，真神得用生平貴，用若無為碌碌人。真者，得時秉令之神也；假者，失時退氣之神也。言日主所用之神，在提綱司令，又透出天干，謂聚得真，不為假神破損，生平富貴矣。」

整句話的重點是說，用神最好是「得月令」，為何說「得月令」的用神為真神？用神有力也。用神得時得令，或通根得地等，團結有力，不被破壞者，就是「真神」；否則衰敗無力，受刑沖剋傷者，就是「假神」。

【279問】何謂「用神純雜」？

答：「純」指單一、純淨、純粹的意思，「雜」則指混雜、駁雜、雜亂的意思。「用神純雜」之論，出自於《神峰通考》：「去官留殺，亦有去殺留官，四柱純雜有制，定居一品之尊。略見一位正官，官殺混雜反賤。」

意思是八字同時出現官殺的話，最好其中之一被合去，因官殺兩者特性不同，同時並存，就會善惡不分，是非不明。若能去一留一，則命局轉為單純，說不定將來有機會當上一品大官呢！

【280問】何謂「用神上下情協」？

答：「上下」指的是天干與地支，「情協」是說干支之間為共同強化用神的目標，不沖不剋，不遇蓋頭、截腳

之情形等。「上下情協」之說，出自於《滴天髓闡微》：「上下情協者互相衛護，干支不反背者也。如官衰傷旺財星得局。」

意思即干支要「相互保護」，不能「上下背離」。如命局官衰弱，傷官卻很旺，傷官見官，爲禍百端。這時若見財星就能起通關之作用，使傷官生財，財又來生官，如此通化有情，全局流通，不但沒有官災反而有官貴之喜。所以，一個好的八字，它的組合結構很重要，八字組合結構包括：干支上下、前後、遠近、順序等。另外用神與忌神的位置結構，彼此力量的大小也是關鍵。

【281問】何謂「用神左右同志」？

答：「左右」是指干支左右的意思。「同志」是說干支左右相生相助，不與忌神並鄰，或有護衛，不遇沖剋等。「左右同志」之說出自於《滴天髓闡微》：「左右同志者制化得宜，左右生扶不雜亂者也。如殺旺身弱，有陽刃合之或印綬化之。」

意思是干支左右配合得很好，左右相生，不雜亂。如命局七殺旺，日主弱，恰好有劫財來合日柱，或印星來化解殺之剋。

【282問】何謂「用神始其所始，終其所終」？

答：「始其所始」指的是年月柱，即五行之氣從年月柱開始，一路順生，氣勢流通。「終其所終」指的是時

柱，命局中所喜之神引於時支而有所歸。此句仍是《滴天髓闡微》：「始其所始，終其所終，富貴福壽，永乎無窮。」

換言之，喜用神循環流通，五行之氣開始的起點在年月柱，終點在時柱。這樣富貴雙全的八字，爲有始有終，福壽延綿，長久不息。本句顯示「時柱」的重要意義，「時柱」代表著「人生晚年」，生命的最後完美落幕。故此，有人說不論喜忌，時柱最好能是財官，表示晚年仍有名有利，不無道理。

【283問】何謂「用神有情無情，有力無力」？

答：《子平眞詮》：「八字既有用神，必有格局，有格局必有高低，財官印食煞傷劫刃，何格無貴？何格無賤？由極貴而至極賤，萬有不齊，其變千狀，豈可言傳？然其理之大綱，亦在有情無情、有力無力之間而已。」

這段話的重點是說八字「格局」有高有低，有貴賤之分。貴賤一般認爲是指「四吉格」的財官印食爲貴，以及「四凶格」煞傷梟刃爲賤。其實，只要用神喜忌配合得當，四凶格也能成貴格，而四吉格如果用神喜忌配合的不好，照樣破格。因此八字格局高低關鍵，還是在於用神的成敗，卽用神的「有情無情、有力無力」八個字而已。

所謂的「用神有情」，簡單說就是用神與格局的配合得當，八字的組合結構好，格局五行的流通純而不雜等。「用神有力」，卽用神能爲我所用，忌神也得到控制等。

【284問】八字所缺的那個五行，就是用神嗎？

答：當然不是。八字命理只有「喜神」、「用神」、「忌神」、「閑神」等，而沒有「缺神」一詞。每個人的四柱八字，缺一二個五行的比比皆是，不是說缺的都是用神，倘若如此，取用神未免太容易了。分析喜用神和忌神，必須整個命局的格局選取，強弱平衡，濕燥平衡，陰陽平衡等綜合來考慮。取用神並不是「缺一補一」，那麼的簡單。

【285問】四柱八字找不到用神，怎麼辦？

答：所謂「用神」，就是八字日主所喜，始終依賴之神，命局以用神為重，用神是否健全與有力無力，大大影響人一生的命運。《滴天髓闡微》：「無格可取者甚多，無用可尋者不少。」意思是很多八字是找不到用神的，命局無用神者，就是沒有福份，一生不得志，甚至經常遇到災劫等不吉之命。倘若大運流年中有遇到用神，則那一段時光生活會變得有光彩，有希望一些。只是運程一過，又被打回原形，恢復貧寒的歲月。

以八字實務來論，找不到用神可以「找忌神」，忌神若是被剋制，表示是好事，病有藥治；忌神若是得生得助，就是壞事。即不知用神可以找忌神，不論命局或歲運同樣可以來斷吉凶，而非束手無策。

【286問】用神在天干或地支比較好？

答：從八字結構來論，用神在天干，作用力顯著，較能發揮。唯一怕的是虛浮無根，結果是爲人靠不住，表面風光，內心空虛。另外，虛浮者容易受沖受剋，一旦用神損傷，必有災禍。用神在地支，則不容易被剋盡，可享終身之福，終身受益，何況用神在地支，若逢干透之歲運，同樣也能發福致用。

【287問】用神喜火，行運丙丁歲運就一樣論吉？

答：吉凶未必相同。命局喜用神爲火，原局天干有壬，行丙歲運時，因爲壬回剋的關係，則「應吉不吉」；而行丁運則丁壬合化火，則「吉上加吉」。若丙爲忌神，壬回剋，則「應凶不凶」。

結論：喜忌神五行陰陽干支，未必同爲吉凶，常因與命局之刑沖合化而改變。地支更容易有合會刑沖之情形，因此在選取喜忌神時，要注意同五行之干支，未必做一樣的判斷。

【288問】用神太多怎麼辦？

答：五行貴在中和平衡，太少太多都是病，所以用神太多也是不吉。《窮通寶鑒》：「凡用神太多，不宜剋制，須泄之爲妙。」以弱庚生於亥月爲例，亥月天寒地凍，如果沒有丁火就不能造就庚金，沒有丙也不能溫暖金水。因此，庚金生於多日，雖是命主身弱，仍首要以丙丁

火調候為急。但如果八字丙丁火得疊出，用神還是用丙丁火嗎？當然不行了，反而要以戊己土為用，取泄火之土，除了可平抑過多之火外，還能土生金來生助日主。

總之，用神太多取泄用神者為用，例如火為用神，火太多，再取土為用即可。

【289問】何謂「有殺只論殺，無殺方論用」？

答：《淵海子平》：「有殺只論殺，無殺方論用。」很多命理古籍都提到這句話，意思是命局若出現七殺，則必須優先妥善來處理七殺之後，再來找尋用神。為什麼？理由是七殺對日主來說，殺是第一凶神，殘暴非常，剋身無情，是劫難與禍害的代表，時時刻刻威脅著日主。所以命局若出現殺，必須比用神還要優先來處理。

如何處理好這個殺呢？通常用「食神制殺」，或「用印化殺」。其它還有「羊刃抗殺」、「以劫合殺」、「傷官合殺」等手段都可以使用。

【290問】何謂「格格推詳，以煞為重」？

答：此句出自於四言獨步：「格格推詳，以煞為重；化煞為權，何愁損用。」此句同樣是在說拿到一個八字時，首先要看天干有沒有七殺透出，或地支是否會成煞局。如果有，再看七殺如何來制伏。「化煞為權」即化七殺為我所用的意思，身弱者，需用印來化；身旺者，以食

神來制殺,一旦七殺有所制伏,即使月令用神被傷,也不用發愁了。

【291問】大運及流年會影響用神嗎?

答:會的。《造化元鑰》:「用神不可損傷」,所謂「不可損傷」,除了本命四柱間的不可刑沖剋之外,主要還是講歲運對於用神的影響而言。而所謂的「影響」分兩部分來說明:一是《神峰通考·定真篇》:「用神行運值旺相則吉;行死絕休囚則凶。」即命局中的用神,在歷經不同的歲運中,用神本身的強弱會受到影響,倘若影響的結果是,使用神變強旺則吉;使用神變衰弱則凶。二是損傷用神則凶;無破無壞則吉。最嚴重的用神損傷,甚至會導致命主死亡。

【292問】何謂「五行的流通」?

答:當一個八字的用神不容易找時,可以試著不看用神,也不看忌神,而是從八字五行的流通的角度去斷八字的吉凶。何謂「五行的流通」?五行相生運行的過程未受阻礙也,即從四柱中尋找最旺之五行,以它為起點,按相生的原則,看看連續相生的情形如何。若能輾轉相生,形成循環「回到起點」,或「生到日干」才停止,或「生到財官」等停止,都算是好命。若相生一下就停止,形成斷點者,通常命都不會太好。

《滴天髓闡微》:「是以人之八字,最宜四柱流通,五行生化;大忌四柱缺陷,五行偏枯。始終之理,要干支

流通，四柱生化不息之謂也。」內容是四柱八字干支之間要能相生而流通，最忌看到五行有缺，因爲少掉一二行，五行就無法連續相生，無法生生不息也。《滴天髓闡微》這裡所說的，就是在強調五行的流通的重要性。

【293問】何謂「迴圈格」？

答：當八字從某一干支開始連續相生至某干支才停時，可稱之爲「迴圈格」，《御定子平》稱它爲「迴圈相生格」。《五行精紀》也提到「迴圈格」，並舉案例說明此格局是有功名的。若是五行從年支生年干，年干生月干，月干生月支，月支生日支，日支生日干，日干生時干，時干生時支，源頭起於年支，終於時支，總共有八個干支間的連續相生，這種迴圈相生的組合爲最佳，源遠流長，福份也最厚。

當然也可以只在天干之間，年生月，再生日時干，這也是算一種迴圈，只是福份較少些。地支之間也可形成迴圈，或年柱與月柱四個干支間，日柱與時柱四個干支間小範圍的連續相生，也算迴圈格，同樣福份較少。

【294問】有迴圈格的八字命例嗎？

答：1.命例一：八字戊子、庚申、壬辰、乙巳。年戊土生月庚金，月庚金生日壬水，日壬水生時乙木，時干乙木生支巳火，巳火生辰土，辰土生申金，申金生子水。形成一個迴圈相生，五行流通有情，上上格局，出生富貴，貴人多助，一生順利。

2.命例二：八字戊戌、庚申、癸亥、乙卯。年戊生月庚，月庚生日癸，日癸生時乙，按序由年至時迴圈順生，地支戌申亥卯也按序，由年至時迴圈順生，五行流通有情，符合成格條件。

【295問】何謂「身旺用傷食，有財之流通」？

答：語出自《千里命稿》：「身旺用傷食，有財之流通。身弱用印，有官殺之助印。」意思是說當八字命局身旺時，喜用取食傷來泄秀，而當運行財地，則食傷生財，食傷為財之源，行財運自然流通，如此財自天來，福從天降。倘若身弱取食印來生身，則喜官殺之生印，印生身之生化有情。

【296問】八字傷官重但無財星，命如何？

答：《淵海子平》：「傷官無財可恃，雖巧必貧。」意思是八字命局中若傷官旺而無財星，則此人雖很聰明靈巧，會做很多種事情，都最終還是生活窮困。「恃」在這裡當「依賴」、「依靠」解，即傷官是要依靠財星，才能真正發揮它的功能。

食傷主要的功能是「動念」、「計畫」、「安排」等，若八字傷官重無財，則所有的「氣」都會一直停在食傷上，即天天只在那裡起心動念，計畫安排，但從未真正實施與行動。所謂「五行流通」，就是五行十神能往下

生，食傷就要去生財星才行。當然相生的過程不可能永遠生下去，總會有停止之時，通常生到日干或財官就是適當的點了。

【297問】五行流通的八字如何好？

答：1.身心自然平衡：八字五行流通者，無沖無剋，自然沒有自我衝突，自相矛盾的情形發生，不僅身體健康，精神煥發外，在思想、認知、觀念與行動上，都能接納自己，和他人和平相處。2.一生平順如意：八字五行流通者，金水木火土循環相生無礙，這種格局可遇不可求，除祖德庇佑外，陰陽宅風水也都好，前世積德今生才有如此事事如意，平安順遂之福報。3.家庭美滿幸福：五行流通者，代表生活中少阻礙，家庭圓滿，父母、夫妻、子女間相處和諧，一家和樂。4.貴人助事業旺：五行流通有情，得到貴人相助的機會較多，事業上遇到的難題也會迎刃而解，故一般都是企業的大老闆。

【298問】木分幾類，喜忌為何？

答：五行木火土金水，每種五行各分幾類，喜忌為何，這些內容出自於《千里命稿》，今以表列方式，木之種類整理如下：

木種類	說明	喜	忌
強木	當令或繁盛為強	喜土分力，金雕琢，火泄秀	忌水生木，木加重

弱木	失令或稀少爲弱	喜水生木，木比助	忌土分力，金剋害，火洩氣
漂木	水多木漂	喜土制水	忌金助水
焚木	火多木焚	喜水剋火，土泄火	忌木生助，火熾烈
折木	土重木折	喜水生木，取木制土	忌土加重
斷木	金多木斷	喜火制金存木，水泄金生木	忌土助金，金堅銳

【299問】火分幾類，喜忌為何？

答：火之種類整理如下表：

火種類	說明	喜	忌
強火	當令或繁盛爲強	喜金分力，水相濟，土泄秀	忌木生火，火加重
弱火	失令或稀少爲弱	喜木生火，火比助	忌金分力，水剋熄。土掩晦
熾火	木多火熾	喜金制木	忌水助木
晦火	土多火晦	喜金泄土，木制土	忌火生土，土堅重
熄火	金多火熄	喜木生火，取火比助	忌金加重

| 滅火 | 水多火滅 | 喜土制水存火，木泄水生火 | 忌金助水，水盛旺 |

【300問】土分幾類，喜忌為何？

答：土之種類整理如下表：

土種類	說明	喜	忌
強土	當令或繁盛為強	喜水分力，木疏通，金泄秀	忌火生土，土加重
弱土	失令或稀少為弱	喜火生土，土比助	忌水分力，木剋制，金洩氣
焦土	火多土焦	喜水制火，水少取金	忌木助火
變土	金多土變	喜火制金，水泄金	忌土助金，金堅實
流土	水多土流	喜火生木，取土為上	忌水加重
傾土	木多土傾	喜金制木存土，火泄木生土	忌水助木，木繁盛

【301問】金分幾類，喜忌為何？

答：金之種類整理如下表：

金種類	說明	喜	忌
強金	當令或繁盛爲強	喜木分力，火煅煉，水泄秀	忌土生金，金加重
弱金	失令或稀少爲弱	喜土生金，金比助	忌木分力，火剋制，水洩氣
埋金	土多金埋	喜木制土	忌火助土
沉金	水多金沉	喜土剋水，木泄水	忌金助水泛
缺金	木堅金缺	喜土生金	忌木加重
熔金	火多金熔	喜水制火存金，土泄火生金，水土少取金比助	忌木助火熾

【302問】水分幾類，喜忌為何？

答：水之種類整理如下表：

水種類	說明	喜	忌
強水	當令或繁盛爲強	喜火分力，土堤防，木泄秀	忌金生水，水加重
弱水	失令或稀少爲弱	喜金生水，水比助	忌火分力，土剋制，木洩氣

濁水	金多水濁	喜火制金，火少取木	忌土助金
縮水	木多水縮	喜火泄木，金制木	忌水生助木繁盛
灼水	火炎水灼	喜金生水，取水為上	忌火加重
淤水	土多水淤	喜木剋土存水，金泄土生水	忌火助土，土堅實

【３０３問】「格局」與「用神」何者重要？

答：《千里命稿》：「用神不得力爲下，無用神爲更下，日主格局，猶人之軀體。用神，猶人之靈魂。」從上述所言，可以知道「用神」比「格局」重要多了。

何謂「格局」？本來是指房子結構和式樣，如「空間格局」、「景觀格局」等，後來衍生許多領域上去，甚至指一個人的眼光、胸襟、膽識等心理要素。至於八字的格局即八字的結構與組成份，如五行十神等數量、位置、強弱等分析。分析之後就是要取喜忌，找用神，找出最關鍵、最需要的五行十神。

【304問】古代八字論命主要有幾種方法？

答：《命理約言》：「命家所論，財官格局神煞三者而已。」意思是說古代八字論命主要有三種方法：「財官法」、「格局法」、「神煞法」等。1.其中的財官法是以「日干爲主」來論命的。財官法主要是看「財官與日主」的關係，八字不但要見財官，而且財官要健旺，當然日主也要身旺才行，這樣日主才能享受到財官的好處，才能得到人生的富貴。2.至於格局法是以「月令爲主」來論命的。以月令來取格，格局成立則有格局用神，一般而言，格局成立者皆享富貴。若格局不能成立，就無法用「格局法」論命，而要用「財官法」論命。3.神煞法的歷史更久，很多神煞流傳至今，仍在使用，但已沒人只單獨以神煞來論命。

【305問】《子平真詮》是格局法的經典之作嗎？

答：是的。格局法是《子平眞詮》論命的主要方式，這種方式和《滴天髓》的「日主強弱」論命和《窮通寶鑑》的「五行調候」論命有很大的不同。格局又是如何選定的？簡單地說，就是以月令來取格局，以月令透干的五行爲主，若月令藏干皆透，則以本氣干爲主，若無則取中餘氣。若全不透干，則仍以本氣爲主。再與日干五行論生剋，來決定格局的名稱。

【306問】格局法有何特色？

答：在明代之前，傳統子平八字命理主要都是以「格局法」來推算人之命運，清代之後子平命學論命方向才分成了「扶抑法」和「格局法」，之後格局法逐漸式微，民國之後幾乎全面以扶抑法爲主流。格局法有何特色？與扶抑法比較如下表所列：

	扶抑法	格局法
時間	民國之後	清代
典籍	《滴天髓闡微》	《子平眞詮》
人物	任鐵樵	沈孝瞻
中心	日干	月令
理論	旺衰平衡	格局成敗
特色	1.對十神只講喜忌，不論吉凶。符合旺衰平衡原則的卽爲吉，就是殺梟傷劫也爲我喜；不符合旺衰平衡原則的卽爲凶，就是財官印食也爲我忌。	1.按凶神逆用、吉神順用的護衛原則判斷成敗。四凶神殺傷梟劫要制化，如傷官要見財或印，七殺要見食或印或傷刃合殺；四吉神財官印食要護衛，如官星要見財或印，印星要見官或比。

2.扶抑法主論「命主性格」、「行為方式」、「健康情況」、「婚姻家庭」等，準確率高，但對於富貴貧賤，格局高低等高層次的人生全貌等，較難判定。	2.格局法主論「格局高低」與「命運優劣」程度，成格者貴，成局者富，不成格局者均為普通之人。對於日主的健康、性格、六親、事業等，較少論及。

【307問】「財官法」和「格局法」如何選擇？

答：《三命通會》：「有官莫尋格局，有格不喜官星。」意思是八字有財官可用者，就不用在尋找是什麼格局了；至於已經確定格局的就不用考慮財官了。這句話的重點在於「用財官法時不能用格局法，用格局法時不能用財官法」，換句話說，即在論命時「財官法」和「格局法」兩者之間，涇渭分明，兩種方法只能擇一而用，否則會有衝突。原則上「格局法」優先，入格者非富即貴，格局不成，無格可論時才用財官法。

【308問】「財官法」就是現在的八字算命法嗎？

答：財官法是古代八字論命法，和現在流行的八字算命法並不相同，主要區別在於：1.現在的八字論命，主要以日干的強弱為重，日主的強弱結果判定後，決定喜

神、忌神等，再論行運及命格妻財子祿壽等。其中日主五行以「中和均衡」為佳，太強或太弱都不好，以普通格局而言，強者喜剋洩耗，弱者喜生扶。2.古代財官法不論日主五行的旺衰平衡，只論財官的有情無情，也不看用神忌神等。財官法並非不看日主，而是重點在「要見財官」，而且「財官要旺」，「日主也要旺」，財官與日主有情，命主才能得到富貴。而所謂「財官與日主有情」，簡單說就是財官與日主的配合得當，財官能為我所用，八字的組合結構良好，五行的流通純而不雜等，就是所謂的「有情」。

【309問】子平八字為何只重財官？

答：《淵海子平》：「看子平之法，專論財官，以月上財官為緊要。」意思是用子平法論斷一個八字好壞，要以財官為重，尤其是月令的財官，因為月令的力量最大。為何專論財官？財為養命之源，官乃扶身之本，財官為一個人的今生富貴程度與社會地位高低等，只要有了財官，非富即貴，其它就不用太推算了。若要再論其餘十神，食傷生財星可歸為「財」，印星與官殺相生可歸為「官」，至於比劫主要是生扶日主來任財官。故子平之法，可以專論財官。

【310問】為何「財官印全」稱為三奇？

答：「財官印俱全」的八字，可論為「三奇」，為富貴雙全之人，因有財官印者，表示今生「金錢」、「名

譽」、「權力」三者都有了，夫復何求？「奇」在這裡應解釋爲「奇特」、「不尋常」，因爲天干同時要透財官印是極不容易的事，所以《神峰通考》說：「三奇得位，良人萬里封侯。」

意思是八字三奇者，一定是位賢良的人，而且會到很遠的京城去當在宰相。但並非財官印全者就是好命，還要一些條件配合。1.位置：財官印透天干，官在財印中間，三者順生。如年干正財、月干正官、時干正印等。2.所透財官印無損傷，地支有根氣。

【311問】何謂「三般物」？

答：八字命理中提到的「三般物」，即是財官印。《淵海子平》：「財官印綬三般物，女命逢之必旺夫。」《神峰通考》：「三般神用要分明。財官印綬藏宮內。」三般物中的「般」，是「種類」的意思，即財官印這三種東西，女命八字逢之必能旺夫，因爲官爲夫，財能生官，印能護官，官星有生有護，當然就是旺夫。

第九篇

詳論普通格局

【312問】八字格局可區分為幾大類？

答：可分成二大類，普通格局與特殊格局。所謂「八字格局」就是用「歸納法」，把八字歸納幾種類別，以方便「用神選取」及「分類討論」等。通常普通格局「依五行常理」，「抑強扶弱」的平衡理論，來選取用神，特別格局則「不依五行常理」，而是依氣勢，「順勢」來選取用神。原則上應優先適用特別格局。如下表：

普通格局	又稱正格、常格	正官格、七殺格、正財格、偏財格、正印格、偏印格、食神格及傷官格等。另外比肩、劫財以「建祿格」及「羊刃格」稱之。以上共十種。
特殊格局	又稱變格、偏格	專旺格、化氣格、從弱格、雜格等。

【313問】普通格局的種類有幾種？

答：普通格局共有十種，分別以十神的名稱來表示，即正官格、七殺格、正財格、偏財格、正印格、偏印格、食神格及傷官格等。另外比肩、劫財以「建祿格」及「羊刃格」稱之。八字格局中百分之九十以上都是普通格局，特殊格局約佔百分之十。

【314問】普通格局是如何選定的？

答：普通格局選定法，由月支而來，卽由月支藏干的本氣、中氣、餘氣等，查其是否透出天干而來取其十神爲格局。詳述如下：1.月支藏干的本氣透出天干者，應優先取其爲格。2.月支藏干的本氣未透天干者，則藏干中餘氣透出天干者爲格。3.月支本氣及藏干皆未透天干者，則以本氣之取爲爲格。

【315問】任何一個八字一定有格局可取嗎？

答：按照「格局選定法」的方法，是一定有格局可取的，八字之有格局，如人之有姓名一樣，但有格局並不代表命的好壞。《月談賦》：「格有可取不可取，用有當去不當去。」這句話是說看八字的順序先取格局，後取用神。當遇到一個八字可以取好幾個格局的時候，就要有所取捨。定格局後取用神，以正官格爲例，喜見財星不可見傷官，卽當去傷官，不當去財星。

【316問】如何判斷正官格的格局成敗？

答：正官透干通根于月提或得令，通常必須是「身旺」能任官者，必能顯赫榮達。正官格的人有領導才能，人品高尚，若加上財星旺盛，則表示有商業經營之才能。正官格的格局成敗如下表：

正官格	成格	1.日干強，又有財星來生官。2.官殺不能同時出現在天干以免造成官殺混雜，破壞貴氣。3.日干弱正官強者，則必須有印星生身。
	破格	1.見傷官且無印星。2.天干有七殺混雜。3.官星弱，且遇沖破刑害官星。4.官星得令又眾多，但日主身太弱。5.官強身弱，又得財星生官。6.身旺官弱，無財星。7.身旺官弱，印多，見食傷剋官。

【317問】正官格如何取喜用神？

答：正官格最好要身旺，身旺者通常以財官為喜用神；如果是身弱，必需取印星，用印泄官生身，使命局趨向平衡，這是大原則。有關正官格的取用詳述如下表：

格局	日干	命局多	用神	喜神	忌神
正官格	弱	財星	印星	比劫	官殺財星
	弱	食傷	印星	官殺	食傷財星
	弱	官殺	印星	比劫	官殺財星
	強	比劫	官星	財星	比劫印星
	強	印星	財星	食傷	比劫印星
	強	食傷	財星	官殺	比劫

【318問】正官格人格優缺點為何？

答：正官格人格優缺點如下表：

正官格	優點	1.正官格之人光明正大，很有責任感，人格高尚，言行一致。非常重視名譽，服從紀律，自制守規，學習力強。2.生活上嚴以律己，對長官正直服從，理性安份。3.在工作上有管理能力，具領導性格，行為端正，肩負重責。
	缺點	1.但若正官太多，則會有自尊心太強，不知變通，頑固消極，個性柔弱，猶豫不決的缺點產生。2.做事缺乏變巧性，容易滿足現實，約束自己，難成大業，坐失良機。3.刻板謹慎，魄力不足，消極保守等。

【319問】如何判斷七殺格的格局成敗？

答：七殺格的格局成敗如下表：

七殺格	成格	1.日干強，殺重有食神制殺，殺弱有財滋殺。2.日干弱，有印星生身。3.殺旺有印綬化殺滋生日元。4.身殺兩停，無官混雜。

	破格	1.七殺弱，又遇沖破刑害者。2.財殺重而無制者。3日干弱，群殺來剋。4.殺重身輕，不見食傷來制殺。5.七殺弱，食傷重無財星。6.七殺弱，身印兩強。

【320問】七殺格如何取喜用神？

答：七殺格與正官格一樣最好要「身旺」，如果是身弱，必需取印星，用印泄官生身。七殺格取喜用神之原則如下表：

格局	日干	命局多	用神	喜神	忌神
七殺格	弱	財星	官殺	印星	食傷財星
	弱	食傷	印星	印星	食傷財星
	弱	官殺	印星	比劫	官殺財星
	強	比劫	七殺	財星	比劫印星
	強	印星	財星	食傷	比劫印星
	強	官殺	食傷	食傷	官印星

【321問】七殺格人格優缺點為何？

答：七殺格人格優缺點如下表：

七殺格	優點	1.七殺格之人積極有魄力，勇於突破環境，開創新機，為人講義氣，大力改革，果斷權威。2.對於強權不屈服，大膽冒險，明察秋毫，善於策劃，有領導能力，很得部屬之敬畏。
	缺點	1.任性霸道，剛強偏激，衝動魯莽，容易樹敵。2.個性爭強好勝，猜忌多疑，不信任他人，經常陷入孤軍奮鬥。3.因為猜忌多疑，所以缺少知己，主觀任性，經常犯小人，多意外劫難等。

【322問】正官格與七殺格有何異同？

答：正官格與七殺格在格局成敗與取用上大致相同的，但仍有幾處不同：1.數量不同：正官格的官星只許一位，多則以殺論，七殺格則七殺多也無妨，不以破格論。2.剋制不同：官星不能被食傷剋制，否則破格，而七殺反而須以食傷來剋制。3.相合不同：官星不能與食神相合，合官則不貴，而七殺最喜被食神或劫財合住，合殺才貴。4.刑沖不同：官星不能遇刑沖破害，而七殺則無妨。《三命通會》：「時上偏官不怕沖，喜逢羊刃不為凶。」

【323問】女命七殺格命運如何？

答：七殺格的女命，生命歷程較多彩多姿，生活難得清閒，婚姻、工作、事業容易有變動。其中又以婚姻要特

別小心去經營才行，倘若日主中和，命局七殺一位，有正印透出化殺或食神透出制殺，還是能匹配良夫，丈夫聰明能幹，事業有成，是社會中有名望之人士，因為官殺皆主名譽聲望也。但若七殺旺盛又無制化，或無比劫抗殺時，則不論對精神或身體壓力都很大，婚姻感情之生活也易遭波折，宜待人生閱歷較為豐富時再結婚為宜。

【324問】如何判斷財格的格局成敗？

答：財格包括正財格與偏財格同論，格局成敗如下表：

財格	成格	1.日干強，財亦強，再見官星。2.日干弱，財星強，有比劫助身。3.日干強，財星弱，有食傷生財。
	破格	1.日干強，財輕比劫重。2.日干弱，殺太重，財又生殺。3.財星弱，又遇刑沖破害者。4.偏財得令又眾多，日主衰弱或又多食傷之泄身生財。5.財無食傷來生，而多比劫印者。6.財弱身旺，又多比劫。

【325問】財格如何取喜用神？

答：身強才能任財，財格喜身強，若身弱當以比劫印星為喜用。有關財的取用詳述如下表：

格局	日干	命局多	用神	喜神	忌神
財格	弱	食傷星	印星	比劫	官殺財星
	弱	財星	比劫	印星	官殺財星
	弱	官殺	印星	比劫	官殺財星
	強	比劫	食傷	財星	比劫印星
	強	印星	財星	食傷	比劫印星
	強	印比	官殺	財星	比劫印星

【326問】正財格人格優缺點為何？

答：正財格人格優缺點如下表：

正財格	優點	1.正財格之人刻苦耐勞，守正不阿，腳踏實地，穩紮穩打，凡事量力而為，不會強求。2.個性正直固執，性情溫和，行事低調，嫉惡如仇。3.生活上節儉守分，知足常樂，忠厚老實，言行合一，重視家庭生活。
	缺點	1.過度重視錢財，心理上患得患失，過於現實，謹慎過度，缺乏真心朋友。2.做事缺乏魄力，斤斤計較，生活單調刻板，沒有樂趣。3.過於功利，執著物質，缺少文化宗教素養。

【327問】偏財格人格優缺點為何？

答：偏財格人格優缺點如下表：

偏財格	優點	1.偏財格之人做事乾淨俐落，速戰速決，不拖泥帶水，今日事今日畢。2.交際廣泛，多情慷慨。3.常獲意外之財，處事圓融，樂觀大方。
	缺點	1.心性慷慨，對金錢不執著，浪費成性。2.用錢太大方，交際應酬太多，導致家庭風波。3.個性外向，人生易有戲劇性的悲歡離合，生活及婚姻都較不穩定。

【328問】女命偏財格命運如何？

答：偏財格的女命，先天對錢財就有特殊的緣份，一種想要掌控有形物質的欲望，擁有理財能力，只要八字組合結構不差，一生衣食無缺。偏財格局的女命通常都比較務實，婚後都維持繼續上班，也會兼副業來資助家庭的經濟，相夫教子，當個賢妻良母。偏財之人慷慨大方，重義不重財，常有意外之財。但女命偏財太旺，財壞印，婆媳不和是婚姻上的一大問題。若偏財為忌，也容易為父還債，或父親多病，為醫父病因而被醫藥費拖累。

【329問】何謂「時上偏財格」？

答：八字只在時干一位偏財，其它干支不見，故稱「時上偏財格」，日主有氣有根最好，行運怕最怕逢比劫。喜見正官星，不宜見七殺。此格有何特殊之處？第一，偏財在時干，時主晚年，主晚年運佳，福厚祿豐。偏財入格者，慷慨好施，與人爲善，此格不止晚年財帛豐厚，官貴亦旺，因爲財能生官也。第二，偏財本來是衆人之財，但在時上則成爲日主之私財，別人是搶不走的。

【330問】如何判斷正印的格局成敗？

答：正印的格局成敗如下表：

正印格	成格	1.日干強，印輕逢官殺。2.日干強，印又多見，則財須透出。3.日干強，印也強，有食傷泄身。
	破格	1.日干弱，印輕又逢財壞印。2.日干弱，殺太重，而多財星者。3.印星弱，又遇刑沖破害者。4.印重得令，但日干弱財輕。5.印與比劫皆強，食傷財官輕。6.印弱財重，無官。7.印弱多比劫。

【331問】正印格如何取喜用神？

答：有關正印格的取用詳述如下表：

格局	日干	命局多	用神	喜神	忌神
正印格	弱	官殺	印星	比劫	官殺財星
	弱	食傷	印星	比劫	食傷財星
	弱	財星	比劫	印星	食傷財星
	強	比劫	官殺	食傷	比劫印星
	強	印星	財星	食傷	比劫印星
	強	財星	財星	食傷	比劫印星

【332問】正印格人格優缺點為何？

答：正印格人格優缺點如下表：

正印格	優點	1.正印格之人品德端正，氣質優雅，慈悲善良，不計仇恨，重視道德充實，文化修養等精神層面。2.溫和寬容，不犯小人，有涵養，重人情。3.有宗教信仰，內省自修，常得貴人之相助。
	缺點	1.本性木訥，不善營謀，懶散沒主見，缺乏應變能力。2.不善察言觀色，保守依賴。3.愛面子，會掩飾自己的過失，會為別人而活，內心痛苦。

【３３３問】正印格為何又稱為「孤極星」？

答：正印格爲何又稱爲「孤極星」，《三命通會》：「論印綬，一曰正印，二曰魁星，三曰孤極星。」意思是正印格有三個名稱，另外二個是魁星與孤極星。魁星是指北斗七星中形成斗形的四顆星，傳說是在掌管文學方面的事。

正印是吉星，富有智慧，重視道德，強調倫理等，爲何變成孤極？很難令人理解。唯一能解釋得通的是印剋食傷，食傷主子女，正印過旺者不容易有子息，或和子女無緣，晚年孤獨。

【３３４問】偏印格人格優缺點為何？

答：偏印格人格優缺點如下表：

偏印格	優點	1.偏印格之人心思細膩，悟性很高，感覺敏銳，善於臨機應變，觀察入微，警覺性高且能保守祕密。2.喜怒哀樂不形於色，擅長特殊領域的研究，如宗教、心理學、發明等。3.思想脫俗，獨具慧眼，能掌握他人心裡。

	缺點	1.思想超凡怪異,性格內向多疑,自我孤立,喜歡離群獨居,常有厭惡世俗之心,容易罹患身心失調方面疾病。2.耐心不足,三心兩意,多學少成。3.思慮過度,無事空忙,六親緣薄。4.利己心強烈,過度重視自我,難與人和睦相處,陷入孤僻。

【335問】正印格的男命好嗎?

答:正印格是非常吉祥的格局之一,男命與女命都適合。1.容易掌權:正印格若正印透干,格局配合得好,如殺印相生,很容易有機會在公部門上班。2.有責任心:這年頭有責任心的人越來越少,更顯正印格者的可貴,正印格的男人很有責任感,對每一件工作都抱著認真,負責的態度來面對。3.勤於學習:正印格之人能在工作中學習,在學習中成長,在成長中擁有智慧與愛心,足以面對未來挑戰,迎風前進。4.心地善良:正印格天生喜歡助人,慈悲心腸,有人情味。

【336問】偏印為何與憂鬱症有關?

答:偏印星旺的人,思維與眾不同,很難被理解,壓抑自己,不愛表達,喜怒不形於色,祕密藏心中,缺乏安全感,疏遠人群,孤獨憂鬱。從八字命理來看,偏印容易誘發憂鬱症有二個原因:1.殺梟相生:七殺是無情的

壓力，一般人避之為恐不及，但因殺梟相生，殺生梟再來生日主，即偏印之人會把七殺壓力往自己身上攬，不斷累積，最後結果是壓垮了自己。2.梟神奪食：食神象徵一個人的情緒出口，智慧流露，為福氣，為思想，如今食神受制於偏印，沒有了宣洩情緒的管道，精神容易遭受打擊，心理創傷，久久難以復原。

【337問】如何判斷食神格的格局成敗？

答：食神格的格局成敗如下表：

食神格	成格	1.日干強，食神亦強，再見財星。2.日干弱，有印星護身。3.日干強，殺也要強，有食神制殺，而不見財星。
	破格	1.日干強，食輕，又逢梟印。2.食神星弱，又遇刑沖破害。3.食神弱，食神生財又見殺。4.食神太重，日主太輕，無印多財星5.身強殺淺，傷食重而制殺太過，又無財解。6.食傷弱，印重身輕。7.身弱而財官太多。

【338問】食神格如何取喜用神？

答：有關食神格的取用詳述如下表：

格局	日干	命局多	用神	喜神	忌神
食神格	弱	官殺	印星	比劫	官殺財星
	弱	財星	比劫	印星	食傷財星
	弱	食傷	印星	官殺	食傷財星
	強	印星	財星	食傷	比劫印星
	強	比劫	食神	財星	比劫印星
	強	財星	官殺	財星	比劫印星

【339問】食神格人格優缺點為何？

答：食神格人格優缺點如下表：

食神格	優點	1.食神格之人文質彬彬，氣質高雅，不善與人爭權奪利，悠悠自在。2.思想清新脫俗，注重生活情調，不做不喜歡做的事。3.感情豐富，對藝術、文藝及歌舞方面有偏好，有專業能力，做事有耐性。4.文筆優異，語言表達流暢，有藝術鑑賞能力。5.重視家庭生活，有口福，喜歡美食。
	缺點	1.自命清高，自命不凡，好幻想，與現實脫節。2.過度思慮，易有失眠，腦神經衰弱、頭痛等症狀。3.逃避現實，鑽牛角尖，過於理想化。

【340問】如何判斷傷官格的格局成敗？

答：傷官格的格局成敗如下表：

傷官格	成格	1.日干強，傷官生財。2.日干弱，傷官泄氣，有印護身。3.日干強，殺重傷官駕殺。4.日干弱，傷官旺，而殺印雙透。
	破格	1.天干傷官見官星。2.日干強，傷官輕，多印星。3.日干弱又多財星。4.傷官星弱，又遇刑沖破害者。5.食傷太重，日主太輕，無印或多財。6.身食殺淺，傷食重而制殺太過，又無財解。7.食傷弱，印重身輕。8.身弱而多財官。

【341問】傷官格如何取喜用神？

答：有關傷官格的取用詳述如下表：

格局	日干	命局多	用神	喜神	忌神
傷官格	弱	財星	比劫	印星	官殺財星
	弱	官殺	印星	比劫	官殺財星
	弱	食傷	印星	官殺	食傷財星
	強	比劫	七殺	財星	比劫印星

	強	印星	財星	食傷	比劫印星
	強	財星	官殺	財星	比劫印星

【342問】傷官格人格優缺點為何？

答：傷官格人格優缺點如下：

傷官格	優點	1.傷官格之人外緣佳，主觀強，創意點子多。2.不因循舊習，抗拒傳統規範，敏銳才華，有藝術天份，適合研究創新之工作。3.敢挑戰威權，口才表達生動流利，適於經商，容易致富。
	缺點	1.誇大其詞，容易失言樹敵，好勝心強，強出風頭，不滿現實，長官不喜歡的人物。2.個性叛逆，與眾不同，在意他人之肯定。3.領悟力強，恃才傲物，任性驕傲，一意孤行。4.放縱自己，缺乏耐性，想速成而招致失敗。

【343問】食神為何稱為「福星」？

答：食神本屬於四吉神之一，之所以被稱為「福神」或「福星」的原因有二，一是生財，一是制煞。1.生財：財為養命之源，為日主在人世間要存活的基本東西，食神就是物質的源頭，沒有這個貨源與財源，財貨一下子就被消耗掉了。2.制煞：七殺為災劫之星，食神可制殺，化解

劫難，故食神爲福星。除此之外，食神洩日主之內在精華之氣，代表秀氣、才華、口才等。相較於傷官的傲氣，食神不張揚，溫和體貼，受人歡迎。

【344問】女命傷官格是好是壞？

答：傷官格女命是好是壞，還是要看四柱八字的整個結構，及傷官與其它十神的配合情形，更重要的是傷官「是喜是忌」等條件後，才能推斷。只憑傷官格三個字，實在很難說清楚。一般都認爲傷官格的女命婚姻不順，其實不然，女命傷官格個性上較獨立，對情感較爲執著，只要日支夫宮並非傷官，還是可以有美滿的婚姻。

傷官若爲忌神，主出口傷人，自以爲是，任性自我等負面人格，對婚姻當然不利。但若傷官爲喜神，主才華洋溢，聰明貌美，藝術天份，這些對於婚姻應該有加分作用吧！另外，若論事業，女命傷官格有科技頭腦，擅長經營，若命中透財，是個事業女強人，又有什麼不好的呢？

【345問】如何判斷建祿格的格局成敗？

答：建祿格的格局成敗如下表：

| 建祿格 | 成格 | 1.日干強透官星逢財印星，且兩不相礙。2.日干強，透七殺有食神制之。3.日干強，透食傷逢財星。4.官殺或食傷強於日干，有印星生之。5.財星強於日干，見比劫相扶。 |

	破格	1.無財官透殺印,殺印相生,而日干更強。2.透官星爲用,逢傷官。3.透財星逢七殺,財殺生旺。4.食傷多或官殺多,用印見財破。

【346問】建祿格如何取喜用神?

答:有關建祿格的取用詳述如下表:

格局	日干	命局多	用神	喜神	忌神
建祿格	弱	財星	比劫	印星	財官星
	弱	官殺	印星	比劫	財官星
	弱	食傷星	印星	比劫	食傷財星
	強	食傷	財星	官殺	比劫印星
	強	印星	財星	食傷	比劫印星
	強	比劫星	官殺	財星	比劫印星

【347問】建祿格人格優缺點為何？

答：建祿格人格優缺點如下表：

建祿格	優點	1.建祿格之人自主、自信、自尊，自我，意志堅定，自知之明，不做非份之求，充滿信心，勇於接受挑戰。2.固執不變，剛健耐勞，遇事不懼。3.「對等」是處事原則，不侵犯他人，也不接受侵犯。
	缺點	1.自我為中心，不體諒別人，堅持己見，容易引起爭執。2.難與人和睦相處，朋友雖多，知心無幾人。3.不通人情，不得人緣，生活單調，凡事與人競爭。

【348問】建祿格喜身強或身弱？

答：建祿格多半身強，雖然也有身弱者，但很少見，身弱的建祿格喜劫印，忌財官，傷食酌用。建祿格若是身弱者，則必然是八字中財官或食傷旺盛所導致，大運能行旺身之運，功名利祿的獲得都不用太費力氣。因此不論身強或身弱，行運能否逢喜用才是關鍵。若以「能輕鬆獲得名利」的角度來論，身弱的建祿格反而更有利。

【349問】何謂「破祿」？

答：建祿格以月令祿神爲用神，則此祿神不可逢沖破，若祿神與它支合會成官殺局來剋傷日主，此種情形稱之爲「破祿」。或發生大運或流年沖剋祿神，也會造成「破祿」。一旦破祿則事態嚴重，危機四伏，破祖敗業，甚至危及性命的災劫都有可能。

《三命通會》：「凡命帶祿，最怕逢沖，謂之破祿，如甲以寅爲祿而見申，乙以卯爲祿而見酉，則氣散不聚，貴人停職剝官，衆人衣食不足。」從《三命通會》所述，可見破祿危害之深重可怕，在朝爲官者被罷職，平民百姓也會缺衣少食。

【350問】建祿格為何不住祖屋？

答：《四言獨步》：「月令建祿，不住祖屋；一見財官，自然發福。」意思是建祿格能力強，衣食無憂，自己就有房子了，根本不用住祖屋。建祿格身旺，他有足夠的能力獲取財富。建祿，是指月令是日主的臨官，代表著旺氣，即日主在月令的旺衰狀態表現爲「臨官」，其旺度僅次於帝旺。

【351問】如何判斷羊刃格的格局成敗？

答：羊刃格的格局成敗如下表：

羊刃格	成格	1.日干強，透官殺見財星而不見傷官。2.官殺強於日干而見印星而無財破。3.日干強，食傷多，見財星而天干不露劫財。4.食傷過多，日干轉弱而有印制食傷生身。4.日干強，印星多，見財星制印。5.日干強，財多，有官殺制比劫或食傷通關，日干不轉弱。
	破格	1.日干強透官殺而見傷官。2.日干轉弱而官殺旺，見微印或不見印星而見強財。3.日干強，食傷多見財星而天干透比劫競出。4.日干強而印多，不見財星食傷而從化又不成。5.日干強，財多亦強，二相對峙而無官殺制比以護財，亦無食傷通關。6.月令地支逢刑沖。

【352問】羊刃格如何取喜用神？

答：有關格的取用詳述如下表：

格局	日干	命局多	用神	喜神	忌神
羊刃格	弱	財星	比劫	印星	財官星
	弱	官殺	印星	比劫	財官星
	弱	食傷星	印星	比劫	食傷財星
	強	食傷	財星	官殺	比劫印星

| | 強 | 印星 | 財星 | 食傷 | 比劫印星 |
| | 強 | 比劫星 | 官殺 | 財星 | 比劫印星 |

【353問】羊刃格人格優缺點為何？

答：羊刃格人格優缺點如下表：

| 羊刃格 | 優點 | 1.羊刃格之人聰明伶俐，精於計算，獨特突出，廣交朋友。2.心思敏捷，臨機應變，果斷積極。3.野心大，不服輸，口快心直，見義勇為。 |
| | 缺點 | 1.個性太強，自我矛盾，自我衝突。性情陰晴不定，忽冷忽熱，令人難以捉摸。2.求財心切，過於功利，野心過大，多是非。3.不善處理金錢，投機心理，有對外慷慨之性格。 |

【354問】女命羊刃格的婚姻如何？

答：羊刃是「殺傷梟刃」四凶星之一，凶神要制伏才能為我所用。古代封建社會，並不喜歡這顆星，尤其是女命。因為女命以柔為貴，以剛為災，羊刃主剛烈、激動、急躁等。過於剛強猛烈，自以為是，妻奪夫權，欺負丈夫的女命不利婚姻家庭。

　　羊刃在命局宜靜不靜動，動則要傷己傷人。羊刃格的女命最好命局中有七殺，能成就貴命，七殺爲丈夫，爲事業，因此羊刃格的女命，要嫁年齡大一點的丈夫及事業有成的，會對婚姻有好處。

【355問】何謂「飛刃」？

　　答：凡沖羊刃者爲「飛刃」。如甲刃在卯，沖卯的「酉」就爲「飛刃」，乙刃在寅，寅申相沖，「申」即爲「飛刃」。飛刃對健康有重大的不利影響，原局自坐羊刃，再逢大運流年飛刃，容易有外傷，血光之災等。

　　除此之外，憂鬱症也與飛刃有關，一個人突然間感覺最近心情不好，情緒低落，對日常生活皆失去興趣，無價值感，思考力、注意力減退或容易猶豫不決時，有可能就是遇到飛刃，即使流月逢飛刃，都要小心憂鬱症無緣無故的上身。

【356問】何謂「官殺混雜」？

　　答：八字出現官殺混雜的概率很高，一般都認爲官殺混雜是濁象，八字不夠清純。其實，眞正的原因應該是官殺成黨，來剋日干，造成凶險。因此，身衰加上官殺混雜者，不但貧賤且多災難。至於身旺者，不忌官殺混雜，因以官殺爲喜用也。故《滴天髓》：「官殺混雜來問我，有可有不可。」即官殺混雜先看身強身弱，而不是一見官殺混就以凶斷。

【357問】何謂「重濁炎頑者賤,刑衝剋害者孤」?

答:此句出自於《月談賦》:「重濁炎頑者賤,刑衝剋害者孤。」內容說八字格局越清純無疵,富貴越大;反之,格局越混雜不明,其命也卑賤。四柱越安靜平穩越好,大忌刑沖破害格局及用神。其中提到的「重濁炎頑」格局四項缺失,說明如下:1.重:指的是格局用神多見,多則不吉。比如正印格,四柱多印。2.濁:指的是格局混濁。例如正官格,官殺混雜。3.炎:指的是四柱火炎土燥等,無法調候的情形。4.頑:指的是身旺無依,僧道之命。

【358問】如何解釋「逢官看財,逢殺看印」?

答:《淵海子平》:「逢官看財,逢財看殺,逢殺看印,逢印看官。」,以上在《淵海子平》稱之為「寶法」,即推斷八字的寶貴方法。分述如下:1.逢官看財:八字中若有官星,首要看有無財星來生官,不但柱中要見財,還要入財旺之運。2.逢財看殺:八字中若財格見比劫奪財,則喜官殺制劫護財。當然日主喜健旺,干支見殺乃是富貴之命。3.逢殺看印:八字中若有七殺,便要看有沒有印星來化殺,同時能生助日主,如果有印星顯達富貴。4.逢印看官:八字中若有印星而遇官,十有八貴。即官印要相配,二者缺一都不能算好命。有印無官,縱榮華而有缺失;有官無印,縱富貴而傷殘。

第十篇　詳論特殊格局

【359問】特殊格局的種類有幾種？

答：特殊格局共有四種，特殊格局是指不以「五行之扶抑等平衡」理論，而是以「不違逆五行之氣勢」來論命的一些命局。特殊格局又稱外格、變格、偏格等，主要有專旺格、化氣格、從弱格、雜格等四種，每種格局之下又有細分。詳情如下表：

專旺格	曲直格、炎上格、稼穡格、從革格、潤下格
化氣格	甲己化土格、乙庚化金格、丙辛化水格、丁壬化木格、戊癸化火格
從弱格	從財格、從殺格、從兒格、從勢格
雜格	母吾同心格、吾母同心格、兩神成象格、金神格、魁罡格等

【360問】特殊格局選定的原理為何？

答：特殊格局一般都是日主有「旺極」或「弱極」的情形。《滴天髓闡微》：「旺之極者不可損，衰之極者不可益。」意思是說日主旺之極者，宜泄而不宜剋，要順著它的氣勢，不要去違逆它的強勢。為何旺極不可剋損？剋之損之徒勞無功，反而有害也。衰之極者不可益，其中的「益」字，是「生扶幫助」之意，宜剋而不宜生。為何弱極不可生扶？生之扶之，同樣是徒勞無功，反而有害。

「衰極不可益」的道理，如同中醫的「虛不受補」的道理是一樣的。主要原因就是脾胃虛弱，身體運化能力

已失常，而補品又多是厚味，難以消化吸收。總之，旺之極者，只得從其旺神。取生扶之「印星」、「比劫」爲用神。弱之極者，也只得從其剋泄耗之「官殺」、「食傷」、「財星」爲用神。

【361問】何謂「專旺格」？

答：命局之中與日干相同之五行特別強旺，而且數量很多時，就叫做「專旺格」，又稱「一行得氣格」、「從強格」或簡稱爲「旺格」。專旺格由於五行之不同，共有五種：木之五行獨旺者稱爲「曲直格」，火之五行獨旺者稱爲「炎上格」，土之五行獨旺者稱爲「稼穡格」，金之五行獨旺者稱爲「金剛格」，水之五行獨旺者稱爲「潤下格」等。

【362問】專旺格成格的條件為何？

答：1.專旺格之旺神五行必須透出天干方是眞格。如曲直格天干必須透有甲或乙生於寅卯辰亥月，或地支三會、三合木局。最忌見到官殺，若見官殺卽爲破壞格局，必須以普通格局論命。2.若見財星也視爲破格，但僅有一個且虛浮在天干，或被合剋，則可勉強列入假專旺格。3.專旺格最忌遇官殺運，逢之卽破格，常有破財、刑剋家族、牢獄等凶禍，甚至身亡，但若有印星天透地藏者則可減輕其災。

【363問】五個專旺格成格的各別條件為何？

答：五個專旺格爲曲直格、炎上格、稼穡格、從革格、潤下格等，其成格之個別條例如下表：

專旺格	日干	月支	四柱地支有	四柱無
曲直格	甲乙	寅卯	寅卯辰三會木或亥卯未三合木	庚辛申酉剋木
炎上格	丙丁	巳午	巳午未三會火或寅午戌三合火	壬癸亥子剋火
稼穡格	戊己	辰戌丑未	辰戌丑未或任意四庫土	甲乙寅卯剋土
從革格	庚辛	申酉	申酉戌三會金或巳酉丑三合金	丙丁巳午剋金
潤下格	壬癸	亥子	亥子丑三會水或申子辰三合水	戊己辰戌丑未剋水

【364問】五個專旺格的喜用忌神為何？

答：五個專旺格的喜用忌神如下表：

專旺格	用神	喜神	忌神
曲直格	比劫木	印星水	官殺金
炎上格	比劫火	印星木	官殺水 財星金

稼穡格	比劫土	印星火 食傷金	官殺木 財星水
從革格	比劫金	印星土 食傷水	官殺火
潤下格	比劫水	印星金	官殺土

【365問】專旺格的共同人格特質為何？

答：專旺格成格，格局純粹不駁雜者，當其運程不吉時，個性上會有固執不通、苛薄絕情、過於功利、孤芳自賞等缺點，但這非常態。專旺格的共同人格特質，是強烈的對等觀念，不佔人便宜，也不佔人便宜；不害人但也絕不受害。強烈的自主心、自尊心、自信心等。專旺格的人常憑藉著獨立自主、單純堅強、固定不變的強烈特質，迎接挑戰，並開創出不凡的成就。

【366問】專旺格的各別人格特質為何？

答：1.曲直格：木的特徵，仁厚、慈善、正直、公平、博愛、不屈服、獨斷獨行。2.炎上格：火的特徵，熱情、禮貌、謙和、急躁、偏激、易怒、感情豐富。3.稼穡格：土的特徵，信用、沉著、誠信、孝道、穩重、包容、淡泊。4.從革格：金的特徵，剛強、果敢、重義、不屈、骨氣、武斷、好勝。5.潤下格：水的特徵，聰慧、多謀、任性、外向、好動、機靈、善變。

【367問】何謂「化氣格」？

答：「化氣格」有五種，即甲己合化土、乙庚合化

金、丙辛合化水、丁壬合化木、戊癸合化火等五種格局。
以上五種格局，除了甲己化土及乙庚化金，仍保留原五
行之性質，其它均完全改變其原五行性質。形成化氣格需
要條件：1.五合必是「日干與時干」或「日干與月干」的
五合，其餘不可。2.合化條件必須地支有合化之旺神，化
神須居月令有力或生助化神者。3.八字沒有剋破化氣之五
行。

【368問】五個化氣格成格的各別條件為何？

答：化氣格以日干和月干或時干合化，月支須是化
神，八字不見剋破化神者。五個化氣格成格的各別條件如
下表：

化氣格	日干	月或時干	月支	四柱干支
甲己合化土	甲己	己甲	辰戌丑未	不見木星來剋土
乙庚合化金	乙庚	庚乙	申酉	不見火星來剋金
丙辛合化水	丙辛	辛丙	亥子	不見土星來剋水
丁壬合化木	丁壬	壬丁	寅卯	不見金星來剋木

戊癸合化火	戊癸	癸戊	巳午	不見水星來剋火

【369問】五個化氣格的喜用忌神為何？

答：五個化氣格的喜用忌神如下表：

化氣格	用神	喜神	忌神
甲己合化土	土	火金	木
乙庚合化金	金	土水	火
丙辛合化水	水	金木	土
丁壬合化木	木	水火	金
戊癸合化火	火	木土	水

【370問】化氣格的人格特質為何？

答：所謂「化氣」即變化原有性質，產生新的不一樣的東西出來。為什麼要化？因為不得不化，為了存活也是為了更好，隨順環境而化，隨順因緣而化。一般而言，化氣格之人，善於體察局勢，靈巧善變，具有敏銳的判斷力，聰明智慧，處事理性，處事圓滿。化氣格之人「自我剋制」與「適應環境」的力量超強，可以把自己壓縮到極小，甚至不見，等待時機一到，立即握機，翻轉成功。

【371問】能得化氣格的人多不多？

答：不多。《四言獨步》：「十干化神，有影無形；無中生有，福祿難憑。」意思是說甲己合化土，丙辛合化水，乙庚合化金，戊癸合化火，丁壬合化木等五種化氣格，是「有影無形」，即「無中生有」變化出來的。在實際應用中，八字能得眞化氣格的人實在不多，化氣格是難以正確判斷的一種命格，故此格也很難作爲推斷八字福祿的依據。

【372問】何謂「從弱格」？

答：「從弱格」在古代八字典籍上皆稱之爲「棄命格」，如「棄命從殺」、「棄命從財」等，或許「棄命」之說不好聽，容易引起誤解，現今都簡稱「從弱格」。從弱格之日干都是「極弱」，通常生於休囚死絕之月，八字干支無印比來生扶救援，命局多爲剋泄耗之五行，只有棄命主之五行而從於它方五行，故有此稱。從弱格共有「從財格」、「從殺格」、「從兒格」、「從勢格」等四種格。

【373問】四個從弱格成格的各別條件為何？

答：凡入從弱格者，日干弱極必須失時生于休囚死絕之月，四柱無印比生扶，月支是財星、官殺、食傷等。四個從弱格成格的各別條件如下表：

從弱格	日干	月支	地支	天干有
從財格	弱極	財星	多財星或會成財局	財星、食傷
從殺格	弱極	官殺	多官殺或會成殺局	官殺、財星
從兒格	弱極	食傷	多食傷或會成食傷局	食傷、比劫
從勢格	弱極	財星、官殺、食傷	多財星、官殺、食傷	財星、官殺、食傷

【374問】四個從弱格的喜用忌神為何？

答：四個從弱格的喜用忌神如下表：

從弱格	用神	喜神	忌神
從財格	財星	食傷	比劫、印星
從殺格	官殺	財星	比劫、印星
從兒格	食傷	比劫、財星	印星、官殺
從勢格	財星、官殺、食傷	財星、官殺、食傷	比劫、印星

【375問】從弱格的人格特質為何？

答：從弱格除了日主以外，都是剋泄耗日主的食傷、

財官以及官殺星。從弱格相較於其他的格局的人，個性上是比較沒有主見的，有時會過度聽從別人的意見。其優點是聰明靈巧，能順應各樣複雜、惡劣環境而應付自如。能把握形勢，比較有接納、融通之柔軟適應力，只要受到貴人提拔，或時勢導引，就能步步高升，成就功業。

【376問】為何五陽干難以棄命從弱？

答：《滴天髓闡微》：「五陽從氣不從勢，五陰從勢無情義。」意思是日干為「甲丙戊庚壬」五陽干者，通常只能從強格，而不能棄命從弱格；日干為「乙丁己辛癸」五陰干者，恰好相反，容易棄命從弱格，似乎五陰干無情無義。其實此句話的重點是在判斷，是否歸屬特殊格局時，區別陽干與陰干兩者的不同。

陽干的性質就是剛健，沒有達到衰弱到極點的情況，很難棄命依從。「從氣」指的是與陽干相同之氣，即從強之意。「從勢」指的是與陽干不同之氣，即棄命從勢之意。陰干的性質陰柔，容易順從，只要外部的勢力旺盛強大，就能改變自己本來屬性而依從。

【377問】棄命從財或從殺格，日主得根會如何？

答：《四言獨步》：「棄命從煞，須要會煞。從財忌煞，從煞喜財，會逢根氣，命損無猜。」意思是棄命從殺格，需要會合成殺局。棄命從財格，需要會合成財局。從財格忌見七殺，因為財會洩氣於七殺，以致於七殺來攻

身。從殺格卻喜見財星，因為財能生殺，令七殺之氣更盛，格局更真。不管是從殺還是從財，都忌日主得根，若日元得根，命格必破無疑。

【378問】棄命格福份如何？

答：《三命通會》〈碧淵賦〉：「秋木無根從婦福，祿貴崇高；夏金失地配夫榮，功名顯達。」內容是在講棄命格的福份，日主甲乙木生申酉戌月，原局不見任何生扶，日干弱極無根從財官，可得地位崇高，薪俸優厚。財為妻為婦，故稱之「從婦福」。另外，日主庚辛金生巳午月，同樣原局不見任何生扶，日干弱極無根從官殺，可得位高權重，功名顯達。官為夫，故稱之「配夫榮」。

【379問】何謂「母吾同心格」？

答：母即「印星」，吾即「日主和比劫」。此格月支是正印或偏印，四柱內印星及比劫星之數量達六個以上，不見財星及官殺，如見須被近貼剋合，或虛浮天干無根入假格。命局內若有食傷星，則行運以食傷星為喜神，比劫為用神。此格以四柱只見印比，不見別物，格才真純。《滴天髓闡微》：「四柱印綬重重，比劫疊疊，日主又當令。絕無一毫財星官殺之氣，謂二人同心。」其中所說的二人同心，正是此格。

【380問】何謂「兩神成象格」？

答：「兩神成象格」指的是，命局組成結構中只有兩

種五行，而且兩者相生成象。相生的五行有水木、木火、火土、土金、金水等，月支必須是印綬或比劫或食傷，喜用神爲印綬、比劫或食神，忌財官。《滴天髓》：「兩氣合而成象，象不可破也」，這當中所說的「兩氣」即兩種五行之氣，構成了兩神成象格。相生的兩神成象格，喜用爲印比，或食神，最忌財官。「象不可破」所指即行運不可見財官忌神，一旦遭逢必破格。

【381問】八字原局沒有財官，也能富貴嗎？

答：很多八字沒有財官，卻富貴非凡，古人發現可能的原因是，八字可以通過暗沖、暗合、暗夾、暗拱等辦法，即經由「沖合夾拱」出財官來，形成另一種貴格。《淵海子平》：「人之命內，皆不離乎財官；諸格局中，只要虛邀祿馬。先賢已有成式，後學須要變通。」此句話的意思是說，八字命局雖未發現有財官，但只要用「沖合夾拱」等法，能邀出無形暗中的財官來，也算是貴格。過去的先賢既然已發現有這種現象，並且說出其中的道理，我們就要知變通了。

《三命通會》中的「子遙巳祿」、「壬騎龍背」、「井欄叉格」、「沖合祿馬」等諸雜格，都屬此類沖出財官，合出財官，及夾拱出財官者。至於「沖合夾拱」邀財官的論法，是否合理可信，那就見仁見智了。

【382問】特殊格局的人都是大富大貴？

答：特別格局的八字結構，五行氣勢都偏於一方，氣聚不散，若行運又能順其強勢，適當引化，確實有有非凡際遇與傲人成就。古書記載特殊格局者都在朝為官，或掌兵權等，現今特殊格局者同樣在政界有成就，不少人也走入工商界，位高權重，也算是大富大貴。

但特殊格局者五行不全，缺點也很多，福份不能齊全。以專旺格為例，比劫及印星過於強旺，而食傷、財官過弱或全缺，因此，六親經常有所刑剋或緣薄，有些從弱格者身體帶病，災傷不斷。尤其特殊格局「吉運有限」，最怕「破格歲運」，常有破產、牢獄、刑剋等，甚至橫死、凶亡之不幸發生。

【383問】何謂「金神格」？

答：命入金神格者，剛毅果斷，威猛強烈，膽大好勝，多為武貴，倔強不屈服。入格條件為：1.甲日或己日，生於乙丑、己巳、癸酉三時辰。2.帶羊刃、七殺。3.歲運金弱喜扶助，金旺喜見火。4.喜入火鄉，忌水鄉。《三命通會》：「金神貴格，火地奇哉。有剛斷明敏之才，無刻剝欺瞞之意。」即說明金神格行運喜南方火運。

【384問】何謂「魁罡格」？

答：日柱為壬辰、庚戌、庚辰、戊戌者，逢此四日出生者入魁罡格。此格最好年月時柱也有魁罡星且身旺，才是真正的成格。「魁」與「罡」本是北斗星宿之名稱，

北斗星遙不可及，有「極端」之意思，因此魁罡格也常被說是「大好大壞」之命格。《三命通會》：「壬辰庚戌與庚辰，戊戌魁罡四座神，不見財官刑煞並，身行旺地貴夫倫。」表示魁罡格者為人聰明，果決武斷，行身旺運則能發大福氣。

【385問】八字帶魁罡不能吃牛肉？

答：民間有一種流傳已久的說法，就是八字帶魁罡不能吃牛肉，理由是魁罡是極為尊貴之神煞，吃了會破壞此星之貴氣，影響個人健康與運勢等。另一種說法是，魁罡神的前世是太上老君的坐騎青牛，因此命帶魁罡的人吃了牛就命格有破。若從五行生剋來論，魁罡壬辰、庚戌、庚辰、戊戌中，屬金的有庚戌與庚辰，這兩者更是剛強中的剛強。土生金，所以土為金之原神，辰戌丑未四土當中，戌未燥土不生金，辰為水庫，剩下丑為金之真正原神，丑生肖屬牛。

所以，魁罡不能吃牛肉真正的原因，應該是與「丑能生金」有關。因為丑土為金之原神，無論如何也不能吃掉原神，斷了生機之根源，影響運勢與貴氣。其實從「戒殺護生」的慈悲心來論，不論命中帶不帶魁罡，不論是牛或豬羊等，人人最好都能素食，吃素環保減碳來愛地球，蔬食生活並沒有想像中的困難，從明天就開始吃素吧！

【386問】何謂「井欄叉格」？

答：「井欄叉格」為貴格之一，入格條件日主天干

須爲庚，且必須出生在庚申、庚子、庚辰等三日，地支三合水局，卽以金屬當井之圍欄，所以叫「井欄叉格」。此格天干之庚金越多越好，最好是三個以上，取井欄穩固之意。《淵海子平》有井欄叉格之命例：八字庚子、庚辰、庚申、庚辰。入此格局的人一般都是富貴之人，井欄叉格是一個金水傷官的格局，因此宜男不宜女。

【387問】女命不宜何種格局？

答：女命不宜何種格局有傷官格、井欄叉格、偏印格、魁罡格等四種。1.傷官格：爲人聰明、個性樂觀、理想高遠，但傷官會剋制官星，婚姻不順，甚至離異。2.井欄叉格：此格其實也是傷官格的一種，思維活躍，秀氣動人，但如同其它傷官格般，讓丈夫招架不住，寧可選擇逃之夭夭，活命要緊。3.偏印格：此格心思細膩，理解力強，但偏印剋傷子星，子女易遭凶災橫禍。4.魁罡格：多聰慧，性情剛烈，有攻擊傾向，不利於婚姻。

【388問】何謂「六乙鼠貴格」？

答：「六乙鼠貴格」爲貴格，卽六陰乙木日生人，時辰是丙子時。乙木以子爲貴神之故。此格爲何能貴？《神峰通考》的說法是，乙日丙子時，用丙火邀合本祿巳，巳中庚金是乙木的官星，巳中戊土是乙木的財神，巳又能邀合申金爲乙木的官星，而申金又能邀合申子辰會貴局爲印，故「財官印」三寶，虛邀齊備。

八字命理古籍上類似這種奇格異局，如六陰朝陽格、

六壬趨艮格、六甲趨乾格、青龍伏形、白虎持勢、朱雀乘風、勾陳得位、玄武當權等，其能夠成格的道理，大概都是這種「虛邀財官印」的情形。

【389問】何謂「日祿歸時格」？

答：此格為吉，有七日：甲日丙寅時、丁日丙午時、戊日丁巳時、己日庚午時、庚日甲申時、壬日辛亥時、癸日壬子時等。日主之祿歸於時位，故名。祿代表人的「財富」、「身體」和「壽命」等，當八字無財時，祿神可當財看。時支乃晚年之位，祿在此位，表示晚年氣勢仍旺，生活過得富足。此格忌刑沖破害、空亡、死絕等，也不喜見官殺。

【390問】何謂「背祿逐馬格」？

答：「背祿逐馬格」命局滿盤傷官比劫，官死財被劫分，是個不吉的格局。其中「祿」是指正官，「馬」是指財星，所以「背祿」就是傷官，因為傷官的星性與正官完全背離之故，「逐馬」就是比劫，因為比劫把財爭奪分掉了。

《三命通會》：「背祿者，甲以辛為官為祿，甲生春夏，金絕則無官矣，故為背祿。逐馬者，甲以己土為財為馬，被乙及亥卯未劫奪，甲無財矣，故為逐馬。」內容主要就是在說，「命局多傷官比劫，官被剋財被劫」的道理。

【391問】何謂「勾陳得位格」？

答：「勾陳得位格」為貴格，指戊己土日主坐在財官之地，共有戊申、戊子、戊辰、戊寅、己亥、己卯、己未等七日生人屬於此格。除此之外，入格還有其它二條件。1.日元有根；2.忌傷官、劫財透干無制化，而剋傷財官；及刑沖破害財官而破格。《滴天髓闡微》有舉一官員命造：甲寅、丁卯、戊辰、己未。此命寅卯辰三會東方木，天干甲木透出作殺而不作官，身殺兩停，名利雙輝，仕至極品。

【392問】何謂「朱雀乘風格」？

答：此格為貴，入格條件有三，如下：1.丙申、丙子、丙辰、丁酉、丁丑、丁亥六日所生。2.日元有根。3.忌傷官、劫財透干無制化，而剋傷財官；及刑沖破害財官而破格。入此格者，主雄辯滔滔、禮儀非凡，富貴之命。《滴天髓闡微》所載某富豪命造：壬午、乙巳、丁丑、丙午。丁火生於孟夏，柱中劫旺逢梟，最喜丑中一點財星，深藏歸庫，喜中運三十載土金地，化劫生財，財富無數。

【393問】何謂「飛天祿馬格」？

答：「飛天祿馬格」在八字古書上說，是大富大貴的一種格局。出生日為庚子、壬子、辛亥、癸亥等四日，生於十月或十一月，四柱八字中不見財星和官星，就是「飛天祿馬格」。

飛天祿馬格主要是靠所謂「沖出」的力量。以庚子日

為例，庚在子月生，若八字「子」多，沖出午中丁火，丁火為庚日之官星。壬子日，壬以己土為官，若八字「子」多，沖午中己土，則壬日得官星，其喜忌與庚子日同。其它辛亥日、癸亥日，則要四柱「亥」多，沖出巳中丙、戊，則辛、癸得官星。

第十一篇 詳論生剋刑沖會合

【394問】八字五行生剋的規則為何？

答：八字五行生剋的規則，有人稱之為「生剋路線」，這種生剋路線可發生在命局本身，或大運、流年與命局間。主要內容如下：1.天干與天干可以直接產生「生剋沖合」等作用。2.地支與地支可以直接產生「生剋沖合刑害」等作用。3.四柱「本柱干支間」才能論生剋，「異柱干支間」無法生剋。4.大運、流年對命局發生作用，仍是天干對天干，地支對地支產生作用。

【395問】天干相生原則為何？

答：生的意思有：生扶養育、關愛照顧、後盾支持、出力協助等意思。天干相生原則如下：1.木生火：甲乙木生丙丁火；火生土：丙丁火生戊己土；土生金：戊己土生庚辛金；金生水：庚辛金生壬癸水；水生木：壬癸水生甲乙木。2.鄰干相生力大，隔干相生力小，遙干相生無力。3.同性之生，其生力大於異性。4.主生者減力，受生者增力。

【396問】天干相剋原則為何？

答：天干相剋原則如下：1.天干間相剋，可分別陽干與陰干兩種。陽干之剋，有甲剋戊、戊剋壬、壬剋丙、丙剋庚、庚剋甲等；陰干之剋，如乙剋己、己剋癸、癸剋丁、丁剋辛、辛剋乙等。2.兩干相剋，鄰干剋力大，隔干次之，遠干無力。3.吉神被剋為凶，凶神被剋為吉。4.兩干同性相剋為無情之剋，其力大於異性相剋之有情之剋。

5.兩干相剋均受傷，「主剋」者傷小，「受剋」者傷大。

【397問】天干相生剋表示何事象？

答：以六親中父子關係爲例來論。1.年干生合月干：兄弟孝順父親。其中年干合月干，父親偏愛長子。2.月干生合年干：兄弟主動孝敬父親。3.年干與月干相沖：兄長與父親不和。4.年干剋月干：父親對兄弟嚴格。5.月干剋年干：兄弟對父親不孝順。6.年干與月干比和：兄弟與父親關係正常。

【398問】除非有刑沖害等，地支間才能作用，對否？

答：不對。近年來有一種錯誤的說法在流傳，即所謂的「唯有出現刑沖合害」等關係後，地支之間才能發生作用，否則不論。以上是觀念是錯誤的，五行生剋制化，從來沒有這種理論。五行之間的關係以生剋爲主，生剋就是正五行如金剋木，木剋土的規則而已，天干地支一體適用，地支如寅卯木生巳午火，申酉金剋寅卯木等，生剋規則簡單明瞭。

【399問】地支生剋原則為何？

答：地支生剋原則如下：1.地支相生是「主生」者對「受生」者出力協助、生扶養育、支持關懷等。受生者增力，主生者本減力。2.申酉金生亥子水，亥子水生寅卯木，寅卯木生巳午火，巳午火生辰戌丑未土，辰戌丑未

生申酉金。3.地支相剋,是一地支對另一地支起剋制、約束、壓抑、打擊等作用,被剋者轉為衰敗、衰退,甚至失去作用。4.申酉金剋寅卯木、寅卯木剋辰戌丑未土、辰戌丑未土剋亥子水、亥子水剋巳午火、巳午火剋申酉金。地支之間除了「生剋」之外,還有「沖合會刑破害」等,共有八種關係。

【400問】地支相剋的「主剋」與「受剋」為何?

答:「地支相剋」可分成「主剋」與「被剋」,如巳火剋酉金,巳火稱之為「主剋」,酉金稱之為「受剋」。主剋者制約受剋者,自身力量被消耗,受損害相對較小。受剋者被受制,力量被減弱,受損較大。有時受剋者得令,受剋者雖敗盡無餘,主剋者雖勝亦受重傷,所謂「兩敗俱傷」是也。

【401問】三刑涵義為何?

答:「刑」本義為「彼此妨害」、「相互折磨」、「內心痛苦」,主凶。另刑也主傷病災,還有牢役之災等,凡八字帶刑者,要遵紀守法,處事小心為佳,否則容易犯法受刑。另外,命中帶刑,骨肉相戕,並損六親,不得不慎。但八字命理主要以生剋沖合為重,三刑為輕。所以命局帶刑者也不必慌張,只要謹慎修德,一切無礙。

【402問】三刑產生的原理為何？

答：「刑」是由「刑罰」、「刑傷」引申出來的一種傷害概念。三刑由來，根據《陰符經》記載，三刑的理論生於三合。《陰符經》曰：「恩生於害，害生於恩；三刑生於三合，亦如六害生於六合之義。如申子辰三合，加寅卯辰三位，則申刑寅，子刑卯，辰見辰自刑。」三刑往往是長期性的內心折磨，因此八字命局或歲運仍應注意刑的出現。

三刑有三刑、互刑、與自刑三種。如下表：

三刑	有兩組，寅巳申三刑、戌丑未三刑。內心糾結，總是猜疑，自我折磨，過於自信。
互刑	子刑卯，卯刑子。脾氣不好，屢勸不聽。
自刑	辰刑辰，午刑午，酉刑酉，亥刑亥。自尋煩惱，缺乏主見，病傷災等。

【403問】八字寧可帶沖也不要帶刑？

答：這種認知當然不對，沖要比刑嚴重多了。說這句話主要是針對「三刑的時間」說的，因為本命若帶三刑，即四柱中有三柱都受影響，影響的時間可能長達五六十年，因此有人才認為寧可帶沖。

刑之本義為「處罰罪犯」，在八字命理中的刑，偏重於「六親人際」間的彼此互相傾軋，毀謗排擠，造成心裡上的鬱悶，怨恨一點一點的累積成疾。八字帶刑者，彷彿

帶著手銬腳鐐，終生背負著怨念，自己在懲罰自己。雖然如此，但刑與沖相比，對命局及實際人生的傷害要輕微多了。

【404問】辰午酉亥四字全，是自刑嗎？

答：不是。自刑是指辰辰、午午、酉酉、亥亥等。《三命通會》：「辰午酉亥四字全，而得吉神壓之，當爲貴爲權，最嫌者，辰見辰，午見午，酉見酉，亥見亥。若更有惡殺相並，最爲不良。」這段文字說明得很清楚，八字辰午酉亥四字全，不但不是自刑，還有可能有權勢與官貴。

【405問】如何解釋「三刑怕金，自刑怕火」？

答：此句出自《五行精紀》：「三刑怕金，自刑怕火。」1.先論寅巳申三刑怕金。金多的結果與寅木相戰激烈，金多與巳火相剋嚴重。容易造成手足損傷。2.再論戌丑未三刑怕金。所謂「金多土變」，金多的結果讓戌丑未土變虛，命局整個轉弱。3.最後論辰午酉亥怕火。酉亥遇火沖激嚴重；辰爲水庫，遇火也是交戰。總之，三刑遇金，自刑遇火，都加大了刑沖的力度，或使命主轉弱，造成更大的傷害。

【406問】何謂「天干相沖」？

答：「天干相沖」有四：庚甲相沖、辛乙相沖、壬

丙相沖、癸丁相沖。天干相沖與方位有關，即東西、南北對沖，而且是陽沖陽，陰沖陰。戊己土居中央無沖。天干爲外，主「外顯表現」與「外在環境」，沖爲「又急又快」，「變化多端」。

故天干相沖反應在事象上，爲個人的言行舉止，外在表現等改變，而且這種改變極爲快速。或指身處外在的社會政治及經濟環境，急速的變化中。天干相沖也代表天干四個宮位的身體、人事等，相沖的結果會產生變化、受損、不穩等之象。若在疾病上論，則庚甲沖顏面有損，辛乙沖四肢有傷，壬丙沖心腎不交，癸丁沖心臟無力等之疾。

【407問】何謂「地支相沖」？

答：「地支相沖」有六：子午沖、卯酉沖、寅申衝、巳亥沖、辰戌沖、丑未沖。地支相沖的與天干相沖原理上是相同的，以方位而言；寅卯辰在東方，巳午未在南方，申酉戌在西方，亥子丑在北方，東西方位與南北方位因相對而相沖，加上五行性質不同，因此發生相互沖剋的現象。總之，地支相沖是地支之間「五行和方位的對立」所引發，因地支有藏干，比起天干相沖更爲多樣且複雜。

沖主「沖動」、「反覆」、「不安」、「對立」、「頂撞」等衝突形式。爲互相打擊，互不相容的意思。沖主散，主變，八字逢沖的結果，人生會有重大轉變，如「離鄉」、「分手」、「離婚」、「離職」等。八字原局出現了相沖，一般都是指不好的影響，但也有例外，如沖

去凶神則喜，另外辰戌丑未有人認爲墓庫喜逢沖，沖者發也；但也有持反對意見者。沖因四柱之間的距離，而有「鄰支相沖」、「隔支相沖」和「遙支相沖」等三種。其中緊貼者沖力最大，隔支者沖力較小，遙沖者無力。

【408問】何謂「主沖」與「被沖」？

答：沖可分爲「主沖」與「被沖」兩種。何謂「主沖」？一般以旺者爲主沖，弱者爲被沖。當兩支旺衰相當時，則看「生剋」，如子午沖，若子午間旺衰明顯，則以旺者爲主沖，但若旺衰幾乎一樣，因子水剋午火，則以子爲「主沖」而午爲「被沖」。「主沖」也包括大運與流年、流月等，而命局四柱視爲「被沖」。

【409問】「沖帶剋」與「沖不剋」，如何區分？

答：酉沖剋卯，子沖剋午，申沖剋寅，亥沖剋巳。以上四者，又沖又剋，稱之爲「沖帶剋」。六沖剩下的二個：丑未沖、辰戌沖，則爲「沖不剋」。另外，卯沖酉，午沖子，寅沖申，也屬則「沖不剋。」凡酉沖剋卯，子沖剋午，申沖剋寅，亥沖剋巳，卽爲又沖又剋，故主凶災嚴重。但若如卯沖酉，午沖子，寅沖申，只沖不剋，則只是反反復復，動盪不已，而沒有大的凶災發生。丑未沖、辰戌沖爲土沖，土越沖越旺，以命局對土的喜忌而論吉凶。

【410問】地支六沖會發生何種事象？

答：四柱地支間的沖，發生何種事象如下表：

年月支沖	棄祖離宗。與祖上父母緣分薄弱，得不到遺產。宜離鄉背井才能發展。少年運不利，學業受阻。年柱爲祖先宮、祖居地，少年運）
月日支沖	手足不和，婆媳不和，婚姻不順，他鄉立業。青年時期奔波勞累，女命丈夫與娘家少往來。易有宿疾。（月柱爲父母兄弟宮，青年運。日支爲妻宮，中年運。）
日時支沖	與子女不和，或子女遠走高飛。中晚年容易因孩子問題引起家庭變故。中晚年破財，家事不寧。（時柱爲子女宮，晚年運）
年日支沖	不受祖蔭，宜它鄉發展。婆媳不和。少年時期有災難。
月時支沖	孩子盡可能不給父母長輩帶，否則常生病。女命嫁後公婆不管孩子。
年時支沖	祖不認孫，孫不認祖，後代不願回鄉。若留鄉易敗祖業，或因健康及家庭問題而破敗。

【411問】寅申沖金沖剋木，一定是寅敗申勝嗎？

答：不一定。《滴天髓》：「旺神沖衰衰神拔，衰神

沖旺旺神發。」，意思是說強旺的地支來沖衰弱的地支，當然衰者被拔除，但若衰弱者不自量力來沖強旺者，則旺者不但無傷，還越沖越旺。寅月弱申來沖，通常寅不會退敗，其它如弱水沖旺火，而火愈見其旺者，也是相同的道理。

【412問】巳亥沖會發生何種事象？

答：巳亥沖是四生之沖，如同寅申沖，是一種驛馬沖。驛馬主「工作」、「事業」、「移居」、「奔波」等，沖則變動。換言之，八字巳亥沖，居所多搬動，求學多中斷，家道多中衰，親人多別離。

另外，巳亥沖是水火交戰，巳亥沖，巳中有庚丙戊，亥中有甲壬，也有庚金甲木交戰，壬水剋伐丙火之象。故在身體方面，容易出現心臟、血液、泌尿系統，及大腸、牙齒、筋骨方面等疾病。

【413問】子午沖會發生何種事象？

答：八字子午相沖，為四正之沖，主沖為子水，水火不容，水剋火火受傷。午火主心臟、血液及眼睛等，容易有這方面的疾病與傷災，如心臟病、高血壓、貧血等。另一方面它還應驗一生不安，為生活東奔西走，很不穩定。子午桃花沖，情緒不穩定，脾氣不好，個性極端，感情上易有糾紛，及無事招惹是非等。

【414問】辰戌沖會發生何種事象？

答：八字辰戌相沖，爲四墓之沖，表面上爲同類土相沖，越沖土越旺。但辰爲水庫，戌爲火庫，也是水火交戰之一種，讓辰戌兩庫中餘氣全都被消滅。倘若雜氣財官在天干上透出，而地支發生辰戌沖，這一沖就會就沖掉了財官的根，功名富貴都泡湯了。辰戌土沖，土主腸胃、皮膚，宜防腸胃病或者皮膚病，甚至是癌症。另外，戌爲天羅，辰爲地網，主暗昧不明，如人陷在羅網中，也要防牢獄之災。

【415問】合好，沖不好，對嗎？

答：不一定。有時沖反而好，如沖去忌神；合反而不好，如合住喜神。《御定子平》：「合有宜不宜，沖亦有忌不忌。大抵忌神宜合，喜神不宜合；有故宜合，無故總不宜合。喜神嫌沖，忌神更嫌沖；有故又宜沖，無故總不宜沖。」

內容主要意思是說，1.合：相合要分適宜或不適宜，同樣的相沖也分忌或不忌。一般來說，忌神最好能被合住，但喜神則不宜被合。總之，忌神或有問題的干支，最好能被合住，喜用或沒問題的干支，都不宜被合。2.沖：喜用神不宜被沖，有時忌神也不宜沖。總之，有問題的干支，最好能被沖去，喜用則不宜被沖。

【416問】有故就適宜合，何謂「有故」？

答：明代皇家祕本《命理微言》：「有故者，或用神陷空亡，合則釣起；或地支相刑沖，合則分解；或凶神犯主，合則避；又或閒神混雜，合則清；或吉神有礙，合則藏；或忌神相爭，合則息；或因合而成格，或會合而成局。若此者，正喜其合也。」

何謂「有故」？「故」者，某種原因也。《命理微言》有詳細說明，八字命局中有七種情況最好能合，如下：1.用神空亡：合可以解空。2.地支刑沖：合可解刑沖。3.凶神犯主：如官殺剋日主，合住官殺，使之不犯。4閒神：合去閒神，使命局歸清。5.吉神有礙：吉神不吉，合之使之不作用。6.忌神：合住忌神，使之不作用。7.合成格局：合之使成格成局。以上七種情形，最好能合。

【417問】寅申巳亥俱全，好嗎？

答：坊間傳說寅申巳亥俱全是好命，《三命通會》：「若寅申巳亥全，子午卯酉全，反成大格，不以衝擊論。」。所謂「好命」除了五行流通之外，命局互不刑沖，互不爭戰，用神團結有力等也是。地支寅申巳亥全，形成寅申相沖，巳亥相沖的可能性很高。除此之外，寅申巳三者為循環三刑，既刑又沖，絕不是個好八字。令外，可以確定的是四馬齊全，一生一定是奔波操勞。結論：坊間傳說不對，《三命通會》的說法也是錯誤的。

【418問】如何正確看待「合與沖」？

答：五行「相合與相沖」在八字命理學中上，是一個中性詞，也就是說它們是「非吉非凶」的，或稱之「吉凶未定」。四柱八字是以命主、日主等為中心，凡「有益」于日主的生剋沖合等都為吉，凡「有害」于日主的生剋沖合都為凶。生合之所以不等同於吉，沖剋之所以不等同於凶，主要原因是生剋沖合等，只是五行之間的一種相互作用關係而已，而不是吉凶的定性。

【419問】何謂「三支沖一支」？

答：「三支沖一支」簡稱「三沖一，」是指大運、流年與四柱構成相同的三個地支，去沖四柱某一支，導致發生了嚴重災厄，甚至死亡。如三申沖寅，木既遭沖又遭剋，若四柱水衰弱，無法通關，大凶。若大運、流年，命局組成「一支沖三支」，如三寅沖申的情形，則為所謂「犯旺」，也恐有意外之災。

【420問】相沖一定是兩敗俱傷？

答：《滴天髓闡微》：「旺者沖衰衰者拔，衰神沖旺旺神發。」意思是說八字中，旺相的地支去沖衰弱的地支，衰者不堪沖擊，故被拔去；但如果顛倒過來，衰弱的地支去沖旺相的地支，則旺者不但沒有被拔去，反而越沖越旺。

所以論相沖不能以「兩敗俱傷」就簡單做結論。《滴天髓闡微》這段話，透過了「主沖」和「被沖」，及「吉

凶」和「衰旺」等概念，更能清楚與明白其中的道理。當
凶神為旺而吉神為衰，則吉神被沖散為凶；當凶神為衰而
吉神為旺時，則吉神反而被沖發變更旺而為吉。

【421問】「沖去忌神」與「沖去用神」的不同結果如何？

答：《三命通會》：「如禍聚之地，有他位來沖，謂
之破禍成福。如福聚之地，逢他位來沖，則破福成禍。」
這句話就是在說「沖去忌神則吉，沖去用神則凶」的概
念。例如日干壬水弱，月透辛金為用生之，但年丁火剋
辛，且丁以地支午為根，午即為「禍聚之地」，若幸有它
地支去沖午，斷了禍根，就能「破禍成福」。但如果是用
神之根被沖去，則就變成「破福成禍」了。

【422問】相沖有吉有凶，關鍵在何處？

答：《玉井奧訣》：「相沖法，吉象宜來沖我，凶象
我欲沖他。」相沖有吉有凶，吉凶關鍵在於是「用神被沖
去」還是「忌神被沖去」。《玉井奧訣》這段話中的「吉
象」其實就是「喜用神」去沖忌神之象，「凶象」其實就
是「忌神」沖去用神之象。換言之，最好的結果是，命局
中本來就有喜用神來沖去忌神，或是歲運中的喜用神，來
沖去命局中的忌神。

【423問】財官墓庫逢沖就一定會發嗎？

答：墓庫是否喜逢沖，是歷年來八字命理爭論最多

的問題之一。「財官入庫不沖不發」的說法，不少人把它視爲金科玉律，深信不已。《子平眞詮》書中有一節「論墓庫刑沖之說」，提出了他自己的看法。《子平眞詮》：「然亦有逢沖而發者，何也？如官最忌沖，而癸生辰月，透戊爲官，與戌相沖，不見破格，四庫喜沖，不爲不足。卻不知子午卯酉之類，二者相仇，乃沖剋之沖，而四墓土自爲沖，乃沖動之沖，非沖剋之沖也。然既以土爲官，何害於事乎？」

　　以上說明官入庫逢沖而發是有條件的，1.官星要透干：日干癸水癸生辰月，透戊爲官，辰與戌相沖，謂之「沖動」，卽官貴因沖而被引動出來。2.官須爲本氣：當官爲土本氣逢沖時，才能因朋沖而官貴越沖越旺，若爲中餘氣逢沖，官氣早就破損殆盡了。3.日主當身強：身強才能任財官，官逢沖而發且爲我所用，才有意義。否則所謂的「發」，就變成「發凶」或「發禍」了。

【424問】何謂「天干相合」？

　　答：「天干相合」又叫「天干五合」，卽甲己合、乙庚合、丙辛合、丁壬合、戊癸合等共五種合。天干五合在一定的條件下，可以兩者合一變成另一個五行，稱之爲「合化」。只要合化成功，卽可以合去原五行，也可稱之「合去」。天干五合可分成兩種1.合而能化：稱之「合化成功」，簡稱「化成」。卽甲己合化土、乙庚合化金、丙辛合化水、丁壬合化木、戊癸合化火等共五種合化。2.合而不化：合化條件不足，只有相合，沒有化成的結果，稱

之為「合絆」，兩個五行相互牽扯而都有所減力。

【425問】天干合化成功的條件有哪些？

答：有三大條件：1.兩干要鄰位緊貼：遙合不化，遙合者為有合之情，而無合之實。2.月提有引則化，中餘氣亦可。3.化神與月提本氣不違逆：寅月甲己合化土，寅中藏甲丙戊，化土本可得到月支餘氣戊土生扶。但月提主氣為木，木剋土，化神土被月提寅主氣剋，不能成化。

【426問】何謂「爭合妒合」？

答：《子平真詮》：「爭合妒合之說，何也？如兩辛合丙，兩丁合壬之類，一夫不娶二妻，一女不配二夫，所以有爭合妒合之說。然到底終有合意，但情不專耳。若以兩合一而隔位，則全無爭妒。」從以上所述可以知道，凡是具有爭合妒合的命造，無論男女皆用情不專，容易有感情紛爭，引發家庭風波。

【427問】「生合」與「剋合」，吉凶如何分辨？

答：《五行精紀》：「其相生合者，為吉，更有福神與之往來，其福愈厚，若以相剋合則為凶，更有惡殺遇之相合，則多橫逆。」這裡所說的「相生合」簡稱「生合」，包括辰酉合、寅亥合、午未合等三種。「相剋合」簡稱「剋合」，包括子丑合、卯戌合、巳申合等三種。「剋合」表示吉中有凶，情中有怨。「生合」比「剋合」

合力更大，合得更加牢固，「生合」也比「剋合」更容易合化成功。

【428問】何謂「地支六合」？

答：「地支相合」有六合與三合。相合有「互相和好」，「同心凝聚」之意，一般論吉。六合重點如下：1.六合有六組，即子丑合土、寅亥合木、卯戌合火、辰酉合金、巳申合水、午未合土。2.地支六合必須鄰位緊貼，才可論合論化。3.六合合化之神，若為命中所喜則吉，若為命中所忌則凶。4.若位置適當，六合可解六沖，如寅亥合，解寅申之沖。

【429問】何謂「地支三合」？

答：「地支三合」有四組，即申子辰合水局，亥卯未合木局，寅午戌合火局，巳酉丑合金局等四組。三合重點如下：1.三合若只兩字且含軸心子午卯酉，則稱之為「半三合」，如申子、子辰、寅午、午戌等。2.三合之力小於三會，大於六合。3.三合局之五行，若為命中所喜則吉，若為命中所忌則凶。4.三合若夾一沖字，沖者緊鄰則為破局，不論三合局；若隔則為損局，仍論三合局，但損力。

【430問】地支六合化成功的條件有哪些？

答：地支六合化成功有三大條件：1.兩支要鄰位緊貼：原局內的六合兩地支必須緊鄰，遙合不能化。2.四柱

天干有化神引化，任何天干位置皆可。3.化神與月提主氣不相違逆。即月提爲木，不化土；月提爲金，不化木等。若合而不化，則雙方都被羈絆住，只能發揮部分作用。

【431問】何謂「半三合」？

答：三合局只有二字，但必須含軸心子午卯酉，亦可成「半三合」。半三合兩支，只要有化神引化即可成化，便可成局。以亥卯未三合木局爲例，「亥卯」或「卯未」都能成「半三合」，但天干要見化神甲或乙，才能合化，否則就是合而不化。另外，只有半三合，沒有半三會，原因是氣不全無法成會。

【432問】何謂「合入」與「合出」？

答：以午未合爲例，若是財星從大運午或流年午，合入本命未，則稱之爲「合入」，即合財入命，財爲我所得之意。若是財星從本命未，被歲運午合出來，則稱之爲「合出」，有財流出之意。當財從歲運合入時，還須注意合入何支，通常，合入年月爲長輩所得，日時才爲自己所得。

【433問】何謂「順合」與「逆合」？

答：「順合」與「逆合」的分法，出自於《玉照神應眞經》：「子來合丑，宮觀閒人。」如八字中的月日兩柱：辛丑月，丙子日，子入丑中，因爲子爲「華麗之宮」，丑爲「雲遊之人」，子合丑爲順，丑合子爲逆，故

此人不爲官員，也不爲農商，故稱之爲「雲遊四海之閑人」。在這裡我們看到，合分「順合」，如子合丑；與「逆合」，如丑合子。但這種順逆合的分別，在其它古代八字典籍中，並未多見。

【434問】何謂「合絆」？

答：有人說合而不化叫合絆，其實，所有的合會，無論五合、六合、半三合、三合、半會、三會等，地支互相作用時，會形成的一種互相牽制的力，此力阻止雙方分開，雙方就像被綁住一樣，都可稱之爲「合絆」。

原則上，合絆喜神凶，合絆忌神吉。當歲運對原局喜忌干支，產生合絆時，通常都是吉凶之應期。《千里命稿》：「乙庚化金於秋月，所畏丙火之破金，幸年干辛金合絆，丙火害而不害，此因合而轉敗爲成也。」此命例爲合絆住忌神，使之不能爲害。

【435問】會合可解刑沖嗎？

答：原則上可以。會合能否解刑沖，主要條件要看雙方力量的大小而定，若三會、三合的力量大過三刑、六沖的力量，則可解，否則就不可解。若區分會合刑沖等力量大小，可以依序從大到小排列如下：三會、三合、三刑全、六合、六沖、半三合、互刑、自刑等。結論：會合可解刑沖。

【436問】有「會合而無法解刑沖」的情形嗎?

答:有的。《子平眞詮》:「又有刑沖而會合不能解者,何也?假如子年午月,日坐丑位,丑與子合,可以解沖,而時逢巳酉,則丑與巳酉會,而子復沖午。」《子平眞詮》所舉並非完整的一個八字命例,地支有子午丑巳或酉,原局年月子午沖,但因日支丑,子丑合,解子午之沖。但若歲運走巳或酉,則成巳酉丑三合,丑一旦被合,則子恢復自由身,又與午起六沖了。以上有一處值得討論,卽隔位還可論沖合嗎?

【437問】隔位還可論沖合?

答:不行。現有能找到的八字命理古籍命例共有七例,隔位是都不論沖合的,因爲距離的關係,沖合的力量太小了,可以忽略不計。1.命例一。《千里命稿》:「庚申、乙酉、乙卯、丁丑。地支卯酉沖,酉丑隔位而不合。」2.命例二。《攔江網》:「癸未、辛酉、甲申、丙寅。光緒九年九月初七日寅時。劉鎭華命:丙辛隔位不合,癸不傷丙,貴爲主席。」3.命例三。《窮通寶鑒》:「辛亥、庚寅、丙子、丁酉。狀元。按此造財旺生煞,劫印並用,妙在丙辛隔位不合,運至丁亥、丙戌、宜其貴矣。」

4.命例四。《造化元鑰》:「丁火不離甲木,因其本性衰竭也,生於五月,火旺秉令,不發輕用甲木,壬水隔位不合,則官星之用顯。」5.命例五。《造化元鑰》:

「癸卯、乙卯、己巳、庚午。庚金隔位，乙難合庚，群邪自伏，撫院。按乙庚隔位不合，反能相制以成格。」6.命例六。《攔江網》：「甲子、丁卯、己亥、戊辰。同治三年二月二十八日辰時。楊增新命，戊土出干，專用甲木疏土，甲己隔位不合。」7.命例七。《窮通寶鑑》：「乙亥、乙酉、己卯、庚午。光緒元年八月十五日午時。李純命，亥卯會局，兩乙出干，眾煞倡狂，庚金隔位不合。」

【438問】如何分辨「未午合」與「午未合」的吉凶？

答：「未午合」與「午未合」的分別，出自於《玉照神應眞經》：「未午合分得失，未吉午凶」，意思是說當年柱地支爲未，日時柱地支中有午時，未土受午火之生吉。反之，當年柱地支爲午，日時柱地支中有未時，午火生未土，火氣泄漏，故爲凶兆。《玉照神應眞經》以年柱爲本，與今法不同，當年柱干支被剋泄耗，五行力量轉爲衰弱時，則以凶推論。

【439問】「半三合」與「六沖」的力量，何者為大？

答：《造化元鑰》：「子辰會局，解沖刃之凶」。《造化元鑰》中的一個命例，同治六年五月廿四日辰時生，爲兩廣總督，八字如下：丁卯、丙午、丙子、壬辰。此命造丙火生午月，仲夏火勢炎烈，身旺以枯燥爲病，故喜有旺水以濟之。運行北方煞地，故貴爲兩廣總督。

關於此例《造化元鑰》說了這麼一句：「子辰會局，解沖刃之凶。」意思是原命局子午沖，因子辰半三合而解。或許有人認為半三合的力量不是小於六沖嗎，其實會合刑沖的排序，也只是參考用而已，並非不變之法則，因為八字古籍並沒有討論到這一塊。

【440問】可以「借生化剋，借合解沖」嗎？

答：可以的。《命理探源》：「藉生化剋，藉合解沖凶。」原書寫成：「籍生化剋，籍合解沖凶。」網路上所能查到的版本也都是如此寫，其實都是錯誤的。「籍」本義為「書冊」，如：書籍；或「登記以備查考用的名冊」。如：戶籍；或「個人對國家、團體等的歸屬關係」。如：國籍。至於「藉」字本義為「憑藉」、「假借」等，因此因改成「藉生化剋，藉合解沖凶。」才是對的，也就是說在八字命理五行生剋沖合中，可以借著「生扶」來解除「剋制」，借著「相合」來解除「相沖」。

【441問】同柱干支組合共有幾種？

答：十天干配十二地支共六十種組合，這些組合都是陽干配陽支，陰干配陰支。由於上下干支間的不同五行，故產生了生剋關係，造成了干與支間的互相影響，互相制約。同柱干支是四柱八字中距離最近的一種組合，產生生剋的力最直接也最大。組合共有五種，如下：1.干剋支：又稱「蓋頭」。2.支剋干：又稱「截腳」。3.干生支。4.支

生干。5.干支比和。

【442問】何謂「蓋頭」？

答：同柱干支，「干剋支」為「蓋頭」。蓋頭對地支而言，因受剋而無力，天干也因主剋而減力。以乙未為例，天干就好比一個蓋子，蓋在地支上，使其無法發揮力量，稱為「未土被乙木蓋頭」，若乙未在時柱，也可稱「時支被時干蓋頭」。蓋頭的干支共有十二組如下：甲辰、甲戌、乙丑、乙未、丙申、丁酉、戊子、己亥、庚寅、辛卯、壬午、癸巳等。

蓋頭或截腳對於八字命局，及歲運的影響都很大，基本上它是一種「五行氣流不流通」的現象，也是一種阻礙之象。命局有蓋頭或截腳者，一生多阻礙挫折，事情反覆顛倒，身體方面也多有毛病。命中犯蓋頭者，做事經常是一開始就被阻礙，而犯截腳者，往往是做到一半就被絆倒。

【443問】何謂「截腳」？

答：同柱干支，「支剋干」為「截腳」。截腳對天干而言，因受剋而無力，地支也因主剋而減力。以甲申為例，地支就好比一把刀子，砍了天干的腳，使其走不遠，無法發揮正常的力量，稱為「甲木被申金截腳」，若甲申在月柱，也可稱「月干被月支截腳」。截腳的干支共有十二組如下：甲申、乙酉、丙子、丁亥、戊寅、己卯、庚午、辛巳、壬辰、癸丑、癸未、壬戌等。

截腳對於大運的影響，例如原局以木爲喜用，大運逢甲申、乙酉，甲乙木透大運干，似乎是好運，但木截腳，絕於申酉，也稱之「不載」，故甲乙之運不吉。如原局天干又透庚辛，或流年遇庚辛，回剋甲乙木，十年皆凶。如原局天干透壬癸，或流年逢壬癸，能洩金生木，則無凶矣。故大運「逢吉不吉，逢凶不凶」者，經常都是蓋頭截腳的緣故。

【444問】何謂「干生支」？

答：同柱干支，「干生支」共有十二組如下：甲午、乙巳、丙戌、丙辰、丁未、丁丑、戊申、己酉、庚子、辛亥、壬寅、癸卯等。天干生地支結果爲天干洩氣減力，地支受益增力。若單以日柱來論，干支相生表示夫妻關係恩愛，情緣深厚。因爲日干爲命主本人，日支爲配偶，干生支爲日主對配偶很好。但是，在十二組中地支爲天干傷官的，有四組：甲午、乙巳、庚子、辛亥等，因爲日支坐傷官，男女婚姻都易有波折，宜用心經營。

【445問】何謂「支生干」？

答：同柱干支，「支生干」共有十二組如下：甲子、乙亥、丙寅、丁卯、戊午、己巳、庚辰、庚戌、辛丑、辛未、壬申、癸酉等。地支生天干結果爲天干受益增力，地支洩氣減力。從天干的來看，地支是天干的印星，是貴人與保護神。若以日柱來論，日干代表命主本人，日支代表其內心，支生干表示此人心裡想的，臉上表情和具體行動

上就會反應出來，表裡如一，內外一致，是個比較實在的
人。

【446問】何謂「干支比和」？

答：同柱干支「干支比合」又叫「自坐本氣通根」，
指的是天干與地支本氣藏干五行屬性相同。此種組合共有
十二組如下：甲寅、乙卯、丙午、丁巳、戊辰、戊戌、
己未、己丑、庚申、辛酉、壬子、癸亥。日柱是干支比和
者，日主自坐強根，力量很大，氣機十足，主觀性與攻擊
性都很強，擇善固執，表裡如一。如果坐支爲喜用，事業
成功的機會很大，但注定一生操勞。

【447問】《神峰通考》的「蓋頭說」在說什麼？

答：《神峰通考》「蓋頭說」：「八字中上四個字是
頭也，下地支四字是肚腹四肢也。支中所藏之物，是五藏
六腑也，如肚腹秀氣，發出在面頭上來，便是英發華出外
來，一生富貴貧賤，只從頭面上見得。如八字畏傷官，這
傷官藏在內，尚不足畏，如天下透此傷官，便是頭面上已
見了，怎能掩飾？凡有所害之物，露出頭面，便是動物，
就能作害。凡行運如原八字是乙日干，用丙丁火爲傷官，
乙日干傷重者，便以庚金官星爲病，若八字上見了庚金，
便要丙丁爲疾病之神。如早年行壬申癸酉運，便不是好
運。蓋因壬癸水蓋在申酉頭上，是壬癸水蓋了頭，便不好
也。後行甲戌乙亥運，便好了，是甲乙木蓋了頭也。」

　　《神峰通考》的「蓋頭說」內容很多，主要是在強調「透干」的重要性，所以說「一生富貴貧賤，只從頭面上見得。」天干主動，命局中的五行只有透出天干時，才可對日主及其它干有合的作用。月時干緊鄰日主，直接對日主作用，直接影響著日主的旺衰。地支雖然對命局五行也產生影響，但沒有天干的直接和力量大，所以八字命理才說地支主靜，待時而用。

【448問】何謂「地支不載」？

　　答：「地支不載」是「地支不載天干」的意思，「載」本義爲「乘坐」、「承受」。天干與地支本來是要「天覆地載」，即天干之氣要下降，而地支之氣要上升；以地升天降，互動生機，達到有情有力。或者說「天干在地支有根，地支藏干能透干」，如此才能生化有情，如果恰好相反，就是無情不吉。

　　「截腳」就是地支不載的一種情形，其它還有「不通根」，「地支無生天干之物」，「地支與天干無生化」，或「天干反剋地支」等情形，都是在說地支不載。總之天干不顧地支，或地支不顧天干，皆爲不載也。故《滴天髓闡微》說：「地支不載者，地支與天干無生化也。非特四甲四乙而遇申酉寅卯爲不載，即全受剋於地支，或反剋地支，或天干不顧地支，或地支不顧天干，皆爲不載也。」

【449問】何謂「凶物深藏，成養虎之患」？

答：此句話出自於《滴天髓闡微》：「吉神太露，起爭奪之風；凶物深藏，成養虎之患。」意思是說吉神透干，因為天干之氣專一，容易被劫奪之緣故，吉神宜「深藏在地支」方可論吉。但若凶物深藏在地支，反而成為將來的大災難，因為地支之氣較為駁雜，難於制化的緣故。彷彿家中內賊一般，難以防患。故凶物反而最好能透出天干，如此才容易制化也。總之，以吉神深藏，終身之福；凶物深藏，始終為禍。

【450問】「天干間沖剋」與「地支間沖剋」，何者嚴重？

答：《滴天髓闡微》：「天戰猶自可，地戰急如火。」意思是一個八字天干之間有沖剋，地支間很安靜，這還沒多大關係；但如果是天干間很安靜，地支間卻沖剋嚴重，則情況緊急有如火在焚燒一般。

這句話主要是在強調天干與地支，兩者之間的區別。天干「宜動不宜靜」，動才有用，天干輕浮流動有如枝葉在上面搖動，這種動無礙。地支卻是「宜靜不宜動」，靜才有用，地支重濁下凝，有如根莖在下面穩固，動則本搖根拔，情況危急。

【451問】天干弱靠地支生扶，若地支逢沖會如何？

答：《滴天髓闡微》：「地生天者，天衰怕沖。」意思是命局中某五行的天干之氣微弱，僅賴坐支來生扶，如丙寅、戊寅、丁酉、壬申、癸卯、己酉，甲子、乙亥、丙寅、丁卯、己巳等。其坐支就不宜被沖，因為天干自坐長生或者印綬，若如果沒有其它幫扶者，坐支一旦逢沖就會動搖根本，為禍嚴重。

天干衰弱，地支可以生助扶持，如果地支出現沖剋，天干之根基被毀，天干就無法發揮作用，且生機滅絕，為禍最重。總之，日主旺相者喜沖，休囚者怕沖，歲運沖原局也可作如此來理解。

第十二篇

詳論大運

【452問】何謂「大運」？

答：如果說八字是「命」，大運則是「運」，即八字和大運共同決定一個人的「命運」。每十年一大運，大運是月柱的延伸，根據年柱陰陽不同，男女不同採「陽順陰逆」的原則進行排列。大運名稱以天干十神來稱呼，天干是偏印，稱作「行偏印運」，天干是正官，則稱作「行正官運」。或以干支來稱呼，如「行甲戌運」，原則上天干管前五年，稱之「行甲運」；地支管後五年，稱之「行戌運」。

【453問】如何起大運？

答：大運是以十年為一期，來推斷一個人這十年間運勢的吉凶禍福。起大運的方法如下：先看年柱的天干來確定出生這一年的陰陽，由陰陽來決定大運的順逆排。年干陽的男命與陰的女命，大運皆「順排」；年干陰的男命與陽的女命，大運皆「逆排」。在確定了順排還是逆排後，再以月柱的干支順數，排出大運的干支。

至於「幾歲起運」的問題，方法如下：陽男陰女從出生日那天，順數到下一個節氣的天數；陰男陽女從出生那天，逆數到上一個節氣的天數。天數以「三天折合一歲」計算，即除以三，等於多少就是幾歲起運，餘下的天數以「一天折合四個月」來計算。

【454問】起運早就比較好命嗎？

答：十年大運，每個人起運的時間不同，有人一歲

起運，稱之爲「起運早」，有人十歲起運，稱之爲「起運晚」。起運早就是大運對本命的影響比較早，起運晚就是大運對本命的影響晚。

起運早就好命嗎？當然不是，起運早晚無關命局好壞。命要好，關鍵要看八字格局高，中和純粹，用神有力，忌神受制，五行流通，寒暖燥濕適中，生剋制化得宜等。

【455問】大運有何重要性？

答：《滴天髓闡微》：「富貴雖定於格局，窮通全在運限，所謂「『命好不如運好』？信然也。」意思是說八字格局的高低如富貴貧賤，壽夭榮枯等，是與生俱來的，不可更改的，但這些先天訊息只有通過歲運才能實現。一個有官貴的八字，沒走在適當的運歲也不可能爲官，只要走到官旺之吉運，自然會升官。

八字命局是固定的、靜態的；大運則是流動的、動態的。大運的加入，使原本的命局起了變化，產生新的平衡點，甚至用神喜忌也跟著改變，這正是世事無常，人生多變的原因。

【456問】大運與八字有何關係？

答：《神峰通考》：「大運者，八字之表裡也。」表裡即內外的意思。換言之，八字命局是內，大運是外，沒有大運的流轉，命局中的禍福、吉凶等根本無法顯現。大運者既是時間又是方位空間，人生中一切的吉凶禍福，

必須在因緣成熟時，由時空因素的巧妙安排才能現前，大運本身就具備了兼具時空的條件，故大運才可為八字之外顯。沒有了歲運的配合，命中一切只不過是「尚未萌芽的種子」而已，不能有任何實質作用。

【457問】何謂「限運」？

答：看八字有時可以不看大運，就直斷行運吉凶禍福，這是根據「限運」來論的。限運是什麼？限運從年柱開始稱為「初限」，依序為「次限」、「中限」，到時柱「末限」，如同大運一般可表示一定時期的運勢。《命理約言》：「看運法二，即以四柱推論，年管少年，月日管中年，時管晚年。」《命理約言》所說的「看運法二」，即是「大運」之外的「限運」。限運詳細如下表所示：

限名	四柱	古代對應年限	現代對應年限
初限	年柱	1-15歲運勢	1-20歲運勢
次限	月柱	16-30歲運勢	31-40歲運勢
中限	日柱	31-45歲運勢	41-60歲運勢
末限	時柱	45歲之後運勢	60歲之後運勢

【458問】「大運」與「限運」有何區別？

答：大運主要表示本人「事業上的成就」高低，限運則主要表示「家境上的好壞」及相對應家人「六親的能力

及運勢」等。一個人整體運氣由限運和大運兩大因素來影響，如果某階段大運好，限運差，表示本人事業有成就，但家人身體不好，或家境財運不佳等。相反的，若大運差，限運好，表示本人工作運上無舞台，但家境好，生活無虞，家人也都平安等。

【459問】何謂「本限」？

答：在限運理論中，年柱之限運是從1-20歲，若在1-20歲這段時期內，流年發生刑沖年柱，或伏吟、反吟年柱的情形，則稱之為「刑沖入本限」，主本人災禍嚴重。若是超過20歲後，刑沖到年柱，則就不是刑沖本限，主本人災禍較輕，而反而會傷到年柱相對應的六親，如祖父母、父母等。

【460問】何謂「運源」？

答：《五行精紀》：「凡大運以月上起運源」。大運是由月柱的干支延伸出來的，所以月柱就是大運的源頭，稱之為「運源」。《五行精紀》又說：「凡行運且要源發處穩實，終耐患難，富貴可以安享，如發源在時，年空沖死敗之地，縱處富貴，終不穩實，易成易敗也。」意思是大運的好壞，取決於月令的好壞，月令就是大運的根，根如果爛掉了，何來繁茂的枝葉？

【461問】看行運以「大運」或「限運」為主？

答：仍以大運爲主。《命理約言》：「年管少年，月日管中年，時管晚年。若年爲喜神，則少年發達，爲忌神，則少年處困而不得志，月日爲喜神，則中年亨通，爲忌神則中年蹇滯，時爲喜神，則晚年安榮，爲忌神，則晚年零落，此法屢試有然，故附之。然但可約略少旺老之大概而已，若確分年限，詳斷吉凶，仍當看運爲主耳。」

從以上《命理約言》所述，可知雖「限運」也有它的準確度與參考價值，但要「確分年限，詳斷吉凶」仍以「大運」爲主。

【462問】何謂「交運」與「脫運」？

答：如果命局比成是人，大運就是人「所處的環境」。人在不同的環境下，受環境影響，受環境制約。環境的轉變類似於大運的轉變，「交運」是針對即將到來的「新大運」來說的；「脫運」則是對「舊大運」來說的。若以流年來論，舊大運的最後一年與新大運的第一年，這兩年即爲「交脫大運年」，運勢會動盪較爲屬害，尤其是大運的最後一年，通常不以吉斷。爲什麼？因爲十年大運的最後年，須把十年來的功過、禍福等，及本來應該在此大運報應，但尚未完成的一切吉凶，做個總清算與總整理，於是交脫運年的吉凶會來得既快又猛。

《珞琭子三命消息賦注》：「遇交運之年，不可輕舉也。」此即強調凡遇「交脫運」之流年，要小心爲妙，

不可輕舉妄動。民間習俗也有「男怕交運，女怕脫運」一說，同樣是說交脫運年份的混亂與多事，要謹慎對應才行。

【463問】大運交脫之時要注意什麼？

答：大運交脫可以細論到某日某時辰。民間習俗在交運當日，尤其是交運的那個時辰，兩個小時之內特別要緊，不可以見到與自己生肖刑沖害的人，也不能遇到孕婦、寡婦、重病、喪事，三日內忌參與紅白喜事等。交脫時段禁忌如此之多，因此，最好是呆在家中，哪裡也不要去。

為何大運交脫如此慎重其事？理由是交運時間是新舊大運的氣數，在進行交接、轉換的關鍵點，要避開任何不祥、忌諱、刑沖的人事物等，才能保證交運順利。交運交的好，意味著未來的十年大運平穩順利，沒有大的災難會發生。

【464問】凶運轉吉運時，一交運就立刻變好嗎？

答：交脫大運有固定的「交脫時間點」，彷彿職場輪班者交班時間到才能轉換，凶運轉吉運後，理論上應該立即生效轉好。有無可能提前或延後？

《珞琭子三命消息賦》：「禍旬向末言福，可以迎推；纔入衰鄉論災，宜其逆課。」內容說凶運十年終滿，準備交吉運者，如果有流年來扶助，則在此凶運的最後一

年便可發福，可以迎祥而前推。另外，吉運十年終滿，已交凶運者，則在此凶運的第一年仍可論福。這種可以違逆早已注定的運程，稱之為「逆課」，原因是之前十年累積的福氣很深厚，尚有一些餘福可以庇蔭。

【465問】大運逢比劫時，會發生什麼事？

答：大運逢比劫時，所發生的吉凶事情如下表：

吉事	事業興旺，財源滾滾，在競爭中獲利。獲朋友之助力，廣結善緣，投資合夥有利，結交有益之新朋友。同事相處融洽，充滿自信，獨力自主，樂觀進取，分得家產。
凶事	個性太強，自相矛盾，人際關係不佳。忙碌辛苦，受朋友拖累，結惡緣，易遭小人陷害。不利投資合夥，與同事爭鬥與衝突，破財。妻多病，衝動易怒，自作聰明。

【466問】大運逢食傷時，會發生什麼事？

答：大運逢食傷時，所發生的吉凶事情如下表：

吉事	歲運平安，有福氣，能吃能喝，娛樂機會增多。來自丈夫或上司的助力，子女乖順優秀，善於理財，習一技之長。健談，足智多謀，辯才無礙，才華出眾。
凶事	多是非，損名譽，健康欠佳，身弱多病。丈夫無助，子女叛逆難教，求財不擇手段，誤觸法律。多學少成，口舌是非，常起爭執。飲食不正常，放縱情慾，夫妻不和。處事逞強，過度自信，獨斷獨行，出言不遜，多結惡緣。

【467問】大運逢財星時，會發生什麼事？

答：大運逢財星時，所發生的吉凶事情如下表：

吉事	工作愉快，事業順遂，物質享受，娛樂的機會多。財源廣進，注重養生之道，求財心強烈。能得父親庇蔭，男命妻賢有助，進財得利。未婚男命異性緣佳，得長輩遺產，安分守己，勤儉持家，刻苦耐勞。
凶事	做事缺乏耐性，開銷增多，收入減少，爲錢所苦。妻欠安，夫妻不和，易受父親、妻子拖累。因財惹禍，投資虧損，已婚男命防外遇，難獲長輩遺蔭。

【468問】大運逢官殺時，會發生什麼事？

答：大運逢官殺時，所發生的吉凶事情如下表：

吉事	考試上榜，創業升官，女命有姻緣。壓力消除，官司勝訴，男命子女優秀。社會地位有機會提昇，名利雙收。謀職易成，自制能力增強，學習力佳，道德意識增加。
凶事	缺乏決斷力，工作多阻，貴人消失，名望無緣。是非增多，壓力變大，精神緊張。血光之災，遇盜賊，犯小人。女命丈夫霸道，男命子女叛逆。升遷困難，犯官符，失業，生病，天災，名氣受損，固執不化，膽小懦弱，違法犯紀。

【469問】大運逢印星時，會發生什麼事？

答：大運逢印星時，所發生的吉凶事情如下表：

吉事	考試上榜，升職掌權，名聲遠播，貴人出現，母親多助。可得長輩相助，學習新識，生活安定，工作輕鬆。小人消失，身體健康，少凶險。信用卓著，接近善知識或宗教人士。

凶事	貴人消失，貧病相隨，依賴心重，懶散消極，不肯承認錯誤。母緣緣薄無力，難得長輩相助，貴人不現。智慧不高，學業不成，容易落榜，孤僻多疑，多煩多憂，運氣不佳。

【470問】大運與流年何者影響力較大？

答：大運的影響力比較大。大運一運有十年，以時間上來說是流年的十倍，故有「大運重於流年」之說。雖然也有不少人主張應以流年為重，理由不外乎流年稱「流年歲君」即君王，大運如臣，因此流年影響力較大。

俗語也說「命好不如運好，運好不如流年好」等，其實這是人對時間的感覺，對於某一年事情的吉凶印象會特別深刻，會讓人誤以為流年在掌管吉凶。事實上在命運歲刑沖剋害中，大運對命局的影響力是比較大，影響的時間也比較長。

【471問】何謂「大運司十載之休咎」？

答：此句話出自於《命理約言》：「大運司十載之休咎，流年管一歲之窮通。」意思是說每個大運掌管了十年的吉凶與福禍，流年則掌管了一年的窮困與顯達。從這句話也說明了大運的影響比較大，至少在時間的長短上，是流年的十倍之多，在與命局的生剋沖合中，大運能發揮的力量也比較強大。所以命理師在簡批八字時，往往就只論大運吉凶而已，除非遇伏反吟，或刑沖剋嚴重的流年，才

會特別提醒此年要特別小心。

【472問】大運如何影響命局喜忌？

答：1.命局用神透干無根，喜行用神旺根之運。2.命局用神旺不透干，喜行用神透干之運。3.命局用神受合絆刑沖等牽制，喜行解除牽制用神之運。4.命局用神衰弱，喜行生扶用神之運。5.命局忌神透干無根，忌行忌神旺根之運。6.命局忌神旺不透干，忌行忌神透干之運。7.命局忌神受制，忌行解救忌神之運。8.命局忌神衰弱，忌行生扶忌神之運。

【473問】命運歲之中何者為重？

答：命運歲即「命局」、「大運」、「流年」三者。三者中何者為重？答案是「命局」，理由無它，命局決定了一切禍福，歲運是禍福應驗的時間。《燭神經》：「凡推命之禍福，須先度量基地厚薄，然後定災福。如命有十分福氣，行三四分惡運，都不覺凶，福力厚故也。如命有五分福氣，行三四分惡運，為甚凶。若四五分惡運，則須死。蓋基地不牢故也。」

《燭神經》這段說明的很清楚，命局是「基地」，歲運如颱風、地震等災害，命局若福厚，不怕惡運來臨；命局若福薄，惡運一來就倒了。

【474問】上等與次等格局如何區分？

答：《造化元鑰》：「凡命造格局，上等者不必運

助，自然富貴，次等者，原局有缺，非運助不發。」內容重點說，凡是「上等格局」的命造，原局五行不缺，流通有情，用神有力，不必等歲運來助，富貴自然會來。至於「次等格局」的命造，因為五行有缺，必須等待大運來補足，富貴才會來臨。

命局本身很重要性，歲運也非單純只是「應期」而已，歲運干支也會與命局產生刑沖剋合等，改變了格局。但若論影響力仍以命局排第一，大運排第二。

【475問】大運吉凶只與功名事業有關嗎？

答：當然不是。古代論命婚姻、六親、健康、意外等，問題都不大，差別較大的大概只剩下「功名事業」這項，因此在論行運的好壞、順逆、吉凶時，自然而然偏重於功名事業。

事實上，大運是命局禍福內容的應期呈現，命局中當然不只是功名事業。另外大運與本命四柱間各宮刑沖，從祖先、父母、兄弟、夫妻、子女、事業等項，全都會感應到。因此大運吉凶不僅僅是與「功名事業」有關而已，應該是與整個家族、家庭人生，甚至生死關口都關係密切。

【476問】大運要分上下各五年來看？

答：大運干支應各管五年，或不分上下共管十年，以上這兩個不同看法，歷年來到目前為止，大家的見解並不一致。不過在實際論斷八字時，以分開上下各五年來論吉

凶，比較好論斷，尤其是遇到蓋頭或截腳的大運，干支不分開論，根本無法進行。例如命局喜木忌金走乙酉運，如何論？支持共管十年者，有人說乙酉截腳，金剋木，因此只剩下酉金，本命忌金故乙酉十年皆凶，這種論法完全沒道理。

《滴天髓闡微》：「富貴雖定乎格局，窮通實繫乎運途，所命好不好運也。日主如我之身，局中喜神用神是我所用之人，運途乃我所臨之地，故以地支為重。要天干不背，相生相扶為美，故一運看十年切勿上下截看，不可使蓋頭截腳。如上下截看，不論蓋頭截腳，則吉凶不驗矣。」這段文字中提到「故一運看十年切勿上下截看」，似乎《滴天髓闡微》不贊成「大運上下五年分開來看」，但再看下一句「不論蓋頭截腳，則吉凶不驗矣」，就能明白原來是大運若遇有「蓋頭截腳」的情形，則一定要小心，不能完全上下五年分開來看，而要上下參看，否則吉凶是會不準的。換句話說，十年大運若無蓋頭截腳者，上下五年分開看可也。

結論：調和兩種不同的意見，以「前五年主要看天干兼看地支，後五年主要看地支兼看天干。」不失為好方法。干支皆為喜用，當然十年吉祥如意，大吉大利；干支皆為忌神，最為凶惡，保守為要。干喜而支忌，行干運吉多凶少，行支運則凶多吉少，因為大運的吉凶判斷分析，雖干支分開看，但以地支為重一些。

【477問】命理古籍有大運上下各五年的命例嗎？

答：《滴天髓闡微》：「至卯運得官，壬運失職；寅運得軍功」，內容說有一名武官，八字為丁卯、丙午、丙午、庚寅，此命格丙日生於午月，一片木火，為炎上格，喜用取木火，金水為忌。八字不見食傷吐秀，書香不利，只好去當兵。到「卯運」時喜用得官；「壬運」逢忌神，失職；「寅運」時又逢喜用，建軍功升了將官。引用這段文字的目地，是在說明八字古籍上，多的是這種「上下各五年」的方式來論大運的。

【478問】大運干支皆為喜神，此運就一定為吉嗎？

答：不一定。大運不能光憑用神的喜忌就決定吉凶，還有一項非常重要的，即還要看「大運與原命局的刑沖會合」之結果，往往刑沖會合等之後，吉凶皆有反轉之可能。

大運與原命局的刑沖會合的重點如下：1.原命局若有干合或支合，逢大運干支來剋沖，則會破原局之合局。2.原命局若原有刑沖，當大運與原局有三會、三合、六合時，可以解除原命局之刑沖。3.大運干支原忌神，但與命局形成三合或三會局後，若會所成之方局，其五行為命上之喜，則由凶轉吉；若會成凶局，則凶上加凶。4.大運天干，被原局之天干剋去，則其吉凶減半，喜神福氣減半，同樣忌神凶象減半。

【479問】何謂「回剋」？

答：大運干受原局干之剋，稱之爲「回剋」。如命局喜水，而原局天干有戊，則行壬運時，有原局之戊回剋，則「應吉不吉」；若是忌神運受回剋，則「應凶不凶」。流年干也有「回剋」之說，流年干除受到原局之回剋外，也受大運回剋。流年不論喜忌神，只要受到回剋便以凶論，因爲流年爲太歲，如同皇帝不能受剋。

歲運受回剋以凶論，有人不認同，認爲歲運非命局，屬於「境外」，決戰境外，干我何事？實際上，命運歲三位一體，總共有十二個干支一起看，歲運受沖剋，日主概括承受。

【480問】回剋有何嚴重的影響力？

答：《滴天髓闡微》：「逢三壬回剋，家業敗盡，夭而無子。」內容是在講一個「回剋」導致家破人亡的命例。八字爲壬寅、壬寅、甲寅、壬申，日主甲木身旺喜火，走到丙火之運時，理論上此運應大吉才對，但逢命原局三個壬回剋，家業不但敗盡，三十幾歲就死了，而且沒有孩子。此命例告訴我們，要正確的論斷大運吉凶，除喜忌神，與原局的刑沖會合等因素外，要特別注意是否有「回剋」的現象。

【481問】何種運為「危險大運」？

答：大運干支若沖剋命局，或對用神沖剋，或死墓絕等凶運就是「危險大運」，簡稱「險運」。詳述如下：

1.天剋地沖四柱的大運，爲險運。2.從強格八字，行剋泄耗破格之運，爲險運。3.從強格八字，行死墓絕之運，爲險運。4.日主弱財旺爲忌，行財旺運或官殺、食傷等運，爲險運。5.日主強印多財弱，取食傷爲用，行偏印運，爲險運。6.印多而日主無根者，行長生運，爲險運。7.日主強印多，比劫印行旺運，爲險運。8.日主強比劫旺無印，取官殺爲用。行比劫旺運或官殺死墓絕運，爲險運。9.日主強比劫多而無官印，取財爲用。行日主旺運或財星死墓絕並被合剋之運，爲險運。

【482問】沖提大運一定大凶？

答：並不一定。任何人走到第六步大運，約六十歲左右時，都是與月柱天剋地沖，稱之爲「沖提大運」。反吟月柱是很嚴重的事情，確實也有不少人在這一運死亡，但是，具體的吉凶程度，還是要看八字的組合而定。若被沖掉的月柱是閑神，則可能平安無事，但若月柱爲喜用，被沖掉的是喜用神，小則疾病纏身，大則傷殘死亡。

【483問】《御定子平》如何看沖提大運？

答：《御定子平》：「子平家有『忌沖提綱』之說，如此則行運六十歲內外必有一沖；皆言不吉，無此理也。蓋惟取用於月，如月令印綬之格，則忌刑沖，無所取用，皆不爲害。」《御定子平》認爲一律把「沖提大運」視爲凶運，是不正確的推論，只要月柱不是喜用，並無大礙。

但如果是印綬格，則不可見刑沖。

【484問】月令可沖或不可沖？

答：《神峰通考》：「月令提綱不可沖，十沖九命返為凶。惟有財官逢墓庫，運行到此返成功。」內容強調月柱不可沖，十沖九凶。「綱」的本義是「網的總繩」，所以「提綱」是把整張網都提起來的意思，引申為「綱領」、「重要部分」。

總之，八字日為命主，月為提綱，即月柱是八字中的「綱要」與「綱領」，是四柱八字最重要的部份。以格局用神來論，所有的格局決定，都來自於月支，故沖不得。但當財官居月庫時，不沖不發，反而行到此沖提之運方能發福。

【485問】大運及流年有何重要性？

答：《三命通會》：「大運危而生百禍，流年吉以除千殃。」主要在強調大運及流年吉凶的重要性。人總是希望走好運，但以大運而言，十年一大運，有時好運，有時歹運，好像也由不得你。

所謂的「大運危」就是「忌神運」，或與命局及流年嚴重沖剋的十年大運，但不管好壞運，都要走下去，人生究竟有幾個十年大運？等該走的運不管好壞都走完了，生命也跟著終了。三千繁華，一抔黃土，有形的一切都帶不走，無形的業力帶一身。走這一生的意義到底在哪裡？值得我們一起來深思。

【486問】衰轉旺，或旺轉衰運的初期，吉凶如何？

答：此句出自於《珞琭子三命消息賦》：「年雖逢於冠帶，尚有餘災；運初至於衰鄉，猶披鮮福。」內容主要在說從衰運走到旺運，或旺運走到衰運初期時，吉凶未定的情形。第一句是衰運剛走到旺運的初期，流年雖逢冠帶吉年，但因爲上一個衰運的餘威還在，所以運氣不會馬上變好，因爲尚有餘災也。第二句是旺運剛走到衰運的初期，根基極厚，雖臨敗運，也不會馬上就有災禍降臨，因爲尚有餘福也。

【487問】何謂「印綬比肩，喜行財鄉」？

答：此句出自於《四言獨步》：「印綬比肩，喜行財鄉。印無比肩，忌見財傷。」意思是八字日干比肩重，印綬乘旺者，則日主強旺有力，此時不宜身再旺，最好是行財官之大運，則使日主趨於中和平衡，一切平安順利。反之，若是八字日主休囚而印比無力，則最忌行財官大運，財壞印，剋傷印綬用神，日主更趨衰弱，則前程晦暗無疑。

【488問】何謂「官殺重逢，制伏有功」？

答：此句出自於《四言獨步》：「官殺重逢，制伏有功；如行帝旺，遇之不凶。」內容是四柱八字如果官殺並

顯，而日主身弱無力，則行食傷制殺運，或行化殺之印運都可以，都算是吉運。若行比劫運，比劫可以抗官殺來幫身，也都屬於吉運。

【489問】丙丁火生於戌月再行水運，命運如何？

答：《四言獨步》：「巳日月戌，火神無氣；多水多金，眼昏目閉。」意思是說日干為丙丁火，如果生於秋天之戌月，金旺水相之地，則丙丁火衰微無力，若運再行北方亥子丑之地，旺水剋火，日主更形衰敗沒落，如頭昏眼花，昏天黑地般永無有出頭之日。另一解，丙丁火主心臟、眼睛等，火受剋眼睛受損，睜不開。

【490問】身旺劫重財星孤露，行財運會發財嗎？

答：不會，還有可能因財惹禍。理由如下：單從身旺行財運來看，財為喜神，行喜神運理當應吉，發大財才對。但原局劫重且財星孤露，命局本身已經透露出此生容易有「財被劫」之象，行財運只是把命中原有損財之現象，找到機緣把它引發罷了。

【491問】身弱無印干透財官，運行比劫好嗎？

答：不好。身弱喜印比，行比劫運理論上應是吉運，但因干透財官的關係，必須考慮「比劫與財官」，三者之

間的生剋關係，才能有正確的推斷。首先比劫會剋財星，但原局財會生官，官星回剋比劫。因此，對於大運行比劫而言，遭逢「剋財」與「被官剋」兩重剋，這樣子的行運會是個吉運嗎？當然不是吉運，可能與財物糾紛，手腳受傷，破財失業，精神壓力，官司纏身等麻煩事件有關。

【492問】大起大落的八字為何？

答：大起大落的八字，主要都跟所行大運有關，即行運吉凶順逆起伏過大，八字只能隨之上下波動。詳述如下：1.原局差大運好，容易大起；原局好大運差，容易大落。2.原局好大運起伏大，喜忌交錯，容易大起大落。3.從格：行運從神生旺，則發福發貴；行運破格，則破敗大凶。4.用神偏枯：需要大運配合。好的大運治癒原局之病，順風順水；一旦運過，或者好運不至，則跌至谷底。5.五行偏枯：八字日干或用神過旺過弱，若原局有藥神，行運來助藥神，則福澤綿綿，運過則衰。

【493問】如何解釋「時殺無根，殺旺取貴」？

答：此句出自於《四言獨步》：「時殺無根，殺旺取貴；時殺多根，殺旺不利。」內容是說日主旺相，而時干若為官殺，官殺在原命局無根氣，一旦行官殺有力之大運，則日主立即能夠顯達；如果日主休囚無力，而時干官殺根重，則如果行官殺有力的大運，則極不利於日主。

從以上可知八字十神本身並無吉凶好壞，必須在某些

條件下，方能加以區分吉凶論斷，而在這些條件中，日主之衰旺至為關鍵。以本句內容為例，所強調的仍是身旺官殺才為我所用，身弱則官殺剋我傷我矣！

【494問】晚年運如何看？

答：晚年運主要看「時柱」及「最後幾步大運」。時柱代表晚年運、子女宮、事業宮等，故以時柱喜忌可知晚年運勢及其健康福壽等。一般來說，八字命局中，時柱若為喜用神，晚年命好。時柱又為子女宮，表示子女的能力與福祿，以及能否孝順等。

《三命通會》：「源清流濁，天干用神，年月通氣，生旺得助，日時引日主用神無力，或衰敗死絕之地，或早年運吉，後運無氣，必主晚年孤窮。」意思是說早運順利，晚年孤窮者，可用四個字來形容，即是「源清流濁」。彷彿一條溪流，源頭很算清澈，但越往下流，水質越骯髒，到最後變成混濁不堪。晚年運要好，主要還是看用神是否在日時兩柱能夠有力。

《御定子平》「源滯流濁格」：「年月財官生旺，日時財官敗絕，主先富後貧，晚年福氣衰微。更忌運逢敗絕。」「源滯流濁格」是《御定子平》188凶格之一，內容是說早年生活富裕，晚景悽涼者，主要是年月財官生旺，日時財官敗絕的緣故，這與十神喜用在四柱定位有關。

第十三篇　八字論性情

【495問】八字可以看人的性情嗎？

答：八字以算出人一生吉凶順逆的大概趨勢，和六親、健康、事業、流年等大事，當然也包括人的性情在內。何謂「性情」？人的性格、脾氣、稟性、氣質、習氣等皆是。性情的形成大多數都是「與生俱來」，有一些則是「後天養成」。總之，性情是一個人「自然特質」與「行爲表現」，從八字是很容易就可以看出來的。

一個人的性情與八字的日主強弱、格局結構、日主五行、十神衰旺、刑沖剋合、陰陽比重、命帶神煞、十二長生等皆有關係。

【496問】從日干五行如何看性情？

答：日干代表命造本人，所以以日干的「五行屬性」來看一個人的性情，是合乎命理原則的。以日干十天干來論性情的優缺點，如下表所示：

甲日干	優點：有進取心，正直仁慈，助人爲善，能體諒人，有責任感。 缺點：不知變通，敏捷性差，過於主觀，固執己見，缺乏靈巧。
乙日干	優點：柔順溫和，表現力佳，敏捷機靈，具協調性，韌性超強。 缺點：見風轉舵，佔有慾強，較有心機，懦弱依賴，三心二意。

丙日干	優點：開朗直爽，慷慨重義，理解力強，精力充沛，光明無私。 缺點：性急衝動，性情飄忽，喜怒無常，較易善變，較無恆心。
丁日干	優點：溫和有禮，行事謹慎，犧牲自己，思維細膩，奉公守法。 缺點：不善拒絕，考慮太多，猶豫不決，猜忌懷疑，易犯小人。
戊日干	優點：豁達穩重，耿直樂天，計畫周詳，外柔內剛，樂於助人。 缺點：不善修飾，任性頑固，欠缺通融，生活無趣，喜好奉承。
己日干	優點：理解力強，多才多藝，處事圓融，喜歡學習，溫和內斂。 缺點：內心矛盾，心思散亂，消極妥協，被人利用，嫉妒心強。
庚日干	優點：剛毅能幹，積極果斷，富正義感，無懼威脅，口才善辯。 缺點：逞強好勝，招人物議，衝動衝突，表現慾強，草率了事。

辛日干	優點：敏感細膩，爲人親切，有同情心，喜歡創新，善惡分明。 缺點：愛慕虛榮，具侵犯性，貪求權勢，意志薄弱，刻薄寡情。
壬日干	優點：智慧聰明，悠閒樂觀，具有勇氣，文武雙全，有領導力。 缺點：隨波逐流，任性放縱，怠惰依賴，不易堅持，虎頭蛇尾。
癸日干	優點：重視道德，內向自省，勤奮努力，思想純眞，溫和細膩。 缺點：心思浮動，易生悲觀，感情脆弱，貪小便宜，因小失大。

【497問】如何解釋「五氣不戾，性情中和」？

答：這句話出自於《滴天髓闡微》：「五氣不戾，性情中和；濁亂偏枯，性情乖逆。」其中，五氣指一個人八字的五行之氣，「戾」本義是「凶暴」，不戾是指「相互和諧」，「不相悖逆」。卽四柱五行沒有太過或不及的情況，則這樣子的人多爲性情平和，中正守信之人。相反的，若八字五行偏枯混亂，或五行太過不及，或燥濕失衡，則表示是秉邪氣而生之人，自然性情乖張，不通人情。

【498問】特殊格局的人，性情也會特殊嗎？

答：特殊格局的人因為日主太強太弱，或偏旺於某一五行，人格特質會十分鮮明，如曲直格仁慈，炎上格開朗等，詳細如下：1.曲直格：誠實善良、仁厚慈祥。2.炎上格：性情開朗、為人熱情。3.稼穡格：做事實在、忠厚老實。4.從革格：個性剛毅、義氣豪情。5.潤下格：智慧聰明、做事機伶。6.化氣格：反應快速、處事圓滿。7.從弱格：適應變局、活潑應事。8.從強格：身體強健、剛毅穩健。9.祿刃格：外向剛烈、性格獨立。

【499問】十神如何看性情？

答：十神看性情，取命局中透干，或月支之十神，或四柱中較強之十神為主，靈驗度很高。十神之性情有優點也有缺點，如下表：

正官	優點：品行端正，正直保守，紀律規範，學習力強，有責任感。 缺點：按步就班，事多牽掛，刻板謹慎，魄力不足，消極保守。
七殺	優點：勇敢果決，嫉惡如仇，領導權威，突破困局，執行力強。 缺點：剛強偏激，衝動魯莽，猜忌多疑，缺少知己，主觀任性。

正印	優點：氣質優雅，仁慈善良，貴人提拔，寬容和善，沉著鎮定。 缺點：自視清高，不切實際，掩飾過失，保守依賴，開創力弱。
偏印	優點：思想細膩，領導力強，見解獨特，感覺敏銳，不形於色。 缺點：內向多疑，厭惡世俗，標新立異，孤僻冷漠，思慮過度。
比肩	優點：自尊自信，獨立自主，意志堅強，樂觀進取，單純樸實。 缺點：剛復自用，頑固不通，難得知己，欠缺協調，自我自私。
劫財	優點：獨特突出，心思敏捷，鬥志高昂，擅長表演，適應力強。 缺點：自我衝突，雙重性格，心性不穩，帶神經質，嫉妒心強。
食神	優點：氣質清高，寬容厚道，優遊自在，清新脫俗，不與人爭。 缺點：理想太高，懷才不遇，有志難伸，體力不濟，陷於空想。

傷官	優點：博學多能，表達流暢，理解力強，能言善辯，學習力強。 缺點：恃才傲物，好勝心強，主觀強烈，言語傷人，過於自信。
正財	優點：刻苦耐勞，節儉信用，任勞任怨，言行合一，重視家庭。 缺點：斤斤計較，單調刻板，過於現實，謹慎過度，生活無趣。
偏財	優點：慷慨豪邁，手腕靈巧，風流多情，精力充沛，生性樂觀 缺點：奢侈浪費，用情不專，投機放蕩，沉迷酒色，生活散漫。

【５００問】四柱「純陰純陽」者性情為何？

答：所謂四柱八字「純陰」或「純陽」，與干支的陰陽屬性有關，十天干中甲丙戊庚壬為「陽」，乙丁己辛癸為「陰」；十二地支中子寅辰午申戌為「陽」，丑卯巳未酉亥為「陰」。當八個字都屬於陰性或者陽性者，就叫做八字「純陰」或「純陽」。八字重陰陽平衡，偏陰或偏陽都不好，故古人有「八字純陽剋母」，「八字純陰剋父」的說法。

《五行精紀》：「四柱俱陽，口惡心善。四柱俱陰，

狠戾沉毒之人。」意思是八字純陽者，說話過於剛烈傷人，內心卻是良善的；八字純陰者，內心狠毒，城府較深。除此之外，純陽者，性格剛強，毅力過人，事業上容易成功，但偏激孤傲，剛愎自用，自以為是，易造成家庭不合。純陰者，性格懦弱，膽小怕事，依賴成性，沒有主見。

【501問】神煞也可以看性情嗎？

答：可以的。幾個較常用的神煞，影響人的性情如下：1.華蓋：藝術之星，多有藝文方面的天賦，但性情較孤獨。2.羊刃：性情剛強，敢作敢為，為人精明。3.紅艷煞：命帶紅艷煞，男女皆有異性緣，敢愛敢恨，行動大膽。4.天月德貴人：為人仁慈敏慧，慈善溫和，一生有貴人相助，無險無憂。5.亡神：一生貧困，做事不順，心機太重。6.桃花：人緣極佳，為人多情，心情不定。7.驛馬：奔波忙碌，個性外向，心性不穩，經常更換職業。8.孤辰寡宿：性情孤獨，面無和氣，不利六親。

【502問】如何從八字刑沖剋害看性情？

答：1.三刑：精神壓力，易遭挫折，剛毅固執，過於自信，遭人嫌棄，孤獨無友，固執己見，自尋煩惱。2.六沖：情緒不穩，脾氣不好，個性極端，主觀意識強烈。3.六害：耐性很差，貌合神離，易犯小人。六親間無法溝通，關係疏離，聚少離多，事業常中途放棄，從頭再來。4.六合：較為好靜，與人為善，貴人扶持，能說善道，聰

明伶俐，人際關係佳，但常坐失良機，不主動積極。

【５０３問】何種八字好動？

答：好動者八字如下：1.日主旺：八字日主強旺者，能量大，動力足，自然喜歡走動。2.比劫旺：比劫是自信與自我，比劫旺者適合勞動、勞力、跑業務等行業，也是基於比劫為動的道理。3.食傷旺：食傷是一個人內在意念的流露，愛表現，好動。4.命帶驛馬：一生好動，走遍各地，天生勞動命。5.四柱刑沖：刑沖主沖散、沖動，不論是主動或被動，總是要動。

【５０４問】何種八字好靜？

答：好靜者八字如下：1.土多：八字土多之人，內向好靜。土之星性為溫和內斂，豁達穩重。土為中宮本來就是不變不動。2.支多死墓絕：十二長生中前半都屬動，因為能量足，動能強，後半段尤其是死墓絕，氣數已盡，想動也動不得。3.印星：不論正偏印，溫和內斂，少言少動。4.無刑沖剋合：四柱地支之間不發生刑沖剋合關係的人，原則上比較安靜。5.八字純陰：八字純陰之人，自省內觀，大多好靜，不善與人爭執。

【５０５問】性情與五行分布結構有何關係？

答：《滴天髓闡微》：「五氣不戾，性情中和；濁亂偏枯，性情乖逆。」其中「五氣」即五行，「戾」凶暴的

意思，「乖逆」不順乖逆之意。整句話的意思，一個人的八字的五行分布與結構，最好能五行不缺，流通平衡等，則在性情上，一定個性溫和，率性而為，與人為善。最忌八字五行有缺，太過不及，刑沖嚴重等，因為這種人性格怪異，急躁易怒，不合常規等。

【506問】八字五行過多無制者，性情為何？

答：五行過多無制者的性情，整理如下：1.火多無制：急躁而欠涵養。2.水多無制：聰穎而意志不堅，亦且好動。3.木多無制：情重而仁厚。4.金多無制：精幹而敏銳。5.土多無制：敦厚而好靜。

【507問】用神如何看性情？

答：用神是何十神來看性情，整理如下表：

用神	性情
正印	仁慈端方，平易近人；惟正印太多，庸碌少成，沒進取心。
偏印	精明幹練，機靈敏捷；惟偏印太多，貪吝鄙嗇，自私自利。
正官	光明正直，安份守己；惟正官太多，意志不堅，保守刻板。

七殺	豪俠好勝，魄力驚人；惟七殺太多，萎靡不振，性情不定。
傷官	英明銳利，才華外顯；惟傷官太多，驕傲剛愎，偏激性格。
食神	溫厚恭良，仁慈好善；惟食神太多，迂腐固執，是非不明。
比肩	穩健和平，勇往直前；惟比肩太多，乖僻寡合，剛愎自用。
劫財	敏捷率直，堅強剛毅；惟劫財太多，固執好勝，缺乏理智。
正財	克勤克儉，任勞任怨；惟正財太多，懦弱無能，吝嗇寡情。
偏財	慷慨交際，人脈廣闊；惟偏財太多，投機圓滑，虛華浮誇。

【508問】何種八字好賭？

　　答：好賭者八字如下：1.日干合財：與財有緣，賭場自動找上門來。2.日支食傷：食傷為財星之根源，食傷代表頭腦靈活，投機取巧，勇敢大膽。3.命帶羊刃：羊刃主性情急躁，極端思維，往往不務正業，想不勞而獲。4.命無官星：無官星則無反省能力，不受控，不怕王法，標準賭徒性格。5.比劫旺：比劫為兄弟，兄弟聚賭，對賭徒而言天經地義。比劫旺則自命不凡，久賭神仙輸，屢輸屢

賭，終至破產收場。

【509問】何種八字人緣好？

答：人緣好者八字如下：1.偏財旺而透：偏財主對人慷慨大方，輕財好義，自然得人喜愛。2.正印、食神強而透：心地善良，有包容心，爲人厚道，得人喜歡和接近。3.比劫強而透：爲人義氣，廣交朋友，重視友誼，透出則身邊多朋友接近。4.命帶天乙貴人：貴人多助，得好人緣，能認識到眞正有幫助的貴人。5.八字多合：多合之人，人緣較好，喜歡交際，也懂得交際。

【510問】何種八字心懷惡意？

答：心懷惡意者八字如下：1.地支相刑：容易與他人對立，互不相讓，也不講信義。2.官殺混雜：是非不明，正邪難分，難負重壓，認知上造成混亂，對人不友善。3.傷官見官：爲禍百端，人際關系不好，不講道理，奸詐狡猾，內心自私，脾氣不好，叛逆性強。4.命帶羊刃：性格急躁具有殺傷力、攻擊力與破壞力。

【511問】何種八字心地善良？

答：心地善良者八字如下：1.命帶天德、月德貴人：爲人仁慈敏慧，慈善溫順，利物救人。2.日干甲木生於寅卯月：木氣旺盛，主仁慈，有同情心。3.八字出現財官、印綬與食神：仁慈和藹，寬容厚道。4.印生比劫：助人爲善，喜歡幫助別人。5.官印相生：爲人正直，同樣喜歡幫

助別人。

【５１２問】何種八字的人邪惡？

答：邪惡是「奸邪凶惡」之意，知人知面不知心，邪惡不會寫在臉上，結交朋友時要特別注意對方的性格。1.七殺旺無制：七殺的負面心性是凶狠霸道，蠻橫暴力，報復心強等，旺而無制時，負面心性就會顯露且變得很強。2.偏印劫刃：若八字同時有偏印、劫財與羊刃者，性格刻薄，自私自利，心思不善，狠毒之人。3.滿盤偏星：偏星指偏財、偏印、傷官、七殺、劫財等星，偏星多者性格偏激，鑽牛角尖，心胸狹窄，報復心強，難以相處。4.傷官旺無制：感情用事，自高自大，叛逆好勝，逞強放縱。

【５１３問】何謂「守位則正，失方則邪」？

答：語出自《李虛中命書》：「守位則正，失方則邪。如甲寅乙卯在亥卯未乃得正體，若居巳酉丑之方，謂之失位。」意思是說能守住原本的方位，就是「正」，守不住原本的方位，跑到別的方位去了，就是「不正」，就是「邪」。

例如甲寅、乙卯屬木，逢亥卯未三合木之東方就對了，得其正體、正位，稱之「得位」；若逢巳酉丑三合金之西方就不對了，失其體，失其位，稱之「失位」。這段內容並非在說八字結構、喜忌、行運等，所以不要用身強

身弱的角度去論斷，其主旨藉由五行來說正邪之概念。人的原本是什麼？人之初性本善，心存善念，守住原本「人善」與「心善」之位就對了。

【514問】人的性情與官煞有關係嗎？

答：是有關係的。《神峰通考》：「或問人性情善惡賢愚，先推官煞旺衰。」意思是說如果要問人的性情好壞、善惡與否、賢愚分別等，主要先看八字中「官殺衰旺」而定。因為官煞太強或過弱，都會帶來明顯的吉凶，而且影響人的性格非常大。官殺過旺者，性格上膽小怕事，做事多慮，缺乏鬥志，甚至是非不明。官殺過弱者，性格上大膽放肆，野心太大，不知反省，損人利己。

【515問】何種八字的人吝嗇？

答：吝嗇者，慳吝、小氣、當用不用。1.傷官重無財：傷官重日主多身弱，無法把握機會，好高務遠，不切實際，每天盡想一堆無法實現的點子。傷官重無財雖巧必貧，何來的錢讓他大方？2.印星過多：印多的人自我保護，對錢是不會大方的。印剋食傷，財源斷了，財星又壞印，與財無緣，只好保守，吝嗇度日。3.日干合正財：正財是薪水，辛勤勞動所得，日干與之相合，把錢抱得緊緊的，好聽是節儉，難聽為吝嗇。4.財入墓：入墓之財難出，一有錢就趕緊存起了，罵我吝嗇也無所謂。

【516問】何種八字的人慷慨？

答：慷慨不是亂花錢，而是對錢大方、不吝嗇。慷慨之人，人人歡迎，最有人緣。1.偏財透干：偏財格者，重義不重財，慷慨大方，為人豪爽，這樣的人人緣第一。2.比劫透干：比劫透干者，朋友多，四海之內皆兄弟，重視義氣，對錢看得很淡。3.印星為喜用：印星如母親，時常考慮別人，鮮少考慮到自己，如果對方經濟上有困難，都會幫忙承擔。

【517問】何種八字的人固執？

答：固執之人堅持己見，不肯變通，一般都是負面意義。1.七殺旺：七殺星旺的人，霸道好勝，個性急躁，總想要贏過對方，控制欲很強，聽不進別人的話，固執到不行。2.傷官旺：愛表現，浮誇傲慢，自負自傲，不接受批評，都想得到別人的認同，卻都不願認同別人。3.比劫旺：比劫旺之人自我、自信、自尊、自私，堅持自己的想法，墨守成規，不太善於變通。4.八字全陰：性情內向，有什麼事都藏在心裡，不願說出來，別人的話也聽不進去。5.偏印旺：敏感多疑，缺乏安全感，自我封閉，對周圍人事物漠不關心。

【518問】十二長生運如何看性情？

答：以日主所坐下的十二長生運來論其性情，整理如下表：

長生	性格溫和，尊敬他人，舉止安祥，人緣關係好。
沐浴	喜新厭舊，有感情之苦，個性懶散，有才藝。
冠帶	為人精幹，自尊心強，支配他人，名譽心重。
臨官	敦厚聰明，光明正大，獨立性強，有功名權貴。
帝旺	自尊心強，個性剛烈，作事大膽，不畏艱辛。
衰	特性保守，不積極，畏首畏尾，胸無大志。
病	舉止緩慢，愛恨極端，性格反覆，和宗教有緣。
死	自尋煩惱，會鑽牛角尖，性格堅毅，喜怒無常。
墓	性格內向，保守氣量小，聽不進別人意見，疏遠親友。
絕	做事欠思考，與人相處不融洽，人緣不佳。
胎	安於現狀，大智若愚，為人文雅有禮貌。
養	表面溫和，識大體，顧大局，並繼承家業。

【519問】何種八字的人消極？

答：消極之人逃避現實，不求進取，意志消沉。1.火弱：命局金水過旺，陰氣過重，火過弱，人樂觀不起來，思想都是灰色、負面的，消沉頹廢，鬱悶不樂。2.命帶空亡：空亡為消失、滅亡、徒勞無功之意。內心會一直被空亡壓抑著，人容易悲觀消極。3.弱逢旺殺：生活周圍環境一直很險惡，人生沒有舞台，沒有遇到貴人，小人卻揮之不去。因而消極悲觀，甚至厭世。4.印比為用受傷：生命

背後的支持系統全垮下來了，失掉信心，意志消沉。

【520問】何種八字的人樂觀？

答：相對於悲觀而言，樂觀者對人生或一切事物的發展，充滿信心。1.食傷透干：食傷為樂觀星，為人開朗，心胸廣闊，凡事往好處想，自由自在，快樂生活。2.偏財多者：偏財生性樂觀，重義不重財，人緣很好，朋友很多，分擔憂愁。3.五行流通：八字五行流通者，出生富貴，貴人多助，一生順利，主要還是心性中和，樂觀面對任何困難挑戰。4.比劫多者：自我自信心足夠，個格開朗，充滿陽光和鬥志。

【521問】何種八字的人憂鬱？

答：憂鬱者呈現長久持續的哀傷，與心情低落的狀況，生活絕望與心情沮喪。1.調候失常：八字缺調候用神者，人往往性情不穩，沒有生活目標。2.年干為喜用而受剋：年干為頭，為大腦思維，受剋易悲觀。3.木為喜用而受剋：木主神經，受剋思緒紊亂。4.命局偏印旺，歲運遇食傷：偏印主敏感與多疑，受剋易引發憂鬱。5.命局偏印旺，而遇殺制身：殺生偏印又生身，整個七殺落在日主身上，壓力達到空前。6.身弱而食激旺殺：殺旺剋弱身，無法承受。7.比劫旺而食殺相戰：八字命局干支混戰，生命陷空亡。8.日主弱而坐旺殺：源源不絕的壓力，擊潰自己。9.食傷旺而難洩：情緒宣洩沒有出口。10.食傷弱而受制：不知如何舒壓。

【522問】何種八字的人懦弱？

答：懦弱者軟弱無能，膽小怕事，不堅強。1.七殺過旺：日主被剋制嚴重，不敢表達自己的意見與想法，膽小如鼠。2.印剋食傷：食傷是對抗強權的，現在被束縛住，不再對抗，妥協了，懦弱了。3.官殺混雜：為人猶豫、疑心重，加上懦弱。4.身弱梟印旺：生活懶散，依賴他人習慣了，不敢面對現實。5.財生殺：形同殺過旺，常常遭受攻擊與壓制，容易養成膽怯怕事，性格軟弱的人格特質。

【523問】何種八字的人偏激不服管教？

答：偏激者思想與行為等，都流於極端。1.傷官見官：《子平真詮》：「傷官見官，為禍百端。」傷官重為忌時，好勝逞強，惹事生非。若再見到官，偏激不服管教的缺點就顯現出來了。2.身弱官殺旺：身弱命局有三個以上的官殺星，處事偏激，忌惡如仇，服從性很差。3.身旺梟印重：日主身旺梟印重者，孤僻不合群，人緣不佳，難以管教。

【524問】何種八字的人雙重性格？

答：雙重性格者在思考問題時，常常有兩套思路在運轉，最後無法選擇或舉棋不定。會引發焦慮、失眠等症狀，是嚴重的心理障礙。1.官殺重近身：具雙重性格，一般情況下保守懦弱，一旦爆發起來倔強固執，反抗到底。2.命局多用神：命局若用神過多，不知要以何者為主，容易出現性格上的多變，莫衷一是。3.食傷過旺：食傷過旺

的人，情緒化嚴重，我行我素，性格多變。4.比劫過旺：比劫多主朋友多，也代表多個不同的自己，經常對事情有不同的看法，變來變去。

【525問】「指迷賦」內容說些什麼？

答：「指迷賦」收錄於《三命通會》、《五行精紀》兩書中，是以五行來推斷人的性情，內容如下：「文章明敏兮，定須火盛。威武剛烈兮，乃是金多。木盛則懷惻隱之心，水多則抱機巧之智。至土之性，最重為貴。」

白話文：「文章出眾的人，火日主且要身旺。個性威武剛強的，則是金日主同樣身要旺。木日主身旺之人，有仁慈的同情心。水日主身旺之人，有機靈智巧之聰明。土日主身旺之人，則是為人穩重。」

【526問】「子平賦」出自何本古籍？

答：「子迷賦」收錄於《三命通會》書中，內容主要是說人的體態與性情等，都與五行衰旺有關，內容如下：「美姿貌者，木生於春夏之時。無智識者，水困於丑未之日。性質聰明，蓋為水象之秀。臨事果決，皆因金氣之剛。五行氣足，體必豐肥。四柱無情，性多頑鄙。」

白話文：「人長得漂亮美貌的，是日主木生於夏天，因為木有纖細之美，又有火來吐秀的緣故。人沒有智慧，是水日主坐於丑未上，水主智，被剋傷的結果。人能聰明，是水旺而能生木泄秀。一個人處理事情果斷，都是因為日主是金且旺相的關係。日干身旺有力，體態必然豐滿

肥大。四柱干支上下刑沖嚴重者，個性頑固且粗俗。」

第十四篇

八字論六親

【527問】何謂「六親星」？

答：「六親星」即正印爲母親，偏財爲父親等之類，但八字古籍各書所述並不統一，如《淵海子平》論六親：「用日干爲主，正印正母，偏印偏母及祖父也。偏財是父，乃母之夫星也，亦爲偏妻。正財爲妻，偏財爲妾，爲父是也。比肩爲兄弟姐妹也，七殺是男，正官是女，食神是男孫，傷官是女孫及祖母也。婦人命取六親，與男命不同，取官星爲夫星，七殺是偏夫，食神是男，傷官是女。」

以上《淵海子平》認爲男命七殺爲男，正官爲女，但《三命通會》卻認爲官星爲子。從陰陽、乾坤之道理來論，《三命通會》之說爲正確。

【528問】何謂「六親宮」？

答：六親在四柱八字中占有固定的位置，稱之爲「宮位」。六親宮位是固定不變的，年柱代表「祖先宮」、「父母宮」，年干代表祖父、父親的位置，年支代表祖母、母親的位置。月柱代表「兄弟宮」，同時也是「父母宮」，即父母宮佔年月柱兩個位置。月干代表父親和兄弟，月支代表母親和姐妹。日支代表男命妻子、女命丈夫，爲「配偶宮」。時柱代表「子女宮」，時干代表兒子，時支代表女兒。

【529問】六親星與六親宮，何者為重？

答：在八字預測六親吉凶的過程中，六親星與六親宮

都有它的功能與作用，必須兩者兼看，才能有較好之預測準確度。一般而言，六親星是看六親與日主之「緣分」、「影響力」，最重要的是論「對日主是否有助益」等。至於六親宮則是看六親本人的「素質好壞」、「壽命長短」及「成就高低」等。

【530問】六親星宮喜忌不一致時，如何推斷？

答：論八字六親吉凶，原則上應該是「星宮同參」，命局有星先看星，無星再看宮。1.星宮均為喜神或忌神時，應驗的準確率較大。2.星宮喜忌不一致時，配合歲運才能定吉凶。3.星為喜神居宮，而得歲運生扶，六親對日主好且長壽。4.星為喜神，宮逢沖剋，或歲運來剋沖，六親對日主好但不長壽。5.星為忌神，宮逢沖剋，或歲運逢剋沖，六親對日主不好且不長壽。6.星為忌神，居宮而得生扶，六親對日主不好而長壽。

【531問】八字如何論祖先？

答：1.年柱乃祖先之位。《淵海子平》：「又擇四柱之中，以年為祖上，則知世代宗派盛衰之理；月為父母，則知親蔭名利有無之類；以日為己身。」年干為正官、正財、正印、食神等，且為喜用者，祖上富貴，且都能庇佑命主。2.忌神在年柱，或七殺、羊刃、劫財、偏印、食傷集於年柱者，大都祖上破敗寒微。3.年柱帶天月德貴人者，祖上有德望。4.第一步大運為吉運者，出生富貴，祖

上興隆。

【532問】能繼承祖業的八字為何？

答：能繼承祖業的八字如下：1.年柱食神：年柱帶有食神，表示祖先富有，命主能得祖先福蔭，包括繼承祖業。2.年柱正財：表示祖先富有，命主生于富貴之家，可繼承祖業。3.年柱正官：表示祖上當官或有名望，命主為長子或繼承祖業，掌管家業。4.年柱正印：表示祖上有清譽，福厚不愁衣食。命主生於望族，可繼承家業。

【533問】何謂「祖蔭傳芳格」？

答：「祖蔭傳芳格」出自於《御定子平》514個吉格之一。《御定子平》：「年上財祿，或逢印綬，柱中無破。主祖業豐隆。喜日時生旺，忌破絕空亡。」祖蔭傳芳的意思是，祖先留給子孫的恩澤，在地方傳出好的名聲，「芳」比喻美好的德性或聲譽。此格年上透財星或印星，四柱干支間沒有刑沖剋破，主祖先留傳下來的遺產很多。此格最好日主身旺，時柱也有力，最忌地支逢沖，坐絕、空亡等。

【534問】八字如何論父母？

答：1.看父母運程最好是以父母自己的八字來看，比較實際也精確些。通過自己的生辰八字來看看父母的情況，重點應擺在「與父母之緣分」及「是否有助益」等。2.八字論父母主要以「父母宮」以及「父母星」為主，即

看「年月柱」與命局的「財星」和「印星」。3.身旺以財星爲喜用神者，得父親之助益，若財官現於月柱，主父母富貴雙全。4.身弱以印星爲喜用神者，得母親之助益，若月令又爲印星者，享雙親之庇蔭。5.印星或財星逢空亡者，父母親體弱多病。6.印星或財星現月柱逢沖者，不得親蔭。7.論父母須參看幼運，才可知父母之富貴貧賤。

【535問】八字如何看父母離異？

答：父母離異的八字如下：1.年月柱遇合化：父母宮位有合化，表示容易有外人介入，尤其是財星忌神來合喜用正印；或者印星忌神來合喜用偏財。2.偏財兩透或正印兩透：表示可能會有兩個父親或者母親。3.財印多透：父母有離異的傾向。4.年柱干支受沖剋：年柱代表自己的根源，也代表父母，遇到沖剋，父母多不健全。5.財印星同柱：表示父母關係不和諧，立場對立，難以調和，暗示父母婚姻出狀況。

【536問】父母長壽的八字為何？

答：父母長壽的八字如下：1.地支三合三會：日主秉氣專一，貴氣長壽象徵。2.偏財正印旺：父親、母親身體健康，也是長壽者。3.年柱干支得月令：表示自己的父母身體健康，可以長壽。4.年柱遇長生帝旺：表示父母會長壽，且還有很大的福氣。5.命帶天月德合：八字中的天德、天德合，是一種福澤廣厚的象徵。

【537問】父母早喪的八字為何？

答：父母早喪的八字如下：1.月支正印逢沖，母親早喪。2.財為用，弱而受制，父壽不長。3.比劫過旺必剋父，財多財旺必剋母。4.父臨墓地父先死，印綬被傷母命亡。5.年逢殺刃遇刑害，損傷父母，父母早喪。6.財多無印母無凶，歲運逢印母必亡。7.年柱帶羊刃為忌，父早喪；財星旺臨年柱為忌，母短壽。8.年正官被傷官沖剋，主父母壽不長。

【538問】八字如何論兄弟？

答：1.八字論兄弟主要以「兄弟宮」及「兄弟星」為主，即以「月柱」與命局的「比肩」和「劫財」為判斷中心。2.月柱是喜用神者，兄弟發達有力，成就較高，且得兄弟之助益。3.身弱比肩劫財為喜用者，一生能得兄弟姐妹或朋友之助力。4.比劫為忌神者，易受兄弟姐妹或朋友之拖累，或小人陷害。5.比劫坐死墓絕者，一生運勢較差，且成就不高。6.比劫坐吉神如：天乙貴人、天月德貴人、福星、天赦、祿神等，一生容易成功。

【839問】兄弟情深八字如何看？

答：父母有恩，兄弟有情，是人倫之常，也是美滿家庭的寫照，今生能當兄弟，是要有很深的因緣。從身弱「取印比生扶日主」的理論來看，兄弟之情誼與助力，對日主的幫助可以很深很大。1.比劫為喜用：比劫為喜用者，一般都是身弱，打虎抓賊親兄弟，手足之情最為可

靠。2.月柱為喜用：月柱為兄弟宮，兄弟姐妹之間相親相愛，可得兄弟之助益。3.月令為用透干：月令為用透干的八字，兄弟有成就且對自己助力大。4.日月柱相合：自己與兄弟姐妹之間和平共處，兄友弟恭，一家和樂。

【540問】兄弟無緣八字如何看？

答：現代許多兄弟姐妹為了分家產，兄弟鬩牆，反目成仇。今生緣已盡，下輩子要再當兄弟，恐怕很難。1.比劫受沖剋：兄弟姐妹不合，關係緊張，彼此之間無緣。2.八字官殺旺：官殺剋比劫，兄弟落難，自顧不暇，各自求生去了，無法相互幫忙，如何有緣？3.身旺忌比劫：日主氣勢旺盛，不需比劫來助，比劫一來，自然易有爭執，很難和平相處。4.年月柱七殺：七殺剋比劫，兄弟之中有人早夭。

【541問】兄弟的興衰與比劫喜忌有何關係？

答：《滴天髓闡微》：「兄弟誰廢與誰興，提用財神看輕重。」意思是兄弟的興旺或衰廢，主要看比劫在四柱中，與月令提綱財星之間的輕重關係。身弱財旺，則比劫為喜神；身旺財弱，則比劫為忌神。總之，當比劫是日主的喜用神時，則兄弟得力顯貴，反之則兄弟越多越糟糕。

【542問】八字如何論配偶？

答：1.八字論配偶主要以「配偶宮」及「配偶星」為

主，即以「日支」與男命以「財星」，女命以「官殺」論配偶。2.男命身旺，以財星為喜用者，能得妻之助益；女命身旺，以官殺為喜用者，能得夫助。3.日支為喜用神，妻子素質條件佳，妻子賢淑，夫妻恩愛；日支為忌神，妻子條件差，夫妻相處不融洽。4.日支為七殺，妻子性情暴躁，夫妻相處不睦。5.日支逢空亡，會有遲婚、再婚、婚變的可能。6.日支逢沖，夫婦感情不睦，爭鬧不休。

【543問】男多劫財，女多傷官會如何？

答：《淵海子平》：「男多陽刃，必重婚。女犯傷官，須再嫁。」字面上的意思是，男命地支多劫財，會結二次婚。女命多傷官，會離婚再嫁。原因是什麼？劫財剋傷妻財，傷官剋傷夫官，這是八字學理上的理由，但真正的原因還是在性格，性格決定了命運。

男命多劫財是怎樣的一種性格？固執、自私、自我、霸道、不妥協的大男人主義者，老婆不跑掉才怪。女命多傷官，聰明傲慢、恃才傲物，目中無人，奢侈虛榮，放蕩形骸。請問，有幾個男人受得了？

【544問】傷官重之女命，如何避免婚姻失敗？

答：三命通會：「女命最怕傷官，有則傷夫，其理易曉。」意思是傷官是女命夫星的剋星，同時它也是子星，因此，傷官在命局上之作用，不僅影響其本人之幸福，更會直接影響到丈夫健康與事業成敗，傷官對於女命的人生

有極大的殺傷力。

　　傷官重之女命，婚姻一定會失敗嗎？其實並不一定如此，主要還要看傷官在命局中的「喜忌」、「衰旺」、「位置」等，才能推論它對於夫星官殺的破壞程度如何。從八字命理的理論來看傷官剋官的現象，最好的方法就是用「財星」，採「傷官生財」、「財生官」的通關策略，來化解傷官剋官。所以傷官重之女命，應積極的把心思放在經濟上，用語言、技藝、專業等取得財富，而不是把心思拿來對付丈夫。如此一來，不但個人有成就，也能幫助到丈夫的事業與自己的婚姻。

【545問】八字如何論子女？

　　答：1.八字論子女主要以「子女宮」及「子女星」為主，即以「時柱」與男命以「正官」論兒子，「七殺」論女兒；女命以「傷官」論兒子，「食神」論女兒。2.時柱是喜用神者，子女優秀有成就。子女星為喜用神者，子女對己有助力且孝順。3.時柱或子女星逢沖剋刑，不易得子，子女多災疾，不聽話等。

【546問】男命官殺是喜用，子女如何？

　　答：《滴天髓闡微》：「子女根枝一世傳，喜神看與殺相連。」意思是人的子女如樹有根枝，一代一代的傳承下去。在八字命理中，男命以以官殺論子息，所以要看子女優秀與否，要看喜用神與官殺相互之間的關係，如果官殺是日主的喜用神，則子女一定才能出眾，傑出優秀，未

來一定有發展前途。

【547問】子女星入墓，表示什麼？

答：以辛金日元的女命為例，壬癸水為食傷子女星，如果八字有辰，就叫「子女星入墓」，象徵剋子女或子女有災，甚至沒子女。一般而言，子女星入墓表示命主不想要孩子，或意外流產，或身心健康欠佳，或孩子叛逆，與父母感情不好等。最嚴重者，子女夭亡，沒有了未來。

【548問】從時支坐下也可看子女？

答：可以的。詳細如下：1.坐天月德貴人：子女孝順，子女心地慈祥。2.坐紅鸞：子女面貌秀氣，有人緣。3.坐死絕墓：子女身體不好，多疾病。4.坐貴人：子女面貌秀氣、聰明富貴。5.坐長生：子女可長壽。6.坐華蓋：子女聰明，但較孤獨，子女緣薄。7.坐空亡：子女損傷或離散。8.坐帝旺或臨官：子女大榮華富貴。9.坐孤辰寡宿：子女較孤獨，少子，助力少。

【549問】從五行偏枯也可看子女？

答：可以的。《玉照神應真經》：「火進南離物本旺，旺過則虧。」內容說火命人八字多火，尤其是日時兩柱火太旺，行運再行南方火地，無水來相濟，此為命火太過，萬物不生，故無後代。旺過則虧的「虧」字，本義為「缺損」，即子息缺損。《滴天髓闡微》：「清有精神終必發，偏枯無氣斷孤貧。」偏枯的五行就是無氣，無氣如

何化生？不但注定孤貧，且沒有子孫後代。

【550問】從神煞也可看子女？

答：可以的。《玉照神應眞經》：「凶煞臨空在時，有子爲招。」意思是說若時上帶凶煞，落空亡者，必主絕後無子。有食神得生助者，或有日沖剋時者，必招義子。「凶煞」是指羊刃、亡神、劫煞、災煞等。《五行精紀》：「若逢孤寡入刑沖，子息一時空。」即命中帶孤辰寡宿神煞，又遇刑沖者，對子息很不利，縱使一開始有子息，最終仍是孤寡一人。

【551問】八字無子如何看？

答：無子的八字如下：1.子女星逢空亡，入墓，受刑沖嚴重無救應者。2.七殺過旺無制。3.五行偏枯：水泛木漂、木旺火熾、火炎土焦、土旺金埋、金寒水冷等。4.干支多刑沖，用神被剋。5.印星過旺：食傷衰微，無子跡象明顯。6.男命財官太旺。7.印星太多剋食傷。8.食傷星入墓。9.日主衰弱，滿盤食傷者。10.日時兩支相刑。11.男命殺臨死墓絕地。

【552問】四柱以納音來論，金旺來剋木會如何？

答：《玉照神應眞經》：「木逢金盛，過繼兒郎。」意思是說八字四柱以納音來論，若命局金旺來剋木，則自己會沒有孩子，要認領兄弟的兒子作爲自己的後代，來繼

承香火。例如年壬午納音木，日甲子納音金，時壬申納音金，則二金剋一木，以無子來推斷。

【553問】財星逢比劫，傷官見官會如何？

答：《月談賦》：「偏財若見劫，定損妻和妾。正官若見傷，有子各離鄉。」意思是說命局以財為用，若出現了比劫，又無官殺星來制，即所謂「財星逢比劫」。這一生中免不了傷父、破財或婚災。男命以正官為子息，命局或大運流年見傷官，傷官剋官，官星難保無虞，子女到時也會有各種原因而離家遠去。當然，正官若在子女宮位上則應驗的程度高，否則不一定應會發生在子女身上。

【554問】八字敗家子如何看？

答：敗家子是指子女不肖來敗盡家產，若從八字來看，重點擺在子女星與時柱子女宮的吉凶，以及財星透干被劫情形來推斷。1.財星與劫財同在時柱，且財為喜用：因子女經營事業，或子女惹禍而損財。2.時干透財星為喜用，歲運走比劫：因子女之事而大破財。3.財星為喜用神，時柱逢比劫者：子女把家產敗光。4.傷官劫財羊刃聚於時柱：子女不肖，唯利是圖，不走正途，敗光家產。

【555問】八字論女命有無特殊論法？

答：封建時代女人沒有社會地位，所謂「未嫁從父、出嫁從夫、夫死從子」，故古代論女命，只看「夫星官

殺」與「子星食傷」的健全旺相與否，其它一概不論。
《三命通會》：「先觀夫星以定出身之貴賤，再看子星以
察晚年之榮辱。」《三命通會》所述代表古代當時的一種
思潮，這種觀念現在看起來當然是偏頗，不正確的。因
此，女男平等，女命論八字並不須要什麼特殊論法。

【５５６問】四柱全都是地支剋天干，會如何？

答：《玉照神應眞經》：「支剋干全四親孤，父母
尤忌；四土帶刑忌有殺，尊宅不利。」內容說八字四柱若
全部都是地支剋天干，則父母、兄弟、妻子、兒孫等親人
都會有刑剋，尤其會剋傷到父母。若地支見辰戌丑未四季
土，因戌丑未是三刑，或辰辰自刑，又有七殺剋，對於宅
主父母非常不利。

上述提到「支剋干全」，如八字辛巳、壬戌、甲申、
庚午，即下剋上，支剋干，又稱爲截腳，整個八字的組合
結構都受到破壞，六親宮皆受損，故有傷及親人之情形。

【５５７問】何謂八字「太極轉換法」？

答：八字本來就可以利用六親星或六親宮，來看六
親的緣份、喜忌、素質等，但若想要知道六親更詳細的情
形，則可利用八字的「太極轉換法」。這種太極轉換法以
「六親星」或「六親宮」爲「太極點」，重新進行五行生
剋，產生新的一組六親關係，用來顯現該六親的情況。

《易隱》：「以本宮內卦出現妻財爲主，不現，則

看內卦伏神，如不現，又無伏，則取飛宮論之。以世剋之爻爲妻，妻剋之爻爲妾。」《易隱》這裡所論述的「以世剋之爻爲妻」，是六爻的太極轉換法，在六爻預測中普遍地在使用。八字命理當缺少其它六親的生辰八字時，也可以從自己的八字，利用「太極轉換法」斷出其它六親的概況，不失爲一種權宜的算法。

【558問】可以舉命例說明「太極轉換法」嗎？

答：舉一例說明如何從男命來推論妻之命格。男命辛丑，癸巳，甲子，乙丑，以年支或時支「丑」正財爲妻，爲太極點。天干年辛生月癸，再生甲乙木，甲乙木剋丑土，妻承受來自男方祖父母、公婆與丈夫的壓力很大。月支巳火是丑土唯一的靠山與支持，但癸巳蓋頭，日支子水剋巳火，妻原生家庭無力。丑生辛金，有一個兒子。辛癸食神生財，再生甲乙官，妻子會做生意，對丈夫事業也有幫助，但因官殺混雜，最終是非不明而離婚。

第十五篇

八字論婚姻

【559問】八字論婚姻主要原則為何？

答：八字論婚姻主要仍是星宮理論的應用，以「夫妻星」男命「財星」，女命「官殺」及「夫妻宮」的「日支」等為主要觀察點來推論。1.夫妻星是喜用神，兩人關係好；是忌神關係不好。2.日支是喜用神，夫妻互相幫忙。3.日柱干支相生，夫妻感情好；日柱干支相剋，夫妻感情不好。4.無夫妻星，或與日干距離遠，夫妻之間感情很淡。5.日支有沖合，早剋易中途離異。

【560問】夫妻星與夫妻宮喜忌不同時，以何者為重？

答：以夫妻宮為重。1.以男命為例，身強者喜財星但日支是忌神，夫妻間感情不佳，同時也得不到妻之助力。2.身弱者忌財星但日支是喜用神，夫妻間感情還好，同時能得妻之助力。3.夫妻星與夫妻宮都為忌神者，婚姻關係最糟，最不得配偶之助力。

【561問】「要知女命難婚，運入背夫之位」，如何解釋？

答：此句出自於《淵海子平》：「要知女命難婚，運入背夫之位；欲議男兒早娶，定是運合財鄉。」意思是說想要知道女命為何無法成婚，原因在於走到對夫星極為不利之歲運；若要議論男命為何能早娶妻室，原因一定是走到合財星之歲運。其中所謂「背夫之位」即「行傷官運」，或「財官死絕之運」，女命難以婚嫁。

【562問】何謂「八字合婚」？

答：傳統習俗在訂婚之前，男女雙方把生辰八字交給命理師，來推算兩人是否適合結婚，稱之為「八字合婚」。具體的方法有二：第一種方法：分別將男女雙方四柱八字的干支對照來觀察，年柱對年柱，月柱對月柱，日柱對日柱，時柱對時柱，看看是否有刑沖，有者非良緣，為不吉利的婚姻。

第二種方法：詳細分析男女八字結構，找出用神喜忌，最好是五行能互補，如男生火旺喜水，女生水旺喜火。兩人有可能性情不同、嗜好不同等，但是可以互補，對雙方的八字及運程都有補救的作用，如此婚姻結合就是一個良緣夙締。若兩人五行不能互補，但八字結構相似，喜忌大同小異，或日主五行一樣，十神種類、數量接近等，表示兩人性情同質，也能是佳偶天成。

【563問】何謂「呂才合婚法」？

答：「呂才合婚法」，人稱《滅蠻經》，又叫「宮度合婚法」、「三元合婚法」等。魏晉以後，西方異族大量進入中原，到了唐代，異族向唐王室及大臣們求婚的人越來越很多，於是唐太宗命呂才造了「呂才合婚法」，目的是用此法來堵住大批異族人，斷絕與他們的通婚。

呂才（606-665年），唐初陰陽學哲學家，今山東聊城高唐縣人。「呂才合婚法」是根據九宮年命排列的合婚圖，再將結婚男女出生年轉化為天干地支，再將各年命的天干地支按三元九宮看落在那個宮位，最後將男女年命卦

合成「八宅游年卦象」來判斷男女的婚姻吉凶。「呂才合婚法」可信嗎？當然不可信，幸好此法今日已無人在使用。

【564問】差六歲結婚不好嗎？

答：八字合婚差六歲，即雙方年柱地支六沖，這對兩人結婚初期的前10年是有不利之影響；雙方月柱地支六沖，結婚11-20年有不利之影響；雙方日柱地支六沖，結婚21-30年有不利之影響；雙方時柱地支六沖，結婚31年之後有不利之影響。所謂「不利之影響」，到底有多不利？爭吵、分居、離婚或喪亡，這還要詳看夫妻雙方的八字格局及大運喜忌後，才能論斷。

【565問】何謂「配偶同質性」？

答：所謂「配偶同質性」在社會學上是指男女結婚，雙方在種族、學歷、年齡、族群、宗教信仰、文化背景、家庭型態、社濟地位上都相同或類似。這種各方面同質性高、相似度高的男女雙方成婚，一般認爲婚姻的滿意度較高，相處愉快。以八字命理學來說，日主五行相同，或用神喜忌一樣，或八字格局相似，或十神種類、數量雷同等，就是配偶同質性高。像這樣子的兩個人結婚，即是天作之合，美滿良緣。

【566問】何謂「配偶互補性」？

答：所謂「配偶互補性」在社會學上是指夫妻兩人的

個性不同，興趣分歧，甚至政治信仰也不同，宗教文化有差異等，但是兩人相互包容，彼此尊重對方不同的想法，學習理解與同理心等。這種各方面同質性雖不高，但男女雙方人格成熟，包容力大，同樣能締結美滿的婚姻。以八字命理學來說，例如男生五行缺金水旺，女生缺水金旺；正好可相互補充，像這樣互補性高的合婚，也能結成良緣。

【567問】何謂「正緣」？

答：許多求算者都會問：我的正緣何時會出現？其實在八字古籍上根本沒有「正緣」這個名詞，相關的僅有「婚期」或「因緣」等。何謂「正緣」？從字面上看，正緣是指的是一個人命中注定的「正式緣分」，它是個結婚的時間點，以八字命理學來說就是「結婚歲運」。

很多人都誤解正緣的真正意思，以為結婚歲運在一輩子中只出現一次，錯過此次，終身不再有。其實正緣對大多數人來說，一生不止一次，因此不要再誤解正緣了。八字命理確實能算出準確的「結婚歲運」時間點，不僅能在戀愛時少走冤枉路，還能減少情感路上不必要的彼此傷害。

【568問】結婚對象何處找尋？

答：以「喜用神在何柱」或「日支藏干透於何柱」來推斷，詳細如下表：

喜用 在年柱	1.宜透過長輩介紹。2.宜參加團體、社交場合活動或利用郊遊方式等多接觸群眾。3.對象在遠方，外縣市，甚至國外等。
喜用 在月柱	1.宜透過父母、兄弟姐妹或朋友介紹。2.宜多表達自己興趣或嗜好。3.對象爲鄰近縣市。
喜用 在日柱	1.宜自己主動去找尋。2.宜主動積極去行銷自己。3.對象離日主最近，爲同事、鄰居、同學等。
喜用 在時柱	1.宜透過晚輩介紹。2.宜在工作，技術上表達自己的能力。3.對象爲鄰近縣市。

【569問】八字如何看早晚婚？

答：1.男命正財與女命正官出現在年柱透干，地支本氣旺相不被刑沖剋害的，結婚時間較早，成婚的時間約在25歲前後。沒有正財、正官的，看偏財、七殺。2.夫妻星出現在月柱透干，結婚時間適當，成婚的時間約在30歲前後。3.夫妻星出現在日支的，成婚的時間約在40歲前。4.夫妻星出現在時柱的，結婚時間最晚，成婚的時間在40歲後。

【570問】歲運如何看婚期？

答：所謂「婚期」即結婚的日期，八字通常都能看出是在某大運或流年，有此成婚之可能。八字看婚期詳情如下：1.與日柱天合地合之歲運。2.與日柱干支刑沖剋合之歲

運。3.男命逢財旺，女命逢官殺之年。4.與命局成六合、三合、三會成財官局之歲運，含日支者機會更大。5.命局喜用神之歲運。6.流年逢桃花。7.流年地支與夫妻宮相同。8.夫妻宮逢合，沖開之流年。

【571問】命理師為何會勸人晚婚？

答：每當八字命局組合結構如無夫妻星，或夫妻星為忌，或夫妻宮有刑沖等，對過早的婚姻有不良的影響時，命理師通常會建議晚婚來化解。以晚婚為手段真的能避開婚災嗎？從人格發展來說，隨著社會歷練與年齡增長，人格上會變的較為成熟穩重，不會因一時情緒衝動，而使婚姻產生傷害。所以，晚婚確實是可以降低不幸婚姻的發生率。

【572問】幾歲才叫做晚婚？

答：以2019年各縣市平均初婚年齡比較，台北市是男性34.1歲、女性32歲，為最晚婚的縣市。因此，現階段男生超過34歲，女生超過32歲，就是晚婚了。

40年來台灣民眾初婚年齡已延遲約6歲，將來會不會繼續往後遞延，很難預料，但可以確定的是，高齡產婦會越來越多，而高齡產婦會面臨到的孕期危機很多，包括：流產率增高，胎兒異常的機率也較高，還有孕期併發症較多，胎死腹中的危險等。

【573問】夫妻感情好的女命為何？

答：女命八字有下列情形者，夫妻感情好。1.官印同透天干者。2.官殺為喜用，又親近日干者。3.日支坐忌神，合化成喜神者。4.日支坐喜用神者。5.正官為喜用神，且合日主者。6.命局有正官，無七殺來混；或有七殺而無正官者。

【574問】夫妻感情不好的女命為何？

答：夫妻感情不好的女命八字如下：1.日支坐傷官：好罵夫，夫妻感情不睦，丈夫身體不好。2.命局傷官旺、食神多：喜歡管丈夫，脾氣不好，情緒不穩定。3.官殺混雜且同透天干：既有先生，也會有情人，婚姻不順。4.婚姻宮和配偶宮逢刑沖：月柱為婚姻宮，日柱為配偶宮，歲運再逢刑沖容易引起婚變。5.身弱官殺旺：受夫欺侮。6.日支喜神合化成忌神：受夫拖累，感情不睦。7.七殺自坐羊刃：夫剛強暴躁，受夫欺凌，感情不睦。

【575問】丈夫短命的女命為何？

答：丈夫短命的女命八字如下：1.官星衰弱，逢傷官緊貼剋破無救應者。2.日支正官坐死墓絕。3.官殺逢空亡。4.日支官殺被合成食傷局。5.官殺被食傷重剋無救。6.官殺虛浮，地支合會食傷局。7.原局比劫重，無官殺。8.原局日支逢沖，歲運又來沖。9.官星入墓。

【576問】以七殺為夫星的女命，婚姻如何？

答：七殺本身有著「不穩定性」，因此女性八字中帶有七殺，又以七殺做為夫星者，其人生與婚姻都比較有起伏波折。其中又可依女命日主強弱不同而有差異。1.身強者：日主健旺之女命，殺為喜用，容易嫁給精明能幹，事業有成之男性，婚姻美滿。2.中和者：仍能任財官，可配良夫。女命本人做事有擔當，可以從政或商業經營，婚姻可美滿。3.身弱者：女命個人心性軟弱，膽小怕事，缺乏獨立性，晚婚為宜。否則七殺對日主本人的身心健康及婚姻，都有不良影響。

【577問】以正官為夫星的女命，婚姻如何？

答：女命的夫星一般以正官為夫較適當，因為正官之氣，單純專一，有情有義，穩定正直。若女命日主健旺，官為喜用，代表丈夫對自己和家庭幫助很大，是自己命中貴人。且丈夫有能力，也有社經地位，算是有地位與名望之人。總之，女命只要身不弱，以正官為夫星，必然嫁貴夫，丈夫也能發達富貴。

【578問】女命逢臨官帝旺好嗎？

答：《源髓歌》：「臨官帝旺未為好，再嫁重婚傷亦早。」「臨官」、「帝旺」乃五行之氣在長生十二運的過程中，壯盛到極點的階段。壯盛到極點不是很好嗎？對

古代的女命來說，自我過旺絕對是不好的，因爲當時的時代背景，女命無法獨立，沒有社經地位，日主的比劫逢臨官帝旺之地，過於剛強容易剋到夫星。所以才說會再嫁重婚，傷害很早就會發生。但現代女命逢臨官帝旺，可以爲事業女強人，至於婚姻仍須苦心經營才行。

【579問】何種男命能得妻助？

答：男命八字有下列情形者，易得妻助。1.日支坐喜用神者。2.身強財旺者，富有且多得妻助。3.身強財星爲喜用又坐日支者，受妻助力最大。4.身強財爲喜用，日支坐傷官者，可得妻財且妻貌美口才好。5.從財格成。6.妻宮坐喜用神而逢沖，妻賢美但宜防離異。7.日支或財星坐天乙貴人爲喜者，妻家境好得妻助。8.日支坐正官而爲喜用神者，妻爲人敦厚。9.日支是正印而爲喜用神，妻仁慈厚道。10.身強日支坐食神爲喜用，妻肥胖豐滿，性情溫和。

【580問】何種男命不得妻助？

答：不得妻助的男命八字如下：1.財星是忌神者。2.從格，而日支是格局之忌神者。3.身強忌比劫，比劫坐日支者。4.身弱忌財官食傷，財官食傷等忌神坐日支者。5.日支是喜用神，卻被合化成忌神。6.日支是喜用神，被刑沖剋害者。7.日支七殺爲忌神，又刑沖，妻性兇暴。

【581問】財星及日支對男命婚姻之影響為何？

答：1.財星坐墓，妻體弱多病，本人也有金屋藏嬌之可能。2.財星空亡，有喪妻之可能。3.財星坐七殺，妻個性暴躁凶悍。4.財星為喜用而被合化，妻有外遇。5.日支有沖，尤其是子午卯酉沖，夫妻感情不佳，難以白頭。6.日支空亡，婚緣易變，宜晚婚。

【582問】神煞如何看男命婚姻？

答：1.財星坐沐浴或桃花：其妻喜風流愛。2.日支坐紅艷：妻貌美。3.財星坐華蓋：妻聰明但個性孤獨。4.日支坐喪門等凶煞：刑傷妻子。5.財星坐驛馬：娶遠方之妻。6.日支坐羊刃，時柱偏印：妻產厄。7.日支財星為喜用，坐下將星：娶豪門閨秀為妻。

【583問】丈夫有成就的女命為何？

答：丈夫有成就的女命八字如下：1.命局比劫旺，以食傷為用神，食傷有力。2.命局印旺，以財星為用神，財星有力。3.身弱食傷旺，以印星為用神，印星有力。4.命局比劫旺，官殺輕，以財星為用神，財星有力。5.官殺為用神，無損傷且有力。6.官殺過旺，有比劫，以食傷為用神，食傷有力。7.官殺過旺，無比劫，以印星為用神，印星有力。

【584問】何種歲運容易離婚？

答：容易離婚的歲運如下：1.歲運是忌神且沖日支者，易離婚。2.女命身弱，日支坐食傷，逢傷官運或劫財運者。3.男命身強逢比劫運者，易離婚。4.身弱財星爲忌，又逢財運者。5.男命身強日支坐比劫者，婚後十年內易離婚。6.第三步大運是忌神者。7.女命身強印旺，日支又坐偏印，逢印運，易離婚。

【585問】女命身弱印虛，應如何救助？

答：《三命通會》：「凡女命，印若虛，庫要實，五行恬靜無情。」意思是說女命八字宜柔不宜剛，但也不能身太弱，太弱則有福不能受。因此當命局無印來生身時，就必須有「日主之庫」來助，這裡「庫」是指地支辰戌丑未，其藏干中見比劫之意，所以說庫要實，何爲「實」？真實存在也。「五行恬靜無情」是說不要見到三合、五合、六合等之有情，也不要有刑沖破害等，這才是最好的女命格局。

【586問】如何從日支坐下之十神看配偶？

答：日干代表自己，日支代表配偶，日支也是夫妻宮。通過對日柱尤其是日支的分析，可以看出配偶的性情、特質、觀念等，幫助我們找到適合的相處方式，促進婚姻的和諧。日支坐下之不同十神，分喜忌看配偶如下表：

坐下正財	1.為喜用，主配偶刻苦耐勞，重視信用，勤儉節約，安分守己，做事小心，重視生活，盡職盡責。 2.為忌神，主配偶缺乏耐心，單調刻板，小氣吝嗇，脾氣暴躁，過度謹慎，缺乏魄力，不懂變通。
坐下偏財	1.為喜用，主配偶機智敏捷，應酬得體，應對高明，出手大方，保持笑容，商業頭腦，重義豪爽。 2.為忌神，主配偶心思善變，用情不專，浮華虛榮，投機不實，言行不一，舉止輕浮，性格不穩。
坐下正印	1.為喜用，主配偶思想高超，學識過人，信譽良好，名聲遠播。氣質高雅，生活品味，重視內涵。 2.為忌神，主配偶不善理財，想法天真，依賴心強，懶惰成性，不切實際，粉飾缺失，沒有主見。
坐下偏印	1.為喜用，主配偶感受敏銳，心思細膩，企劃高手，天賦奇才，臨機應變，領悟力強，機智推理。 2.為忌神，主配偶鑽牛角尖，自相矛盾，利己心強，難以相處，內向多疑，心胸不廣，固執偏激。
坐下食神	1.為喜用，主配偶才華流露，知書達理，犧牲奉獻，寬宏大量，氣質高雅，感情豐富，注重生活。 2.為忌神，主配偶逃避現實，太理想化，多愁善感，神經衰弱，懷才不遇，有志難伸，沉迷享受。

坐下傷官	1.爲喜用，主配偶能說善道、生性樂觀、聰明伶俐，機智靈巧，多才多藝，口才一流，才華外顯。 2.爲忌神，主配偶自大驕傲，恃才傲慢，興趣過多，博而不精，氣量狹窄，難以管束，犯上抗爭。
坐下正官	1.爲喜用，主配偶約束自己，擁有名望，禮教自律，嚴守紀律，生活有序，管理才能，約束力強。 2.爲忌神，主配偶懦弱自卑，不敢創新，流於刻板，謹愼過度，墨守成規，缺乏耐心，虎頭蛇尾。
坐下七殺	1.爲喜用，主配偶冒險精神，高昂鬥志，果斷力強，果斷魄力，勇敢果決，義氣大膽，負責盡職。 2.爲忌神，主配偶衝動任性，過於急躁，欠缺考慮，剛愎自用，獨斷獨行，無情自私，偏激好勝。
坐下比肩	1.爲喜用，主配偶主動積極，獨立自主，平等對待，剛健自信，剛強自信，單純堅強，見義勇爲。 2.爲忌神，主配偶損人利己，生活無趣，好管閒事，輕財懶惰，獨斷專行，剛愎自用，爭強好鬥。
坐下劫財	1.爲喜用，主配偶熱情好禮，膽大心細，冒險犯難，競爭力強，精於計算，廣交朋友，耐勞耐操。 2.爲忌神，主配偶雙重性格，自我衝突，自我矛盾，野心太大，多愁善感，陰晴不定，有勇無謀。

【587問】妻短命如何看？

答：妻短命的男命八字如下：1.妻星入墓，有妻先亡

之徵兆。2.日支是官殺且遭沖，妻身體不健康，多病有早死之可能。3.八字純陽，妻易受剋短命。4.命局比劫過旺，妻財受剋嚴重。5.羊刃坐日支，身過旺，妻體弱多病，短命。6.財星自坐死絕。7.財星一位虛浮，地支會財局。

【588問】何種女命容易再婚？

答：女命本身八字有下情形者容易再婚。1.日支逢空亡。2.官星坐下死墓絕。3.滿盤官殺無制。4.身強日支坐傷官。5.無官星而地支多桃花。6.官星空亡。7.官殺混雜，財星多見。8.命局傷官旺，不見印星與財星者。9.官星逢傷官剋傷，無救者。

【589問】妻有外遇如何看？

答：妻易有外遇的男命八字如下：1.妻宮不坐正財，正財在他柱遭比劫合化他物。2.日支妻宮遭合化為忌神。3.月干正財受剋，地支多沖。4.財星坐下桃花、沐浴。5.妻宮並見正財劫財二星。6.妻宮不坐妻星，而遭他支合化為羊刃。7.女命八字天干有妒合。8.不論男女，八字金水太旺的人也易出軌。

【590問】妻多病的八字為何？

答：男命八字有下列情形者，妻多病。1.比劫與財星同柱，比劫為忌神。2.妻星極弱，比劫多旺定剋妻。3.夫妻宮坐羊刃，被其它地支刑沖。4.日支坐下病者。5.財多身弱，日支坐財星。6.妻星被它支合化為忌神。7.財星入墓，

妻子容易早亡或多病。

【591問】夫妻反目，孩子不孝的原因為何？

答：《蘭台妙選》：「夫妻反目，刃劫臨於日宮；父子悖逆，劫刃坐於時位。」意思是恩愛夫妻為什麼會反目成仇？原因是日支坐下羊刃、劫財；孩子又為什麼會違反倫常，忤逆不孝？日支是夫妻宮，坐下劫財主不通情理，具侵犯性，是非口舌，剋傷妻子等。這樣的夫妻如何能和平相處？至於子不孝的問題，原因是時柱是子息宮，時柱坐下劫財凶星，子女緣薄，所以有忤逆不孝的現象發生。從「星宮理論」去思考，很容就易明白其中的道理。

【592問】有家暴的男命八字為何？

答：有家暴的男命八字如下：1.火過旺：火旺太過個性衝動，行為偏激，言行粗率冒失，忍耐力差，習慣以武力解決的家務事。2.身弱財旺：身弱表示命主能力不足，財旺表示妻子能力強，自卑心理的丈夫經常會想以武力征服對方。3.比劫過旺：比劫過旺剋財，妻子難逃被家暴的命運。4.日支逢沖：日支為夫妻宮，沖則不穩，衝突。倒楣的是當太太的。

【593問】何種女命得夫助？

答：女命八字有下列情形者，得夫助。1.身強以財官為喜用神。2.從殺格者，丈夫既富又貴。3.身弱，印星有力

得生扶。4.身弱官殺爲忌，但日支爲喜用神，不受刑沖剋害。5.從官格，官星不受刑沖剋害。6.日支坐忌神，但合化成喜用。

【594問】何種女命不得夫助？

答：女命八字有下列情形者，不得夫助。1.日支爲忌神。2.官殺太旺，不受剋制。3.身弱官殺也弱，傷官太旺。4.身強印旺而官星弱。5.比劫旺而官星弱。6.命局傷官剋官。7.不論身強弱，日支坐傷官。8.身強而日支坐印比。9.傷官透干者。

【595問】再婚之女命為何？

答：容易再婚的女命八字如下：1.官殺逢食傷重剋無救者。2.命局傷官過旺，無印剋制，亦無財星引化者。3.日支逢空亡，女命再婚。4.官殺混雜，財星多見者。5.滿盤官殺，又多透者。6.原局兩見官星，其一逢空亡者，女命離婚再嫁。若空亡又坐死墓絕者，夫死再嫁。

【596問】何謂「女命貴格」？

答：《淵海子平》有「女命貴格」，共有十九種女命貴格。如下：「正氣官星，財官兩旺，印綬天德，獨殺有制，傷官生財，坐祿逢財，官星帶合，日貴逢財，官貴逢官，官星坐祿，官星桃花，食神生旺，食神生財，殺化印綬，二德扶身，三奇合局，羊刃有制，拱祿拱貴，歸祿逢財。」

【597問】何謂「女命賤格」？

答：《淵海子平》有「女命賤格」，共有十九種女命賤格。如下：「官殺混雜，官殺無制，殺星太重，傷官太重，貪財破印，比肩犯重，無官見合，無印見殺，傷官七殺，帶合桃花，八字刑沖，財多身弱，羊刃沖刑，金神帶刃，多官多合，倒插桃花，身旺無依，傷官見官，印綬遇劫。」

【598問】女命身旺官弱比劫強，對婚姻有何影響？

答：女命身旺比劫強者的個性，為熱誠坦白，鬥志旺盛。但蠻橫衝動，自我矛盾，一意孤行，不聽勸告，往往會不顧一切做出錯誤的決定，以致不可收拾。若加上官弱，表示心中沒有丈夫的地位，會經常看不起丈夫，加上自我反省能力薄弱，沒有任何人事物可以約束她，這種婚姻很難可以長期維持下去。

【599問】男命獨身八字如何看？

答：男命八字有下列情形者，容易獨身。1.星弱而入墓：財星弱加上入墓，等同於無財星，若前三大運不見財星，注定單身。2.日支坐祿刃：日支為配偶宮，比劫剋妻財，配偶星難以進入命局，日主排斥婚姻。3.殺旺身弱：殺旺為忌，財為仇神，財星再來生官殺，對命主的「婚姻恐懼症」是雪上加霜，所以保持獨身最好。4.財多身弱：經濟條件太差，恐沒女孩子想嫁給他。5.梟神奪食：食神

受傷，無力生財星，光棍的機率很高。6.比劫過旺：比劫主競爭，男命與人爭妻之象，爭去爭來，還是孤寡一人。

【600問】女命獨身八字如何看？

答：女命八字有下列情形者，容易獨身。1.身印過旺無財官：個性太強，不肯屈服，難有婚姻。2.殺重無印：殺旺身弱，性格孤僻，對婚姻恐懼且排斥。3.身弱財重：男友不算少，「倒貼型」的情感之路，仍然挽回不了，最後仍是孤寂一生。4.梟神奪食：梟神奪食，食神主子女，沒有子女也沒有婚姻。5.食傷重無財：排斥婚姻，孤立自己，注定獨身。6.夫星弱而入墓：異性緣不佳，很容易獨身。

第十六篇
八字論財富

【601問】八字論財富的重點為何？

答：八字論財富主要重點有二：重點一「身要旺」。身旺者乃得財富的首要條件，但不是身強者就一定有財富，許多「旺極無依」，「滿盤印比」卻不入從格，命局中無半點財官者，貧困終身，比比皆是。八字是否有富貴，不單純只看財星與日主的對比，身弱財旺者，得喜用之運，功名富貴也能不求自來。重點二「見財星」。命局須見財星，身強財星多見為佳，身弱財星微見即可。若不見財星，逢運助亦發不了財。

【602問】何謂「身強才能任財官」？

答：在八字命理中，我剋者為財星，剋我者為官殺，因此財官二者，都會對日主構成了壓力與負擔。對於八字身弱的人來說，財官根本就是禍害，會壓垮身心，但對八字身強的人來說，財旺我能剋制得了，官旺我能承擔起來，個人不會受到不好的影響，所以說，身強的人才可以任財官。

《攔江網》：「身旺能任財，方可言富」，意思就是如此。《淵海子平》：「力不任財，禍患百出」，即在說身弱者，財星反成禍害的道理。

【603問】身弱者不乏當官的例子，如何解釋？

答：雖說「身強才能任財官」，但日主身強或身弱，雖然有一定的判斷方法，其實還不算客觀，所以經常發生

此日主我說身強，他說身弱，相持不下的情形。

　　《子平眞詮》：「十干不論月令休囚，只要四柱有根，便能受財官食神而當傷官七煞。」這裡所說的「四柱有根，便能受財官」，其中的「有根」，就是一項「客觀指標」，所以不妨把能否任財官的標準，修正爲「有根無根」，就不會有困擾了。而所謂「有根」，對日干而言卽在在四柱四個地支藏干中，有和天干相同屬性的五行存在卽是。

【604問】富命者的條件為何？

　　答：所謂「富命」就是有比常人有更多的財富者，富命著重「日主和財星」的配合，凡格局用神配合良好，大運順遂者，較易達到富者之命。富命者其八字條件如下：1.財星是喜用神。2.財旺身弱行比劫運。身弱者行比劫運，身轉強就能任財了。3.身旺財旺，且有官衛財。4.身旺印旺，財壞印得用。5.比劫旺，食傷得用。6.命局調候適當。7.身強命局中無財，日支爲喜用神。8.從財格滿盤財星，得運助。

【605問】貧命者的特徵為何？

　　答：所謂「貧命」就是生活比一般人窮困者，其八字特徵如下：1.以財爲忌神者。2.喜財而財星被合。3.喜印而財星壞印。4.財輕劫重，食傷不現。5.財輕官星重者。6.用神爲財星而被沖剋者。7.財官輕，而日主過旺。8.凡財星無氣，或財星被劫者。

【606問】偏財與正財如何區分？

答：偏財與正財的區分如下表：

偏財	意外的、偶然的、不固定的、四方的、不是自己能控制的財，就叫做偏財。如年終獎金、中獎或是股票獲利等。
正財	固定的、穩定的、靠勞力的、勞務獲得的報酬就是正財。如薪水收入或勞力收入等。

【607問】何種八字與財無緣？

答：與財無緣的八字如下：1.財星休囚：一生財來財去，最後兩手空空。2.比劫奪財：沒有經濟觀念，平常生活浪費成性，身上只要有一點錢，不花掉渾身難受。經常為手足、朋友而遭受財損。3.食傷衰弱：食傷為財之源頭，食傷弱即經常性的斷水，如何能源遠流長？4.缺官殺：少了官星的護財，財富好像放在路上的黃金一樣，隨時就被路人拿走。

【608問】財富何處來如何看？

答：1.年柱正財表示家境好，會從長輩處繼承財產。2.月柱正財，靠自己的努力來賺錢。3.偏財為用神，容易有意外之財，善抓住機會賺取錢財。4.年柱為忌神，年月支相沖，不能得祖產，宜到外鄉發展。5.日支為喜用神，得妻財。6.年月兩柱皆忌神無法得祖蔭，要白手起家。7.身弱

走比劫運，合夥發財。

【609問】何謂「富屋貧人」？

答：「富屋貧人」從字面上看，是豪宅裡面住個窮人或病人，八字專指「財多身弱」之人。《造化元鑰》：「財多身弱，富屋貧人，財多而無力支配其財，反為財所困，財為妻，故主反畏妻子也。」內容說一個人的財富忽然變多，有時並不是件好事，它會導致身體轉為衰弱，健康亮起了紅燈。如同一間房子很大很漂亮，裡面卻住個病人，無福消受。

八字講求中和平衡，財星與日主之間也要平衡才行。日主衰弱，財星旺相，反為財困，甚至怕老婆，因為老婆實在太凶悍了。財多身弱之人表面風光，實際上卻貧弱空虛。這種命局一旦發了大財，就會有災禍發生，嚴重時財散人亡。

【610問】何謂「財多身弱」？

答：「財多身弱」從字面上看，是說只要錢財多起來了，身體就變差或生病。八字命理的解釋是，日干弱而財星強，日主不能勝任之，其財不能享反受其害。財多身弱，宜見比劫幫身，行運遇比劫則發，或有印星亦吉，唯須比劫制財以護印。財多身弱之人，求財心切，事業心大，但想的多，做的少。所謂「財多」，是相較於身弱而說的，如果日主旺相有根，得生扶，則財再多也沒關係。

【611問】何謂「財運」？

答：財運即「獲得或失去錢財的機運」。財為養命之源，不可或缺，有人發財輕鬆，有人卻倍感艱辛，這是為什麼呢？除了個人先天所帶來的福份之外，是否逢財運也是原因之一。許多人一聽到財運兩個字，以為就是發財之機會，其實這是天大的誤會。

逢財運是有可能發財，但也有可能破財，總之，此運與財有關連，至於是福是禍，是得或失，就要全面綜合去推論了。十年一個大運，若大運遇到財星，且為喜用，則表示有十年的發財之運，在求財路上順風順水。若是流年逢財星，且為喜用，則表示此年財運好，有意外之收入，中獎或分家產等之吉事。

【612問】何謂「財庫」？

答：辰戌丑未四者為庫，其中木以未為庫，火和土以戌為庫，金以丑為庫，水以辰為庫，當財星入辰戌丑未時，就稱之為「財庫」。原則上，八字命局財星宜旺相，又見財星墓庫之地就叫「有財庫」。如此之命格，遲早有發財的一天。但若財星衰弱，再見墓庫則為「財星入墓」，此財難出。因此，並非八字有「財庫」就能發財，必須具備發財的基本條件，即身旺財星也旺。

【613問】財官入庫沖就能發嗎？

答：很多八字古籍都有提到「財官入庫不沖不發」的說法，但並非所有五行的財官都適用，此財官應為四庫土

才行。換言之，日主爲木或水之人，才能作此論，因爲木人以土爲財，水人以土爲官，土與土沖，越沖越發越旺，財官才能跟著旺。

《子平眞詮》：「然亦有逢沖而發者，何也？如官最忌沖，而癸生辰月，透戊爲官，與戌相衝，不見破格，四庫喜沖，不爲不足。卻不知子午卯酉之類，二者相仇，乃衝剋之沖，而四墓土自爲沖，乃衝動之沖，非衝剋之沖也。然既以土爲官，何害於事乎？」從以上所論可以知道，只有辰戌丑未四庫才喜沖，其它子午卯酉、寅申巳亥等是沖不得的。

【614問】命帶偏財者的性格與命運如何？

答：《三命通會》：「偏財得位發他鄉，慷慨風流性要剛。別立家園三兩處，因名因利自家忙。」整段的意思在講命帶偏財者的性格與命運，白話如下：「偏財者所賺是四方之財，所以不太適合留在家鄉，宜離鄉背井，外出奮鬥。偏財格之人生性慷慨多情，重義不重財，但不能如此放蕩下去，有時要剛強一些才行。偏財格到處留情，四處都有家，因爲一心追逐名利，所以終身都在忙碌。」

【615問】命局印星旺者如何賺錢？

答：印星與財星是相剋，因此印星旺的人，是淡薄名利，缺乏理財觀念的一群。印星代表性格善良、文化修養、學識教養、慈悲心腸等，以就業市場而言，印旺者

不適在商場與人競爭，因為缺乏商業頭腦，最適合當上班族，或學校老師，或宗教文化，或學術研究單位等上班，以穩定的經濟收入，做一名受薪階級來養活自己及家庭。

【616問】走財之歲運才會發財嗎？

答：當然不是如此。除非以財為喜用者，才會在走財之歲運時發財，其它不以財星為喜用神者，各有各自發財之歲運，有人走官殺運發財，有人走比劫運發財，不一而足。如身弱者走印運發財，另外身弱者喜印，走官殺之歲運亦能發財。還有身強者喜財，走食傷歲運，財運勢如破竹等。

【617問】身弱坐煞行身旺之運，會如何？

答：《三命通會》：「身淺坐煞，運行身旺之鄉，發財發福。」內容說，日主身弱，自坐七殺者，如甲申、乙酉等日柱，若行寅卯運，大發財祿。理由是什麼？身弱者走比劫喜用神，身由弱轉強，足以來擔財官了，就這樣發了大財。以上證明了行任何歲運都可能發財，不限定非走財運不可。

【618問】命局官殺旺者如何賺錢？

答：官殺旺的人，生性保守，傳統守舊，為人正直，奉公守法，不喜歡創新求變，所以，並不適合多變的商業市場，賺錢能力只算是一般而已。官殺旺者最好的賺錢方

式，應該是去上班，如公教人員、軍警，或大公司中的管理人員，領固定薪水。七殺不服輸的個性，耐操耐勞，不怕困難，或許機緣成熟，可以做點小生意。

【619問】命局財星旺者如何賺錢？

答：財星旺之人，與財有緣，適合做生意，只是生意有大有小，二萬元買台餐車，在路邊賣蔥油餅是做生意，投資數百億開個公司也是做生意。其中的差異與財星在命局中的旺度、數量、位置等，及日主的強弱，行運的喜忌順逆等都有很大的關係。財星之中的正財為保守的財，因此只能穩定經營，缺乏創新。至於偏財才是真正賺錢高手，善於鑽營，掌握商機，勇於冒險，可創造出財富的極大值。

【620問】滿盤都是比劫或官煞，如何取用神？

答：《三命通會》：「兄弟破財，財得用；煞官欺主，主須從。」內容說，比劫是剋財的，如果八字命局滿盤都是比劫，不見財官，則無用神可取。倘若有財出現，這個財就成了用神。另一個八字是滿盤都是官煞，日主只好棄命從煞，遇煞旺之鄉，也能發福。

【621問】命局食傷旺者如何賺錢？

答：食傷旺之人，創新求變，聰明謀略，口才好，野心大，有說服力，適合在商場上發展，食傷是除了財星

之外，最適合做生意的人。食傷與財星最大的不同在於，食傷善長規畫、出點子、動腦筋、有創意，是現代變化多端的商場上最須要的人才。至於財星則直接與商業賺錢有緣，至於賺得到否，必須身旺才行。沒有食傷的財星賺不多，也賺不久；沒有財星的食傷則空有才華，人雖巧也很難致富。

【622問】命局比劫旺者如何賺錢？

答：比劫旺之人財緣較薄，因為比劫剋財之故，最不適合做生意與從事商業活動，只能一生受薪，當個朝九晚五的上班族，否則勉強去從商，財來財去一場空，若真的很想當老闆，就要找專業經理人來負責經營。比劫之人最適合的工作是跑業務，或以勞力、勞動方式來賺錢。

天生我才必有用，一支草一點露，只要不怕吃苦，任何人都可以找到適合自己的賺錢方式。最怕是好高騖遠，心存僥倖，不願意腳踏實地，則任何十神都沒有用處。

【623問】偏財格的特點與優勢在何處？

答：《三命通會》：「有正財不若有偏財，偏財重實，其福則厚。」此句重點在說明偏財與正財來比較，偏財的特點與優勢在何處。與辛苦求財之正財格相比，大凡世上之有錢人，尤其是巨富，多入偏財格。「偏財重實」的「實」，是「實在」、「實務」，也是「現實」之意，卽偏財善於抓住機會得財，有交際手腕，圓滑機智，對能賺該賺的錢，絕對不會客氣。因此只要命局偏財旺，歲運

再逢喜用，必能富甲一方，這就是偏財格。

【624問】從命理學來論，財星有何作用？

答：財星主要有四大作用，列表如下：

泄食傷	日干強，食傷亦強，賴財星泄食傷，藉以日生食傷，食傷生財，疏通五行，生生不息。
生官殺	日干強，官殺弱，賴財星生起官殺，成其大用。
剋正印	日干強，正印亦強，身旺不須正印，賴財來剋印，使身不過旺。
制梟神	日干強，偏印亦強，身旺何勞印綬，賴財星制梟神，使梟神不生身。

【625問】因妻得財發貴的八字為何？

答：因妻得財發貴的八字如下：1.身弱坐印：配偶宮坐正印，妻子幫助很大，因妻發達之命且妻賢慧。2.身強殺淺，得財滋殺：身強殺星無力，財星滋養殺星者，表示妻能全力相助，是生命中的貴人。3.財官為喜用：財代表財富也是妻子，正官代表社會地位，財能生官，為因妻得財發貴的好命。4.日支為用坐天月德貴人：日支為用神者，得配偶之助力。天月德貴人為最大貴人，解一切災厄，娶妻後家運亨通之象。

【626問】容易負債的八字為何？

答：容易負債的八字如下：1.食傷旺無制：食傷為財富之根源，食傷過旺而無制，表示此人獨斷專行，不聽別人意見，貪婪無度，自不量力，好高騖遠，自以為是。這些人格特質是容易負債的主因。2.命中無財：命局無財表示與商場無緣，金錢掌控力差，沒理財觀念。很容易因被人影響而亂投資，造成負債。3.比劫過旺：比劫旺之人，有求必應，仗義疏財，朋友雖多，但大多都是損友、酒肉朋友，久而久之，債台高築。

【627問】適合四方求財的八字為何？

答：四方去求財，有時是不得已的，每個人理想中的賺錢方式，也都想「錢多事少離家近」啊！奈何一切都是命，只能順著命運的安排，四處漂泊去謀生。1.八字刑沖多：刑沖多的人，不但內心不安，生活與工作也不穩定。2.水多木漂：甲乙日干，地支無根，八字一片旺水，這種人一生漂泊異鄉，居無定所。3.四正全：子午卯酉四正全，四正代表四方，容易帶沖，屬於異地謀生之人。4.身旺食傷旺：食傷為喜用，喜愛自由生活，自由創業，離鄉創業去發展。5.帶驛馬：命帶驛馬，從事工作多不穩定，適合異地四處去求財。

【628問】如何解釋「食神生財，卻遇梟神得令，則破財」？

答：此句出自於《御定子平》：「柱中食神生財，

卻遇梟神得令，則破財而身亦傷矣。主去福生災，六親無助。」意思是身旺命局中食神生財，但偏印持月令，梟神奪食，導致洩秀無力，不但破財而已，命主自己身體亦有損傷。因為食神為福星，一旦受剋，災禍難免，而且六親都幫不上忙，自己受苦而已。

【629問】賺錢能力強之十神為何？

答：1.傷官：傷官之人，個性野心較大，冒險投機，創新求變，口才好，說服力強，非常適合在商場發展，若遇到好機遇，可謀得大財富。2.食神：食神為福星，代表頭腦清楚，思想冷靜，是投資理財的高手。食神之人，待人和氣，為人厚道，給人好印象，和氣生財，擁有賺取錢財的重要條件。3.偏財：偏財之人，聰明伶俐，機巧大方，人緣奇佳。具有商業頭腦，會賺錢也會花錢。錢財流動性大，效率也高，與財富有緣，是賺錢高手。4.七殺：七殺之人，個性豪爽好勝，敢於拼搏，吃苦耐勞，決心毅力，不怕困難，不服輸，上進心等，且七殺對於財富很執著，賺錢能力很強。

【630問】賺錢能力差之十神為何？

答：1.正印：正印乃學術之星，比較適合在教育文化上發展，因為正印之人，個性溫和善良，不計名利，不適合商場競爭的生存方式。既不會成為富翁之命，也非賺錢高手。2.偏印：偏印之人，個性精明能幹，喜獨自思考，性格孤僻，不善與人交際，陰沉的表現不利於賺錢，也難

以聚財。3.劫財：劫財之人，個性固執，自以為是，易得罪人，經常盲目投資而破財，賺不了錢，不可能致富。4.比肩：比肩之人，與財無緣，個性剛毅穩重，坦率直實，缺乏理財之思維，更沒有賺錢計劃，同樣不是賺錢之高手。

【631問】發財之歲運如何看？

答：能發財之歲運如下：1.日主健旺，逢財運可發財，而且十分順遂。2.財多身弱，行印比之歲運，即為發財之時運，水到渠成。3.從財格行財運，大發財。4.財為喜用，命運歲會成財局，該年必定發大財。5.身強以食傷生財為用，走食傷運發財。財為忌神，比劫為喜用，命運歲會成財比劫局，該年發財。

【632問】何謂「破財」？

答：八字推論財運，財運好者，進財機會大，發財輕鬆；財運差者，不但賺不到錢，也有破財、損財之可能。「破財」者，如不當投資，被詐騙集團敲詐，交通違規被罰款等，乃至於意外血光，生病住院，官司訴訟等支出花費，都算是破財的一種。至於投資土地，買屋買車，婚喪喜慶及家庭生活開銷大等，一般不論為破財而稱之「耗財」。

【633問】破財之歲運如何看？

答：容易破財之歲運如下：1.歲運逢歲破、大耗之流

年易破財。2.專旺格逢財星之歲運易破財。3.財星透干無官星護衛，逢比劫歲運易破財。4.官殺為喜用，逢傷官運失業及破財。5.身弱財星為忌，歲運與命局合成財星局者，該歲運破財。6.從財格逢比劫運，大破財。7.身弱財旺透干者，行食傷運破財。

【634問】容易破財的八字為何？

答：容易破財的八字如下：1.偏財為忌：偏財主投機、輕財、交際、鑽營。當偏財過旺為忌時，大多有賭徒心理，投機取巧，一夜致富，想走捷徑。這種心理是導致容易破財的原因。2.食傷混雜無制：想法雖多，實踐力不足，愛亂投資，終至大破財才會醒過來。3.偏印過旺：固執己見，判斷能力不足，容易上當受騙。4.比劫過旺：性格衝動，亂花錢，亂投資，是非不明，善惡不分導致破財。

第十七篇

八字論學業

【635問】八字論學業的重點為何？

答：我們平時所說的富貴，包括了有「錢財」與有「地位」。而所謂的「地位」又是什麼？其實就是學歷學位、社經地位、工作職位等，而這些成就的基礎，就是在學期間的學業表現，古代則稱為「功名」或科舉等「官職」。

八字論學業的重點主要從「印星」、「官殺」、「食傷」等十神來觀察，另外，還要注意「調候」等星，看是否為喜用神，是否旺相得地透干等；若是，則表示此人聰明好學，在校學習成績優異，獲高學歷等。畢業後參加國家資格等考試，及投入職場，都能表現優異。若印星等非喜用且衰弱無力，更遭刑沖剋破等，則主學業有阻，考試不第。

【636問】何謂「貴命」？

答：古代對於「貴命」的認知，就是在朝為官，當官掌權。即使到了現代，還是有許多人停留在古代的這個觀念，認為「萬般皆下品，惟有讀書高」，拼命的要考上公務人員。只有公務人員社會地位才高嗎？如今社會多元化，從政、宗教、文化、經商、學術，甚至當網紅等，在各種領域人才輩出，只要社會聲望高，才華受肯定，都是社會地位高的呈現，也都算是貴命。

【637問】官星如何才能為有用之用神？

答：貴命的八字要官星健旺，與命局間達成平衡。除

此之外，不能官殺混雜等，詳細如下：1.八字透官印，且官為喜用。2.財星壞破印但有官星來通關。3.官星藏干，但歲運中透出，顯出貴氣。4.身弱官旺，有印星洩官生身，命局平衡流通。5.印旺官弱，有財星來生官星。6.日主中和，印衰官旺但無財星。7.八字劫財、財星皆旺，官星得用。

【638問】官星與貴命的關係為何？

答：官星是看貴命最重要的點，所以《滴天髓》：「何知其人貴，官星有理會。」這當中關鍵字是「有理會」，「理會」的本義是「道理相合，見解一致」。所謂「官星有理會」，就是八字格局中，官星旺相得時得地，與日主配合有情，適應日主的需要。官星要為喜用，日主身定要強旺，身旺才能擔負官星之貴。一旦官星為用，最害怕的是食傷之剋，損了官之貴氣。萬一不幸出現食傷，此時要有印綬來剋制食傷，護衛官星，如此命局也還算是貴格。

【639問】沒有官星就不能是貴命嗎？

答：不一定。有種命格叫做「青雲得路」，反而要「不見官星」才能入貴格。《淵海子平》：「日祿居時沒官星，號青雲得路。」所謂的「青雲」比喻顯要的地位與官位等，如「平步青雲」。「青雲得路」簡單地說就是得官貴，它是歸祿格的一種，而所謂的「歸祿格」，必須是時支上見祿，而且八字中又沒有官煞的，才能入「歸祿

格」，又稱「青雲得路」。

【640問】從命理學來論，官殺有何作用？

答：官殺主要有四大作用，列表如下：

泄財星	身弱印輕財重，喜官殺，官殺泄財，官並能生助印。
生印星	身印並衰，最愛七殺，殺能生印，使印再生身也。
拘日主	日干過旺，過旺則身無所依，喜官殺拘束日主，使不過旺。
制比劫	日干旺，復見比劫為忌，喜官殺制去比劫。

【641問】從命理學來論，印星有何作用？

答：印星主要有四大作用，列表如下：

泄官殺	日干弱，官殺強，身不能任，喜印星泄官殺而生助日主。
生日主	日干弱，喜印星生扶日主。
耗財星	日干弱，財星旺則身更弱，喜印星耗財星，生扶日主。
制食傷	日干弱，食傷重，喜印星之剋制食傷。

【642問】印星與貴命的關係為何？

答：1.貴命的成立第一要件是身強官旺，除了官星之外，印星也是不可或缺。有印星能護衛官星，身弱官旺者，印星還能化官殺以生身，成就了貴命。2.印星主學業、學識和學術，為第一文星。命帶印星者，不論身強弱，普遍都喜歡讀書。命局以印星為喜用神，且印星旺相得地者，更是勤於鑽研學問，容易得到高學位，與有良好的社會地位。

【643問】金水傷官格也是一種貴格？

答：庚辛日主，格局為傷官格，因水為其傷官，則為金水傷官。金水傷官的人，思維活躍，才華外顯，博學多能，長得秀氣。更重要的是，因為調候的關係，金水傷官格宜見官，故《三命通會》說：「傷官火土宜傷盡，金水傷官要見官。」金為日主，生在亥子月，寒金喜火，火則為官，此即是金水傷官喜見官的理由。結論：金水傷官格也算是一種貴格。

【644問】《命理約言》如何看科舉時代的官貴？

答：科舉考試是古代選拔官員制度，始於隋代，廢於清末。雖然此制度也有為人詬病之處，但千餘年來仍是布衣平民向上流動之唯一機會。從八字命理來看，能通過考試獲得錄取者，命中使然，八字四柱有官貴之命也。

《命理約言》：「看科第之法，不外清貴，但於清

貴中尋其秀氣，是爲科目，或秀之極，或秀而奇，則廷對及第，闈試論元。舊取木秀火輝，金白水淸等格，往往有驗。」

白話文如下：「看能通過科舉制度，被選拔成爲官員者，其八字不外乎『淸貴』個字來形容，何謂『淸貴』？『淸高可貴』也，淸貴的八字格局氣質優雅，朝廷設了科目來選拔人才，或者是極爲優異傑出，或者是個奇才，不論如何考選，這些有官貴之命者，考試都能獲得第一名。八字古代典籍上所說的木秀火輝，或金白水淸等格局，眞的都能應驗有效。」

【645問】「子平百章論科甲歌」內容在說什麼？

答：「子平百章論科甲歌」出自於《淵海子平》，主要是在講何種命格可得官貴。第一段說：「魁罡歲駕五經名，甲旺提綱榜眼淸；火明木秀從魁印，金白水淸甲第新。」

意思是八字帶魁罡格帶印者，是有官貴的人，只要用功就能精通五經，日干甲木若得令，科舉考試能得狀元之後的第二名。以格局來論，日干爲甲乙木或丙丁火，命局木火氣勢強旺的「木火通明格」，或日干是金或水，時上也金水，全局形成「金白水淸格」者，都能考得第一等。

【646問】《滴天髓闡微》的「出身」在說什麼？

答：《滴天髓闡微》「出身」一節內容主要是說，要看人之出身很困難，尤其是狀元出身者。「出身」全文如下：「巍巍科第邁等倫，一個玄機暗裡存。清得淨時黃榜客，雖雜濁氣亦中試。秀才不是塵凡子，清氣還嫌官不起。異路功名莫說輕，日元得氣遇財星。」

白話文：「凡看命中要看人之出身最困難，尤其是狀元出身者，『格局清奇』和一般不同，若隱若現，其中必有玄機，須詳細去搜尋。天下人之命局，絕對沒有不清淨而發科甲的，一定是五行生化有情，格局純粹。就算是命局中有一二缺點，還是可以中榜發達。秀才之命格，與一般人的命，表面上無什麼不同，總有一種清氣之處，其中最關鍵的是官星，倘若官星衰弱無氣，就沒爵祿可言了。沒有參加科舉考試，而是憑自己的才能，如寫文章等而得到的功名官位者，其八字命局必然是財官相生，互為通氣的緣故。」

【637問】高學歷者的八字為何？

答：雖然大家都知道「能力比學歷更重要」，但對高學歷的追求，仍是難以改變的傳統觀念。高學歷者的八字如下：1.身強以官為用，身弱忌官殺，而官殺有制。2.身強以官為用，而官星位置適當，通根無損。3.身弱用印，而印星有力或有官印相生。4.身強喜洩，而食傷泄秀。5.身強以官為用，官殺不得地，但得令之助。6.調候得宜，五行

秀氣流通。7.帶魁星、文昌、學堂、詞館、等科名之星，且不空亡，不沖剋。

【648問】低學歷者的八字為何？

答：低學歷者的八字如下：1.年柱月柱空亡或沖剋太過。2.命局不見印星，或印星太重；不見官星，或官星太強。3.官殺混雜，七殺無制且無印轉化。4.命局不見食傷，或食傷太旺。5.喜食傷而食傷無力，或被刑沖剋害。6.喜印星而印星無力，或被刑沖剋害。7.喜官殺而官殺無力，或被刑沖剋害。8.命局五行偏枯閉塞。9.第一、二步運，沖剋多，忌神重或落空亡。

【649問】神煞可以看學歷嗎？

答：可以的。在八字中，如命局中帶有文昌、學堂、詞館、國印、華蓋、德秀、太極貴人、天乙貴人、天月德貴人等吉星，主此人聰明好學，悟性較高，才華橫溢，理解力強，有貴人相助，逢凶化吉，福厚篤實等，利於學業成就與功名利祿。尤其喜用神臨吉星者，更是喜上加喜。如以印星為喜用，印帶文昌、學堂、詞館等。或以食傷為喜用，食傷臨華蓋、德秀、太極貴人等。

【650問】八字何種十神可高學歷？

答：有下列十神者可高學歷：1.印星：印星主學業，若印星為喜用，且旺相得地，旺透，則此人聰明勤學，讀書學業佳，文章成名，勤于研究。假如一二大運或考試時

走印運，學歷必高。2.食神星：食神乃我智慧之流露，若食神爲喜用，得令旺相，則此人必聰明智慧，才華外顯，利于學業。3.官殺：官殺代表名譽，自我約束力高，七殺有不服輸的精神，有上進心。官星旺主學業有成，七殺有制化，主聰慧有高學歷。

【651問】八字何種十神不利學習？

答：有下列十神者不利學習：1.財星：財星旺者，特別是一二大運走財運，學生時期喜歡時尚與流行的東西，對於書本完全沒興趣，而且財壞印，對書本知識的吸收力很差，腦筋想的都是如何打工賺錢，買機車與手機之事。2.傷官星：傷官主聰明，口才好，表達力強，表面上似乎有利於學習，但傷官不遵守規矩，不聽話，叛逆犯上等習性，恐怕無法順利完成學業。3.比劫星：主觀性很強，固執不受教，投機膽大，自以爲是。這樣的人如何能安份地學習？

以上命局中有這三個不利學習的十神者，如果沒有行運中印星或食神的配合，很難取得高學歷，今生讀書已太遲，不如早早去學一技之長，至少可以養活自己。

【652問】八字有科舉功名命者，格局為何？

答：《五行精紀》中的〈燭神經〉：「凡有科名命，自是五行清粹，學堂驛馬生旺于金水之上，三奇華蓋萃類於時日之中，或刑沖生旺，木水相生，福神集時，天元不

戰，皆主清譽巍峨。」

　　白話文如下：「凡是有科舉功名命者，八字五行格局一定是純粹清澈，井然有序且帶吉神。如傷官格帶有學堂、驛馬等，生旺有力。又如命局帶華蓋等吉神，聚集於日時柱中，雖有刑沖，卻也越沖越旺。另外，木火傷官，福神吉星在時柱，天干相生而無剋，如此命格皆主清白聲譽，如高大聳立的穩固山脈。」

【653問】調候用神如何影響學業？

　　答：調候即「調節氣溫與氣候」之意。一年四季當中春季為潮濕，夏季為暖熱，秋季為乾燥，冬季為寒冷。不同的四時有不同的氣候型態，調候則是專指「冬季」或「夏季」出生者使用，因為這兩個季節偏冷與偏熱。偏枯季節也會影響到命局，使之五行偏枯，水火失衡，帶來性格上的不穩定性，尤其是莘莘學子經常妄念紛飛，不想學習。

　　簡單地講，八字命格過於寒冷者，就要用火來溫暖；過於燥熱的，就要用水來滋潤，即「冬夏生人」命局中要出現「火或水」來調候的理由。八字一旦有了調候用神，穩定性增強，心情愉快，學習效果佳，學業成績自然優良。

【654問】何種八字不利學業？

　　答：不利學業的八字如下：1.身弱印星為喜用，但原局財星過旺而破印，不利學業。2.地支逢三刑，或沖合太

多，內心反覆，心情變動大，無心於學業。3.八字財星太旺，或命局爲金木相戰，木土相戰者，不利讀書。4.比劫過重，自我意識太強，不服管教，好動愛玩，不利讀書。5.食傷過旺，沒有印星剋制，多數吃喝完樂樣樣來，不利讀書。6.身旺食傷弱，印星太旺，表達能力差，智慧不開，學習不順。7.八字文昌星被刑沖剋害，不利學習。8.八字身弱無印星，官殺旺，不利學習，考運不佳。

【655問】八字如何看考運？

答：何謂「考運」？考運即「考試時的運氣」。有些人在校學習時成績雖好，對外參加考試時卻成績不理想；而有人在校成績平平，考試卻能考出好成績，這就是考運。

從八字如何看考運？1.考運順逆，首重歲運爲日主之喜或忌，若爲日主之忌，則考運不好。若爲日主之喜，則考運好。2.走調候用神歲運，考運好。3.身弱走官印相生歲運，考運好。4.流年干支與命局有合者，考運好。5.大運好，流年亦好，考運好。6.大運不好，流年好，仍可考上。7.大運好，流年不好，考運差。8.大運流年都不好，考運差。9.男命走財，女命走官，若爲忌神運，因感情問題而考運差。10.從格走破格運，考運差。

【656問】何種神煞有助於考運？

答：下列神煞有助於考運：1.文昌：命帶文昌貴人，溫順文雅，好學上進，注重內涵，學東西能舉一反三，一

生近官利貴，才德兼備之人。命帶文昌在考試中多能隨機應變，不慌不忙，智慧流露，都能考出好成績來。2.學堂：學堂主管學業功名之事。命帶學堂的人，飽讀詩書，記憶力強，登科及第，與學校有緣。若文昌又有學堂，貴氣十足，一生都能逢凶化吉，福祿滿滿。3.詞館：命帶詞館，秀氣生發，聰明智巧，文章出眾，一生富貴，若是參加考試，無往不利。

【657問】何謂「轉角進化」？

答：「轉角進化」是一種容易「早獲功名」的八字格局。《五行精紀》、《三命通會》、《命理探源》等古籍都有提到轉角進化，八字有此組合結構者，早發功名。轉角進化是天干合化的一種，「天干合化」而「支辰相順連」，共有八個日時，甲辰日己巳時、丙寅日辛卯時、戊戌日癸亥時、庚申日乙酉時、丁丑日壬寅時、癸巳日戊午時、己亥日甲子時、辛未日丙申時等。

當八字有這種組合結構，即為「及第之命」，可以早早獲得功名。至於理由是什麼，古書上並未說明。天干要合化已經不容易了，地支還要能化進神，更是少見。或許少見而彌足珍貴吧！

【658問】冬命有無火來調候，與科舉有何關係？

答：《御定子平》：「木相火明，此輩宜登甲第。金寒水冷，斯人終是賤貧。」此言冬命之宜火也。冬令木

相，又得以暖之，調候得宜，科名之命也。如果相反金寒水冷，苟無火則一生寒且薄矣。從這裡也可看出調候與科舉功名間的關聯，此也是《窮通寶鑑》一書總結「生於夏季不離癸水」，「生於冬日不離丙火」的理由所在。

【689問】何謂「金白水清」？

答：「金白水清」是科舉功名的一種格局。《三命通會》：「金白水清，此輩宜登科第。此象乃庚申、辛酉日生秋，月令引到時上，遇亥子水鄉，以金則白，以水則清，無刑沖、破害，主福厚。切忌夏生，則不入格，春金二三月，運行西北亦可。如庚辰、庚子、癸巳、癸酉、癸丑等日，生秋冬，月令無火傷，無土制，見金水相停成局，亦是。」以上說明此種金白水清的格局，詞林清貴，多顯達福厚，但貴而不富。

【660問】八字看功名，官星與印星何者為重？

答：以官星為重。《三命通會》的〈碧淵賦〉：「魁勝官，則終身不第。官勝印，而唾手成名。」意思是魁為印星，八字印重官殺輕，則考試失利。官殺重印星輕，則功名垂手可得。

雖然八字看功名，官星與印星兩者要兼看，但何者為重？這段話告訴我們要以官星為重。因此《滴天髓》：「何知其人貴？官星有理會。」所說的也是貴命的八字，主要還是官星健旺，印星反倒是其次。

第十八篇

八字論事業

【661問】事業與職業有何區別？

答：事業與職業有何區別，列表如下：

事業 （創業）	自己當老闆，叫別人工作，自己創造工作機會。奮鬥有目標，有使命和成就感。收入多但不穩，可天天放假，可做到老死，孩子還可世襲。但經營壓力大，一旦經營不善而倒閉，翻身難。
職業 （就業）	別人當老闆，有工作才有所得，老闆給予工作，謀生的手段。就只是工作而已，收入少但穩定，有固定休假，65歲退休，孩子無法繼承。無經營上壓力，發不了大財，只能養家糊口。

【662問】何種命格適合公務人員？

答：適合公務人員的八字如下：1.官印相生者：官殺主名望、權利；印星主責任、義務。一個八字官印相生的人，能執行國家權利，表示能盡職盡責。一般官印相生為文職，而殺印相生則多為武職。2.靜星較多者：八字十神中的正官、正印、比肩、食神、正財等穩定性比較強，為靜星。靜星多之人，安于現狀，能在一個位置上呆比較久，適合當公務人員。3.八字裡雖有七殺、傷官、劫財、偏印等十神，但制伏得宜，仍可擔任公務人員。

【663問】何種八字適合跑業務？

答：適合跑業務的八字如下：1.比劫旺者：比劫代表朋友、兄弟、同事等。比劫旺的人比較耐操耐勞，可以長時間來跑業務，衝業績。尤其是比劫透干者，性格隨和，平易近人，能與五湖四海之人成為朋友，有極強的外交能力。2.食傷旺者：食傷為表達能力，展示能力，能說善道，談業務是他們的專長。3.偏財旺者：偏財代表的是喜歡賺大錢，所以適合從事業務類的工作，偏財想賺的是四面八方的「四方來財」，與一次可以大賺的「生意大財」。

【664問】何種八字適合當老師？

答：適合當老師的八字如下：1.木火通明：日干木，有火透干者，或以木火為喜用者，木火象徵教育、文化、傳播等行業。2.日干丙丁：日干丙丁火者，火象徵文明、照亮、禮儀、文采等，都與教育有關。3.食神制殺：食神制殺，食神為正義、才華、思想，有為了維護理想而不惜一戰的勇氣，帶有很強的管理性，適合在學校管教學生。4.食傷旺：食傷表示口才聰慧、專業技能、多才多藝等。以口語來表達，傳播知識與真理。5.官印為用：教師也屬官命，因為要管很多學生。印為用表示無私奉獻，愛心寬容，不求名利，適合當老師。

【665問】何種八字適合從事直銷行業？

答：適合從事直銷行業的八字如下：1.七殺旺者：好

動積極，充滿鬥志與勇氣，有野心，不畏懼困難，處事積極，討厭平凡而沒有挑戰的生活，是行動派。適合從事業務有關，或具有開創性、活動性高的業務行銷等，很適合銷行業。2.偏財旺者：做事速戰速決，精力充沛，把握機會，樂觀主義，人緣極佳，說話有技巧與力量，錢財觀念慷慨大方，常有意外的收穫，很適合銷行業。3.水為喜用者：水有奔波性質、流動性質、變化性質等，與直銷的行業性質相合，故喜水者適合從事直銷行業。

【666問】何種八字適合旅遊業？

答：適合旅遊業的八字如下：1.食神旺者：食神主食祿、福壽、享樂等，八字中食神旺的人，為人謙和、厚道，忍耐力強，個性溫和，表達流暢，親和力佳，因此適于從事公關、接待人員，在服務業極有發展潛力。2.偏財旺者：為人豪爽，待人坦誠，見義勇為，人緣極佳。這些人格特質很適合在服務業，尤其是旅遊業去發展。3.水為喜用者：水與流動、流通等有關，如運送行業、交通運輸、航空、航海等都是喜水之人適合的行業。4.命帶驛馬者：驛馬代表奔波、外出、走動、旅行等與移動有關的事象，命帶驛馬，一生多動，故極適合旅遊業。

【667問】何種八字適合開補習班？

答：開補習班一定要有耐心、愛心等，同時還要有經營事業的理念，所以須要有「印星」與「食神」，另外，「財星」也不可少。1.印星旺：印星善於保護日主，

故印星具有愛心，甘於奉獻，心地善良，溫文爾雅，重視內涵，能關照別人，適合開補習班來造福莘莘學子。2.食神旺：食神主思想、言行、智慧及才藝。若經營事業，食神多所發揮，企劃詳盡，能讓補習班運作順暢，保證長期經營。3.財星旺：財星旺經營意識強烈，行動力強，有獨立創業的條件，只要日主健旺足以擔當財官，事業必然成功。

【668問】何種八字適合從事股票行業？

答：適合從事股票行業的八字如下：1.偏財為用：偏財為用之人，善于抓住機會來賺錢，多機緣巧遇，經常有意外收獲。另外，偏財不怕風險，敢拼敢賭的心性，很適合從事股票這種行業。2.金水旺：股票歸類以五行來說，應歸於金水，金指金融，證券，基金等行業。另外，股票資金流動性強，故歸為五行水。命局金水旺者與股票體性相符，容易賺到股票之利。3.比劫爭財且有食傷生財：比劫爭財的命格，可從事風險投資等活動。比劫爭財者，本不利於財運，但若有食傷來生財，反而能在競爭中賺到錢。

【669問】何種八字工作常變動？

答：下列八字工作常變動：1.傷官旺：喜歡自由，喜歡變化，不喜歡一成不變。而且有抗上心裡，工作上只要與上司有不能適應的地方，就會想要換工作。2.官殺旺無制：官殺旺工作壓力大，工作環境也不會太好，尤其老闆

的領導經常不合理,所以常要換工作。3.八字水多:水多則流動,水多之人隨心所欲,見異思遷,隨波逐流,喜無拘束,容易變換工作。4.地支多刑沖:命局多刑沖的人,內心不安,行事多變,不穩定性高,頻換工作。5.命帶驛馬:驛馬代表奔走,不安現狀,心不安靜,四方求財。這樣的人工作變數大,工作多變。

【670問】何種八字工作可兼多職?

答:可兼多職的八字如下:1.透正偏印:印主工作環境,正偏印同時透表示可雙職。另外,偏印主特殊才能,能在冷門、偏門發展獲得成就,通過這些副業求財,也有優勢。2.劫財旺:命帶劫財之人,行動力強,善於結交朋友,人脈就是錢脈,適合兼職做銷售、公關、協調等工作。3.傷官旺:命帶傷官之人是標準的斜槓人生,多才多藝,容易習得第二、第三專長,尤其需要創意、設計、口才之工作,擁有兩種以上的收入。4.偏財旺:偏財是四方財,是不固定財,也是副業財。命中偏財旺之人,往往有各種投資,可以通過副業來發財。

【671問】如何以用神五行來選擇事業?

答:以用神五行的屬性選擇職業如下:

八字喜木	木製品、家具、裝潢、紙類、水果商、文藝、文具、文化、作家、教育界、書店、出版社、苗圃、植物工廠、布匹、香料、素食等，以上均屬木之事業。
八字喜火	加工業、照明、光學、酒類、高熱、易燃、油類、熱飲、理髮、化妝品、裝飾品、食品等，以上均屬火之事業。
八字喜土	土產、房地產、農作物、畜牧、飼料、石材、水泥、建築、仲介、代書、代理、管理、墓園殯葬、管理等，以上均屬土之事業。
八字喜金	五金、金屬、汽車、交通、金融、開礦、民意代表、珠寶、伐木、機械等，以上均屬金之事業。
八字喜水	航海、水產、水利、冷藏、冷凍、清洗、泳池、浴池、導遊、旅行等，以上均屬水之事業。

【672問】八字食神制殺格適合何種職業？

答：適合當軍人、警察、法院工作等職業。理由如下：1.八字中七殺具有剋害日主的性質，身弱者懼之，若有食神緊臨，則可制住七殺，使之不能傷害自己，稱之「食神制殺」。《滴天髓闡微》：「食神制殺爲權，定爲貴格。」就是說食神制殺這種格局的人是有權力的，是一種貴格。何種權力？執行國家之公權力也。2.七殺主勇

猛、勇敢、打擊等，食神主智慧、才華、技巧等。食神制殺者，有爲了維護國家正義，普世價值而不惜一切的勇氣，帶有很強的強制性與管理性，故非常適合軍警行業。

【673問】八字傷官佩印格適合何種職業？

答：適合當教師等職業。理由如下：1.傷官者，主口語表達，思想流暢，解釋清楚；印星者，主知識傳播，慈母形象，愛心無限。故傷官佩印爲傷官與印星兩種特質的巧妙組成，有傳播眞理，教育英才之象。2.《子平眞詮》：「有傷官佩印者，印能制傷，所以爲貴」，這裡說的「貴」，是一種文貴，一種傳遞文化的尊貴之人。故傷官佩印適宜從事教師等文職工作。

【674問】八字比劫並透身旺者適合何種職業？

答：適合當職業運動員。理由如下：比劫主競爭、比賽、好勝、耐勞也。命局中比劫並透的人，好勝心超強，不服輸，勇於與人競爭。而身旺者更表示命主在與人競爭中不會退縮，勇往直前。故比劫並透而身旺者，適合從事職業運動員之工作。

【675問】八字食傷重身旺者適合何種職業？

答：身強者比劫多無官殺，須藉傷官或食神泄日干之

力,以趨中和平衡,此為洩秀,尤喜四柱有財星,則比劫生食傷,食傷生財星,財為我享。身強食傷旺之人,外貌俊美,聰明伶俐,才華橫溢,口才一流,才華出眾,技藝過人。適合的職業有律師、議員、學者、文學家、影星、歌星、音樂家、畫家等。

【676問】八字食傷旺身弱者適合何種職業?

答:適合有一技之長的自由業,如修理手機、修改衣服等,先求溫飽。理由如下:食傷旺身弱者,野心很大,但沒有能力,只是空想,是很糟糕的一種命格。身弱,食傷為忌神者,喜歡自由自在,不自量力,又愛表現,不可能乖乖的去上班,所以一定要去學些專業的技能。否則,可能連想「存活」都有問題。

食傷本來是內在聰明才華的顯露,但「身強的食傷」與「身弱的食傷」兩者天差地別。身強的食傷點子多,有創意,能規劃,可以創造出一番事業與財富;但身弱的食傷只剩下空想與妄想,任性妄為,放縱自己,無法受教。所以建議身弱食傷者學個專長或手藝謀生,先求溫飽要緊。

【677問】八字身弱官殺旺者適合何種職業?

答:身弱官殺旺,官殺為忌之人,只要身不是太弱,還是可以服公職或在大公司上班,當個管理階層的小主

管。若考慮喜用的問題，可以分成「喜印星」，「喜比劫」或「喜食傷」等來選擇。1.如喜印星，則可選擇教育文化、學術出版等行業。2.如喜比劫，則可選擇公關交際，業務推廣等行業。3.如喜食傷則適宜靠口才能力，設計規劃等行業，或當顧問、祕書、辦公室主任等類也適合。

【678問】八字傷官合殺者適合何種職業？

答：七殺直接攻擊命主，最為無情，其性極陰至凶。但殺可制劫，是財星的保護神。七殺成格需逆用，可以用傷官合制七殺。七殺，主名聲、管理，擅長控制別人。傷官主聰明、口才、才華，但恃才傲物，脾氣不好，工於心計多，與七殺一樣同屬凶神。

故傷官合殺之人，膽大心細，具有權謀，多憑學識、創意、口才、專業等獲得成功，可得官貴與名聲。適合的行業有律師、醫師、精密技術、軍事專家等。或得異路功名，即不循正式考試管道，而憑專業成名，或特別提拔重用等，在政府部門擔任高位。

【679問】何種人不適合與人合夥做生意？

答：不適合與人合夥的八字如下：1.日主健旺：八字日主健旺之人，適合獨資創業，獨立經營，同時也表示不太會處理複雜的人際關係，而且容易與合夥人反目成仇。

2.比劫爲忌：比劫爲忌大概都是身強財弱者，只能靠勞身勞力謀生，求財艱難。若是與人合作，最後都是破財消災，又傷了朋友之間的情誼。3.干透七殺爲忌：干透七殺爲忌之人，生平很容易犯小人而損財，所以還是不宜與人合夥做生意。

【680問】如何以十神來選擇職業？

答：以八字命局中「最旺十神」來選擇職業，不失爲一個好方法。因爲最旺之十神，即爲自己的「性格特質」與「命中潛能」之所在，以此去找工作，可以做得好也做得久。十神選擇職業如下表：

比肩	武職、勞力、勞動、粗重、搬運、合夥、電工、機械、自由業、服務業、運動員、工業製造等。
劫財	開礦、電工、機械、五金業、貨運、勞動、勞力、競爭、運動員、工業製造、投機性工作等。
食神	廚師、餐館、外交、接待、才藝、育樂、美容、電影、歌手、服務業、服裝設計等。
傷官	口才、藝術、演藝、歌唱、繪畫、文藝、律師等。
正財	店舖、百貨、商業、金融、證券、財政、商務、外交、仲介、門市、管理、經濟等。
偏財	金融、財政、銷售、仲介、管理、貿易、股票、證券等。

正官	公教、行政、司法、政治、軍事、公教、行政、司法、記者、上班族等。
七殺	軍事、警察、外科醫生、特技、探險等。
正印	學術、出版、文書、人事、行政、文教、宗教、文學、哲學、天文、占卜、星相、教師、護士等。
偏印	調查、偵探、研究、發明、創造、企畫、醫師、宗教、醫卜、星相、設計、武術等。

【681問】應該以五行或十神來選擇行業？

　　答：事業有兩種型態，一種是「就業」當上班族，另一種則是自行「創業」當老闆。這兩種截然不同的事業運，考量的角度當然不同。分析如下：1.上班族的事業運嚴格說起來只是一份工作，一個職業而已，應優先考慮以八字中「最旺十神」來選擇行業，因為最旺的十神是你的才華與能力之所在，這樣工作起來才會稱心如意，工作愉快。2.至於創業族則不能只考慮才華潛能，還要考慮資金、景氣、競爭者、自己的優劣勢等。所以應該選擇「喜用神的五行」來選擇行業，才能幫助事業的經營順利賺到錢。

【682問】何時換工作如何看？

　　答：八字看換工作的時間點，重點如下：1.驛馬星逢

沖剋合之年：驛馬爲古代傳遞文書的交通工具，驛馬通常代表動態，故驛馬星逢沖剋合之年，多爲工作變動時。2.歲運沖剋合印星：印星表示權利、公文、調令、實權等，當歲運有沖剋合印星時，就是工作變動時。3.歲運沖剋合官殺：官殺表示工作、地位，若官殺爲忌神，被歲運沖剋合，就會有升職、加薪之事；若官殺爲喜神，被歲運沖剋合，就會有降職、減薪之事。

【683問】何種八字會早出社會來工作？

答：「八字結合行運」就是一個人的全部生活樣貌，通常第一、二步大運代表二十幾歲時的人生，若是剛好走印運，最適合在學校念書學習。若是走財運，表示他想要賺錢，想去開創事業，自然對學業不太感興趣。倘若是食傷生財，頭腦想的盡是工作賺錢之事。既然無心於課業，不如讓他出來打工學習，趁早累積社會經驗，練習人際互動，也可以學到學校沒有教的知識及工作技能，如職場文化等。順著命運的安排早出社會來工作，並沒有什麼不好。

【684問】八字中的財官星越多越好嗎？

答：《神峰通考》：「官多不榮，財多不富。」，意思是八字命局官星與財星不是越多越好，這跟一般人的認知不同，一般人可能會以爲「財越多就越富有」、「官越多就越顯貴」，都是錯誤的認知。八字中剋我者爲官，官星多了，日主必然衰弱，日主與官星不平衡，八字不中

和，當然無法取貴。財星也是一樣，財星多了，日主同樣衰弱，日主與財星不平衡，八字不中和，當然也無法富有。

【685問】文職與武職如何區別？

答：文職與武職的區別，表列如下：

文職	公務員、財務、主計、文化、祕書、教育、宗教、文書、慈善、門市、靜態之工作等。
武職	生產、批售、交通、建築、工程、採購、運動、工廠、警衛、奔波、動態及勞力之工作等。

【686問】身旺喜財者就一定能做生意嗎？

答：不一定。還要看命局中財星的狀況，如數量、強弱、位置，及與其它星的關係，其它歲運能否配合，也要考慮。以財透干為例，絕不能孤露，即必須有「財官」或「傷財」並透，如此才能「護財」、「生財」。否則劫財歲運一到，命中之財全都被劫光，若天干此財是唯一喜用，又被劫財剋傷，不是因財惹禍破產而已，嚴重者破局身亡。

【687問】八字財多身弱適合何種職業？

答：八字中財多身弱的人，事業心大，想法很多，

實踐的少，往往無法駕御財物與妥善經營事業。或體力不支，或沒有才能，或虎頭蛇尾，反正總是賺不到錢，難成大器。

　　財多身弱者雖然求財心切，只宜做做小生意，且決不可借貸，更不能投機取巧，除了遇到走「干支一氣」的劫比大運外，實在很難賺到大錢。若日干有根，再見官殺，財生官殺，學歷不差的話，或者可去大公司當個上班族，幫老闆賺錢，自己也有個安身立命之地。

【688問】天干透三財星，是否就不怕被劫了？

　　答：天干雖透三財仍屬孤露，為什麼？所謂「財星孤露」與財的數量無關，並非透二或三個財就是不孤露，而是沒有「官星」或「食傷」來保護者，就是算是孤露。歲運逢比劫，因為原局多印比，比劫生旺根強，只要流年一個比劫，就能把三個財星剋盡。所以八字財星孤露無根，是一個表面風光之命格，遇到忌神歲運一到，輕則破財，大則破局命危，不得不慎。

　　明朝皇家祕本《命理微言》：「財神太露，起爭奪之風。」同樣強調財星不可孤露，會引起群劫的掠奪，尤其是歲運很容易就遇到比劫。若八字以甲乙為財，歲運遇到庚辛，則會有爭奪財星之風，必須四柱天干有丙丁來回剋，才得以幸免，或四柱天干有壬癸亦可通關化解。總之，財星不宜孤露，必須有「官殺」或「食傷」來保護財星才行。

【689問】財星要透干好，或藏地支好？

答：古人論財星，大多認為財星「宜藏不宜露」，因為財透露在天干容易被劫，藏於地支安全多了。但若財星為喜神藏支不透，無法發用，格局始終不大。其實財星透或藏好，必須看情形，財星透干之所以被反對，其根本原因不在於「透出」，而在於「孤露」，即財星出干但無官星相護，故歲運見劫比則剋財。雖無官但有食傷護財也行，歲運即使遇比劫來剋財，也可因得食傷而通關。

【690問】「雜氣財官格」透財者富，對嗎？

答：沒錯。「雜氣財官格」最好財官印都能透干，何謂「雜氣財官格」？是指八字裡沒有明顯的財或官印透干，財官印藏在地支辰戌丑未土中。雜氣財官格如運程不能引出財或官印，一生困頓，難期發達。透財者富，透官者貴，透出印綬必享祖蔭。所以《神峰通考》才說：「辰戌丑未為四季，印綬財官居雜氣。干頭透出格為真，只論財多為尊貴。」

【691問】最適合經商是何種格局的八字？

答：是食傷生財格。食傷代表我的才華、才能、口才、點子、規劃、技術等能力。最重要的是食傷也代表我的大腦和思維，總是想著如何去賺錢，如何把財富極大化。

食傷生財是不是一定就能得財呢？當然能！只不過是得到「大財」或「小財」的差別而已，關鍵在日主的衰旺與承受能力。食傷生財是一種泄秀，身宜強，若身弱的話，此人有心無力，想的很多，做的不多，得到更少。食傷生財格行運怕比劫剋財，也怕梟印奪食，格局破，一切免談。

【６９２問】「獨殺乘權」是怎樣的格局？

答：「獨殺乘權」是指命局中七殺正得月令，旺相有力，且無財無印的一種命格。獨殺乘權之人，剛強有力，膽識過人，聰明伶俐，任性倔強。只要行財官歲運，大富且貴。

《滴天髓闡微》：「獨殺乘權，無制伏，職居清要。」意思是說命局中只有七殺一位，得月令旺相有力，沒有被沖被剋，可以當上大官。《神峰通考》「金不換骨髓歌」：「獨殺若無官混雜，金章紫綬至公卿。」所說的同樣是強調「獨殺」，卽七殺只一位，公卿是指「高位」、「高官」，此格可作高官絕對沒有問題。但雖然此格能當上大官，但因爲獨殺孤露，若歲運見印比或食傷，都會招災惹禍。

【６９３問】身旺透印比無財，走政壇如何？

答：不好。原因是身旺者原則上喜「財官」，其中的用神官星要特別小心，因爲若干透印星，原來的喜神官星

會去生印星，然後再去生健旺的日主，喜神變成忌神了。

　　這種「身旺透印比無財」的格局，走上政壇的結果，容易被小人陷害，吃上官司，當官不成反而先去吃牢飯。因此「干透印星」對於身弱者而言，官星反變喜神；「干透印星」對於身旺者而言，官星反變忌神。

【694問】身旺比劫多者，可以留在家鄉發展嗎？

　　答：身旺比劫多者，兄弟姐妹一定多，但皆為忌神，意思即彼此緣薄，感情並不怎麼好，容易有衝突，所以在家也呆不住。像這種命局，最好還是遠走它鄉去發展比較好。至於往何處去，可依喜忌斷之，喜水者往出生地之北方走，喜木者往出生地之東方走，其它仿此。身旺者身體素質好，耐勞耐操，外出求財沒有什麼大問題，大膽去追尋屬於自己的幸福吧！

【695問】一生勞碌的八字為何？

　　答：一生勞碌的八字如下：1.財星空亡：財星在日時空亡，一生皆忙不停，但還是窮困。2.財多身弱：財多身弱者，求財心切，卻有心無力，一輩子辛苦所得甚少。3.官殺過旺：官殺為忌，財為仇神，一生辛苦經濟壓力仍大，無法脫離貧窮。4.驛馬逢沖：驛馬主走動，逢沖代表命主一輩子馬不停蹄，典型的勞碌命。5.食神為用被傷：福星被傷，注定一生的悲慘命運。6.身弱食傷財星重：這種格局者腦筋動不停，思慮太多，身心疲累，不得清閒。

7.比劫過旺：比劫主體力勞動，過旺忙碌不停，求財辛苦。

【696問】八字中殺刃有制者，為何應該去從軍？

答：《千里馬》：「羊刃偏官有制，應職掌乎兵權；正官正印無傷，出仕牧於士庶。」內容說四柱八字中的羊刃及七殺有制，應該去從軍，因為能掌握兵權。八字中有正官及正印而不見傷官，為政府機關的一般公務人員。類似說法的還有《淵海子平》：「陽刃入官殺，威震邊疆。」

【697問】如何解釋「金弱火絕，土木消磨之匠」？

答：此句出自於《淵海子平》：「金弱火絕，土木消磨之匠；身強財淺，金火陶冶之流。」內容是說日主庚辛金弱而丙丁火絕，是以土木業為生的工匠；至於日主身強而財星淺，則是以金火陶藝營生的匠人。為何金弱火絕，要以土木為業？

有可能是金與火的行業與他都無緣，只好去做金火之外的土木行業。另外，日主身強財弱者，不能做生意，只好去做工，至於又為什麼以陶藝為業，就不得而知了。

第十九篇

八字論健康

【698問】人會生病的原因是什麼？

答：人會得病主要有三個原因，如下表所示：

環境因素	1.自然界超過5000種類型，各種流行性的病毒肆虐人類。2.氣候和地理環境等因素，如乾旱、暴雨、熱浪、森林大火、暴雪等極端氣候。3.不良的經濟、政治、衛生、居住等條件和不良的文化環境、風俗習慣、不科學的生活方式及醫藥不當等。
個人因素	個人因素包括：致病的遺傳基因、代謝功能紊亂、防禦功能低下、生活習慣不良，如飲食不節、飲食偏嗜及過度勞累等。還有生活不正常的導致身體虛弱，百病叢生。
心理因素	心理因素有生活壓力，或者所謂「犯陰煞」有關的莫名原因，都會讓人出現思想、情緒和行為模式的改變，因而影響到人的社交、工作、家庭生活和建康狀況。

【699問】現代醫療發達，還用八字斷病做什麼？

答：有病當然要看醫生。現代醫療雖發達，生病的人還是很多，醫院每天人滿為患；現代醫療雖發達，但是很多都是發達在硬體的部份，如儀器的先進而已，屬於醫德或人性關懷的部分，根本是比過去大退步，甚至蕩然無

存。現代醫療雖發達，追求高效率與高報酬之下，人只是被醫治的一個的物件，甚至只是個掛號的號碼而已。

八字斷病可以知道從小哪一個臟腑器官較弱，八字斷病也可以知道哪一段時間健康要注意。八字斷病仍有它的協助功能，如往何方求醫、用何種五行食療來輔助等。

【700問】八字斷疾病的原理是什麼？

答：命理學與中醫學同出一源，其理論體系均源於「陰陽五行生剋制化」之運用。中醫學認為人體雖有各種臟腑組織，其實它是個整體，不但是人體內部之間要流通平衡，人體與外界環境之間，也要保持著相對的動態平衡，以維持健康。一旦平衡受到破壞就會發生疾病，而引發人體平衡狀態破壞的原因就是病因。

四柱八字即「人體身心結構縮圖」，從八字結構組織中，可以看出日主衰旺，通常身旺者則健康，也能看出各個五行間平衡與不平衡之所在，根據五行生剋沖合理論，就可以推斷各種臟腑之功能強弱與可能疾病等，並提出治療的方向與方法。

【701問】五行生剋與健康有何關係？

答：用五行生剋的理論，可以說明人體臟腑器官，相互間的相生和相剋的生理現象，1.木剋土：如肝能制約脾。2.土生金：如脾能資生肺。3.金剋木：如金肺能制約肝。五行之氣透過了「生與剋」兩大功能與作用，就可以維繫與協調臟腑間的生理活動。所以說身體要健康，五行

一定要先平衡，五行要平衡則可以從食物顏色的青紅黃白黑，味道的酸苦甘鹹辛，甚至心情的調適等下手來改善，都有助於人體健康。

【702問】陰陽與健康有何關係？

答：《黃帝內經》：「是故內有陰陽，外亦有陰陽；在內者，五臟為陰，六腑為陽；在外者，筋骨為陰，皮膚為陽。」又說：「陰勝則陽病，陽勝則陰病；陽勝則熱，陰勝則寒。」因此陰陽理論不但可以歸納人體臟腑組織的屬性，也可以分析人體的生理機能，及說明病理變化的基本規律。以飲食來說，夏天吃薑可以中和一下，因貪涼而多吃生冷食物的寒涼，也可平衡因吹冷氣時的陰冷，以達到「陰陽平衡」的效果。

【703問】何謂「陰勝則陽病」？

答：在中醫理論體系中，陰陽是一個相對的概念，既對立又統一，互為根本，不可分割的兩面。換言之，如果某些原因使得陰陽之間，互根互用的關係，遭到了破壞，則人就會生病。陰指「陰寒」，陽指「陽氣」。外感寒邪會使陽氣活動受約束，導致陽氣不足的病變發生，陰寒內盛也會導致臟腑的陽氣虛弱。至於「陽病」的主要症狀則有頭痛、發熱、出汗、口渴、面紅、心煩等。

【704問】何謂「陽勝則陰病」？

答：自然界萬事萬物都處在陰陽的「動態平衡」之

中，我們的生命也不例外，同樣要維繫陰陽動態平衡。陰
陽失衡與疾病的關係非常密切，「陽熱過盛」或「虛火妄
動」，都會使陰液過度耗損而得病，這些都屬「陽氣勝」
而「陰不足」的病證。「陰病」的症狀則有面白唇淡、心
悸氣短、自汗盜汗、身寒肢冷等。

【705問】何謂「絕跡滅形，終身多疾」？

答：這句話出自於《蘭台妙選》：「寒冰凍結，畢世
天涯。絕跡滅形，終身多疾。」意思是說日主為壬癸者，
地支見亥子丑全，且生於冬月，天寒地凍，毫無生機，只
好浪跡天涯，去找尋出路。「絕跡」者，是指年沖月柱反
吟，且互換空亡，加上羊刃沖剋年支，這種格局終身多疾
病。

【706問】《命理約言》如何論疾病？

答：《命理約言》：「須看日主及所用格局，或朗
健，或中和，或平順，皆無疾病之命。或晦弱，或駁雜，
或乖戾，皆有疾病之命也。」內容說健康之人的日主或格
局，一定是身強，或接近中和平衡，或五行不缺，氣勢流
通，相生有情。但如果情形相反，日主衰弱無力，或五行
十神交雜混亂，四柱刑沖剋害嚴重，或干支上下不和諧，
或五行偏旺一方等，則一定是有病之人。

【707問】 《淵海子平》如何論疾病？

答：《淵海子平》：「夫疾病者，乃精神氣血之所主，各有感傷；內曰『臟腑』，外曰『肢體』。八字干支，五行生剋之義，取傷重者而斷之；五行干支太旺、不及俱病。」意思是說疾病的產生，主要的原因是人體內的精神氣血等，受到傷害了。傷到內就是臟腑得病，傷到外就是肢體得病。再從四柱八字上下干支去看，五行生剋後，傷重者就能推斷出何處得病，其它五行干支太旺或太弱者，五行所對應的臟腑器官，同樣會得病。

【708問】 身體健康者八字為何？

答：身體健康者八字如下：1.日干健旺平衡，有印比幫扶，也有財官剋泄，運程不違逆，則一生健康無病。2.身旺有洩氣的五行如食傷，或有剋制的五行如財官。3.四柱八字中，各五行力量趨近平衡，且喜用神得到保護，忌神得到制化，生剋有情。4.身弱者有正印生扶，且印星有官星或比劫保護，沒有遭到沖剋。5.身旺者有食傷泄身，且食傷有財星或比劫保護，沒遭到傷害。

【709問】 身體多病者八字為何？

答：身體多病者八字如下：1.八字日主過旺，五行偏枯則健康有損。日主過弱，官殺剋身太過，則一生多病多災。2.身弱食傷過旺，則元氣不足，體弱多病。3.八字身弱，梟印太旺，則幼年多病不好養。4.八字中的各個五行太旺或太弱，且被沖剋，相對應的臟腑器官容易有疾病發

生。5.命局傷官見官，或梟神奪食者，一生多病。6.八字傷官過旺，且沒有印星剋制，一生多災難。7.身旺羊刃過旺，且被刑沖，易有意外血光之災。

【710問】天干地支如何與臟腑對應？

答：要判斷出日主會有何種病症，首先要知道五行干支代表人體臟腑的部位及器官。天干地支與臟腑之對應，列表如下：

天干	地支	五行	臟腑
甲乙	寅卯	木	肝膽（肝膽系統、神經、頭痛、筋骨）
丙丁	巳午	火	心小腸（循環系統、血液、近視、耳）
戊己	辰戌丑未	土	脾胃（消化系統）
庚辛	申酉	金	肺大腸（呼吸系統、鼻子、支氣管、肺）
壬癸	子亥	水	腎膀胱（泌尿系統、便祕、痔瘡）

【711問】甲木被剋一定是肝膽疾病？

答：不一定。還要看甲木在四柱的位置而定，一般而言，年柱代表頭部，月柱代表胸部，日柱代表腹部，時柱

代表下肢。天干代表人體的外面、皮膚、肌肉等，地支代表人體的內部、內臟系統等。

另外，天干代表人體器官如下：甲頭、乙項、丙肩、丁心、戊肋、己腹，庚臍、辛股、壬脛、癸足。所以八字論病要看五行在四柱何柱，干或支來綜合判斷。如甲木在年干被剋，應是頭部之病，若甲木在月柱被剋，則有可能是肝膽方面之疾病。

【７１２問】如何從八字五行結構找出病因？

答：八字五行結構與病因關係如下：1.命局過旺的五行有病：例如金過旺，肺大腸有病；水過旺，腎膀胱有病。2.命局最弱的五行有病：例如木最弱，肝膽有病。3.命局中被沖剋之五行有病：例如巳火被亥水沖剋嚴重，心臟、小腸有病。4.命局中被合化掉之五行有病：例如巳酉丑三合金，巳與丑都被消滅成金，心臟、小腸與脾胃有病。

【７１３問】五行木的疾病有哪些？

答：五行木的疾病有下列所示：1.甲木遇火多，多犯神經之疾。2.日干為甲木，流年與日柱天剋地沖，傷頭之災。3.甲乙居前見庚辛，庚辛剋甲乙，頭面有傷，破相。4.木被金傷，筋骨、腰肋疼痛。5.木太旺而病，乃懸樑自縊。6.木太弱或死絕，多有頭暈、目眩、氣血不調、頭髮稀、神經痛、肝膽疾病、腿足損傷等。7.水木相生而太

旺，胃虛、噁心、口臭、食欲減退、身體衰弱、脈沉弱、腹部軟弱無力、顏面缺乏血色等病。8.水木相勝，傷脾胃。9.金水多而木腐朽，且甲木極弱，又無火疏通，易患膽結石、禿頭之病。10.土多木折，命局燥土過多，木氣極弱者，頭髮分叉或斷裂。11.水泛木浮，甲木極弱，易患脾濕、皮膚萎縮、禿頭無髮。12.火多木焚，木氣弱者，肝虛、目赤、眼發紅。13.木為喜用，遭強金剋傷，交感神經、肝膽之病，並防車禍外傷。

【714問】五行火的疾病有哪些？

答：五行火的疾病有下列所示：1.火遭水剋，眼目昏暗。2.四柱火多，少年膿血之疾。3.火太旺病則夜眠顛倒，蛇傷燒焚。4.火太弱或死絕，易患心臟病、敗血病、關節炎、腳氣、眼疾、腸胃等疾病。5.木火相生而太旺，易患火氣上升、目赤、偏頭痛、耳鳴、眩暈、心臟、呼吸急迫、便祕、下肢麻木、風濕等。6.丙火過旺時，小腸、視力、眼疾病、腦神經。7.丙庚兩弱，而水土特強時，多有腸疾病。8.四柱中木多水滯、丙火極弱，神經衰弱、精神分裂之症。9.命局丙火旺，庚金弱，耳功能差、耳鳴。10.丁火弱而入庫，易患心臟病。11.丁火弱土氣強，貧血、高血壓、心跳過快之症。12.丁火強而土氣弱，血壓較低、心跳較緩，氣喘。13.丙丁火人，運到申酉之地，主口舌生瘡。14.申巳遇刑，臂肢、關節炎、肩周炎。15.冬生無火，下肢寒冷。

【715問】五行土的疾病有哪些？

答：五行土的疾病有下列所示：1.戊己忌寅卯，四肢風病、癱瘓。2.己日月戌，火神無氣，多水多金，眼昏目閉。3.火土相生而太旺，胃部脹滿、噁心。4.土虛木旺，傷脾胃。5.土虛木盛必傷殘。6.土多癡呆。7.土太弱或死絕，面黃、減食、肢體怠惰、喜臥嗜睡、不喜動、浮腫、腳氣、口臭、齒痛、消化系統病、皮膚病。8.歲運遇兩辰沖戌或兩戌沖辰，易患胃病、脾濕病。9.歲運遇兩丑沖未，兩未沖丑時，脾疾病、肝氣不和、浮腫、飲食不振，中氣不足。10.戊土丁火兩弱，原局濕氣太重，胃潰瘍、胃出血。11.戊土弱，金旺多洩氣太過，胃下垂。12.火旺土衰，或水多土弱，皮膚病。13.戊丑未三刑者，肢病難痊癒。14.辰卯互見，腰腳之疾。15.丑午相害，內氣肚腹之疾。16.子未相害，脾胃之疾。

【716問】五行金的疾病有哪些？

答：五行金的疾病有下列所示：1.丙丁剋損庚辛，大腸有病。2.秋金生午，丙火透露，運至南方，血傷。3.三合火神旺盛剋庚辛，損頭面、氣血之病。4.金弱遇火旺，血疾。5.金遇旺水，傷筋骨之疾。6.土金相生而太旺，氣常多虛，腹滿、便祕、口渴。7.金太旺而病，主刀刃刑傷。8.金太弱或死絕，氣虛、咳嗽、皮膚乾燥、骨節疼痛、呼吸不暢、感冒、肺病。9.金被火剋，呼吸系統、風寒。10.土厚金埋，辛金弱濕氣重者，易肺腫、結核、肺炎、肺癆。11.辛金弱遇強水過泄，感冒、濃痰易咳、口乾、咳

嗽、怕寒怕熱。12.丙庚兩旺，再逢燥土包金，便祕、痔瘡。13.命局金弱遇強木強水泄盜，筋骨受傷、牙炎、口腔毛病。14.金多水滯，膀胱結石、腎結石。15.辛丑見丙午火，四肢疼痛。16.金水傷官，寒則咳嗽、熱則痰火。

【717問】五行水的疾病有哪些？

答：五行水的疾病有下列所示：1.火土焦乾癸水，雙眼無瞳，眼目之疾。2.金水枯傷，腎必虛。3.壬癸加土旺，下肢虛耗。4.亥子加巳午，眼疾。5.柱中亥子多者，主疝氣。6.水太弱或死絕，腎臟炎、腦溢血、近視、泌尿系統之疾病。7.水太旺而病，溺水而死。8.水相生而太旺，氣滯、哮喘、咳嗽、鼻塞。9.柱中亥多，月令也是亥，風濕病。10.四柱水旺，水缺或土盛水弱者，膀胱、腎臟疾病。11.男命癸水逢刑沖剋破，或旺火長期薰蒸，腎虛虧或腎水不足。12.水旺金衰，或木旺水衰者，晚年糖尿病。13.六癸生人，地支亥子丑全者，局中無土，若在休囚之地，腎病。

【718問】《三命通會》認為疾病是如何產生的？

答：《三命通會》：「夫疾病皆因五行不和，卽人身五臟不和也。蓋五行通於五臟六腑，通於九竅，凡十干受病屬六腑，十二地支受病屬五臟。」這一段主要說明疾病產生的原因，是由五行不流通，生剋無常，扶抑失衡等導致的。

換言之，五行不和，就是人體內五臟之間不和諧。大體來說，五行與五臟對應，六腑與九竅對應。其中的「九竅」是指眼二、耳二、鼻孔二、口、前陰尿道和後陰肛門等九個出入口。凡六腑生病，病源都是在十天干；五臟生病，病源都是在十二地支。

【719問】《滴天髓》認為何種人容易生病？

答：《滴天髓》：「五行和者一世無災，血氣亂者生平多疾。五行和者，不特全而不缺，生而不剋，只是全者宜全，缺者宜缺，生者宜生，剋者宜剋，則和矣！主一世無災；血氣亂者，不特火勝水，水剋火之類，五氣反逆，上下不通，往來不順，謂之亂，主人多疾病。」

《滴天髓》認為八字五行和諧者一輩子都沒病災；五行生剋無常者，一輩子都在生病。這當中特別提出所謂的「五行和諧」，並不是指「五行不缺」，或「只生不剋」等，而是過旺的要剋泄，不足的要生扶等。

【720問】《五行精紀》認為疾病是如何產生的？

答：《五行精紀》：「夫人稟五行之和氣而成形，所以有疾苦者，皆由陰陽五行之氣，虛實寒熱太過不及，贅疣而致也。欲知人虛實，死絕為虛，生旺為實，虛實既明，疾病可以類推也。」內容說疾病是「虛實寒熱」太過不及所引起的。

何謂「虛實寒熱」？依中醫理論體系，探究病因前，需先辨別體質。一般分辨體質就是以「虛實寒熱」四種來分別，「虛」是代表維持健康的正氣虛弱，「實」是指入侵人體內邪氣亢盛的狀態。「寒」指感受寒邪，或陽虛陰盛，身體機能活動衰減。「熱」指感受熱邪，或陽盛陰衰，身體機能活動亢奮。總之，主要是因為身體內在氣機失掉中和，而產生了疾病。

【721問】《黃帝內經》認為人為何會生病？

答：《黃帝內經》：「夫上古聖人之教下也，皆謂之虛邪賊風，避之有時，恬惔虛無，真氣從之，精神內守，病安從來。」白話文：「古代通曉養生之道的聖人在教化百姓時，都會說到要躲避虛邪賊風等，因為這些是導致疾病的原因。人只要能保持性情平淡，內心無雜念，內在真氣順暢自然遊走，守住精氣神不隨便外洩，那裡還會生病呢！」

這段話告訴我們：要在「精神層面」上保持「平靜恬淡」才是關鍵，不能只是養生注重身體健康而已，同時應該要注重「心理健康」，甚至是靈性上面的「清淨無染」。

【722問】《命理約言》認為何種八字比較不會生病？

答：《命理約言》：「須看日主及所用格局，或朗

健，或中和，或平順，皆無疾病之命。」內容是說一個人八字的日主健旺，及其格局純粹，四柱結構配置恰當，無沖無剋，五行迴圈流暢，或干支生生不息，或陰陽平恆，燥溼適中而不偏激，雖生於寒冬或炎夏，調候得宜。或喜用神團結有力等。以上總總，八字沒有太多瑕疵者，人也就比較不會生病。

【723問】何謂「水火不濟」？

答：在五行與五臟腑對應中，心屬火，腎屬水。如果水火二者能互相制約，互相作用，以維持生理的動態平衡，身心健康，就稱爲之爲「水火相濟」。如果腎水不足，不能上濟心火；或者因心火妄動，下傷腎陰，便失去了這種協調功能，出現心煩、失眠、腰膝無力、酸軟等症，就稱之爲「水火不濟」，又稱「心腎不交」。

【724問】皮膚患者的八字為何？

答：八字以「土」代表皮膚。1.火盛土衰或水多土弱者，易患皮膚過敏症。2.土遭水浸，濕土太重，則是皮膚癢或濕疹等。3.天干透己土而遭甲木合剋，易患乾癬。4.火盛木弱，常因肝火虛旺而引起皮膚之毒。5.火炎土焦，冬天皮膚易凍裂或富貴手。6.辰戌丑未爲皮膚，爲用神弱而受制，爲忌神旺而無制，主有皮膚病。

【725問】心臟病者的八字為何？

答：心臟病者的八字如下：1.丁火代表心臟與血液，

強水壓迫弱火：高血壓或心跳較快。2.丁火過旺，土弱極：低血壓、氣喘。3.木多火窒，丁火弱極：心肌梗塞。4.金過旺：心腦血管脆弱。5.地支水旺，天干水剋丁火：心臟病。6.子午相沖，全局水旺：心臟病。

【726問】八字中有未與子者，為何得脾胃之病？

答：《玉照神應眞經》：「子臨井宿，須生脾胃之災」。二十八宿與十二地支對應，未爲井宿，子水與未土相遇，土水相剋，故主脾胃之病。這種五行生剋論病法似乎很簡單，但準確度高，爲什麼？因爲陰陽五行的運行變化規律中，「生剋關係」是其中最重要者，其它刑沖會合等，最終還是要落到生剋中去論，看看五行力量的消長如何，再根據五行與五臟腑的對應關係，就能知道何處得病。

【727問】肺病者的八字為何？

答：肺病者的八字如下：1.金被火剋太過，得肺炎。2.四柱柱中辛卯、庚寅，金無根，易患肺病、肺氣腫。3.酉金被沖剋太過，肺炎。4.辛金弱遇強水，肺弱易患傷風感冒。5.辛金弱，土多金埋，水多溼氣重，易患肺氣腫、肺結核。6.辛金弱，土旺火旺，命局燥熱，易生肺炎。7.金太旺或太弱，肺或支氣管有病。8.金水傷官，肺弱寒則咳嗽，熱則痰火。

【728問】身旺比劫重者,行比劫運會得何種病?

答:身旺比劫重者,比劫為忌神,行比劫運就是行忌神運,比劫即手足,故所得之病都跟手腳有關係。一般而言會得手腳骨折,四肢受傷,關節疼痛,骨質疏鬆,筋骨疼痛等疾病。避免之道可從飲食與醫療保健去著手,尤其長期從事勞力工作者,更應小心為妙。

【729問】日柱為戊寅己卯者,為何容易得皮膚病?

答:《玉照神應真經》:「戊己朝仁田宅,而腫瘡獄訟。」內容是說日柱為戊寅、己卯者,因干支組合結構為下剋上,支剋干,戊己土受傷嚴重,戊為勾陳,主田土、牢獄等;己為騰蛇,主田園、憂慮等。戊己土也主皮膚,即一生中會因房地產之事而引起口舌是非,甚至官訟,另外還有皮膚毒瘡之病症。

【730問】日柱為辛卯庚寅者,為何容易得肺癆病?

答:《玉照神應真經》:「辛卯庚寅,尤忌大人勞骨病。」內容說「勞骨病」即是肺癆,肺結核。日柱為辛卯、庚寅者,因干支組合結構為庚遇寅為絕地,辛遇卯為絕地,稱之為「自坐絕地」,若原局木旺,易成金弱之象,易得肺癆、氣喘等病。自坐絕地之人,基本上做事十分謹慎,大多喜歡群體生活,耐不住寂寞,做事欠缺長久

的打算。

【731問】肝病者的八字為何？

答：肝病者的八字如下：1.甲木代表膽，乙木代表肝，金水多甲木弱，無火之助：易得膽結石。2.乙木弱，火旺，火多木焚：肝炎。3.甲申、乙酉日生人：易患肝膽之病。4.乙木弱，金水旺，水多木漂：易患肝腫大，肝硬化。5.甲木弱，火旺，火多木焚：易患膽囊炎。6.甲木弱，金水旺，水多木漂：易患肝膽結石。

【732問】胃病者的八字為何？

答：胃病者的八字如下：1.水多土盪：胃病、胃出血。2.戊土弱，得旺火生，火多土焦：胃炎、胃潰瘍。3.水過旺，土與火弱：胃炎、胃下垂。4.土弱遭木局剋破：因胃病開刀。5.木旺土弱、金旺土弱：胃病。6.辰戌沖：胃受傷。

【733問】腎臟病者的八字為何？

答：腎臟病者的八字如下：1.水過旺無木疏通，水太弱且受土剋，腎臟病。2.癸水入庫又逢刑沖，再逢旺火蒸薰，腎水不足。3.癸水極弱，又遇旺金，易患腎結石。4.水生夏天，多主腎虛。5.水生冬季，水多而無燥土制，易得腎病。6.火旺水弱，腎病。7.水為腎，腎宜堅，忌土而入水，則腎枯而病。8.八字土燥不能生金，火烈自能枯水，腎經必虛。

【734問】糖尿病者的八字為何？

答：糖尿病者的八字如下：1.四柱火旺土焦，水衰微，易得糖尿病。2.出生在火月，日時柱中見金火相戰，天干不透水。3.四柱金火相戰，或燥土埋金、金脆水枯。4.天干火剋辛，地支見火旺，易得糖尿病。5.金被火重剋無救者。6.四柱水弱，見金火相剋無通關者，易得糖尿病。7.四柱金水弱，或見火旺剋金者。

【735問】精神疾病者的八字為何？

答：精神疾病者的八字如下：1.身旺偏印也旺，行運中食傷遇梟印剋制。示命主有志難伸，鬱鬱寡歡。2.身弱殺旺食傷弱。生活中壓力大，命主無力處理，放棄自己。3.身弱天元坐殺。主其人性急伶俐，心巧聰明，但七殺主壓力、壓抑、麻煩等，且殺在日支，即壓力源自於配偶或自己的內心，難以克服。4.食傷弱而受制。主性格內向，不善表達，委曲無處發洩。5.年干受沖剋。年干代表大腦、頭部、思維等，受沖剋表示思考容易中斷，多偏向負面情緒，如悲傷、憤怒、厭惡等，長久下來，不得憂鬱也很難。6.命局木火太弱。木火主大腦和神經，太弱者表示神經衰弱，精神抑鬱想不開，遇事易鑽牛角尖。

【736問】八字如何看失眠？

答：易失眠者的八字如下：1.印星受損：身弱印為喜，但見食傷來剋印星，印星受損即自我保護及護衛之力受損，白天沒精神，晚上睡不著。2.印為忌神：八字身

旺，印爲忌神，沒有食傷來剋制印星，容易失眠。3.喜印而歲運印星受損：睡眠品質不好，運勢欠佳，健康走下坡。4.火炎土燥且缺水：爲人情急躁，腦子靜不下來，造成失眠。5.金寒水冷而又缺火：悲觀，思慮過度，神經衰弱，容易失眠。

【737問】八字如何看癌症？

答：人體某些細胞的遺傳物質產生變性，使得細胞大量的複製，人體中的免疫系統又無法遏止這種情形，於是形成了惡性腫瘤，稱之爲「癌」。癌症並非一夜之間突然間來發生，在變爲腫瘤前，通常已潛伏多年。1.鼻癌：四柱無金或金極弱，年月柱火旺，易患鼻炎，再見丙火旺，易患鼻癌。歲運火旺時患病。2.食道癌：年月柱見金木旺，日時柱無火或火土極弱，食道多病。命運歲成木旺或金旺格局者，易患食道癌。3.肺癌：八字火炎金熔，金坐火上或藏火庫，土厚火炎，天干火多透，命運歲成火炎土焦金熔格局者，易患肺癌。4.肝癌：木病肝有疾，木燥自焚，木弱逢金來剋，木濕逢寒水皆爲木病。木病肝易染病毒患肝炎，嚴重者轉化爲肝癌。5.大腸癌：四柱無金或金弱，再遇水泄火剋，易患大腸癌。6.膀胱癌：四柱無水或水極弱，全局土旺金弱，易患膀胱癌。

【738問】癌症為何又稱文明病？

答：所謂「文明病」是指當國家工業化、現代化之後，人們變得更長壽時，有些疾病就會慢慢產生，包括癌

症、糖尿病、心臟病、肝硬化、洗腎、骨質疏鬆症、中風、肥胖症、阿茲海默病、動脈硬化等病，這些文明病的現象都發生在高度發發的國家與城市。

本來所謂的「文明」是相對於野蠻而言的，人類社會越來越進步，理當生活越來越幸福才對，但隨著工業化的腳步，人們的思想觀念、飲食習慣、生活模式、居住環境等各方面都與以前大有不同，而這些不同，這些改變爲我們帶來便利的同時，也衍生出更多的文明病，其中包括了癌症的普遍化，讓現代醫療幾乎快束手無策，無計可施。

【739問】八字古籍中有提及癌症嗎？

答：完全沒有。或許癌症眞的是文明之後才有的病，當用「瘤」爲關鍵字去搜尋時，可以看到《三命通會》〈天元坐殺〉：「如殺旺，有傷官合制，亦貴。如無助化，再行殺旺運，或再見殺剋，爲人必面目瘢痕，侏儒跛鱉，駢指瘤贅，奸貪猛暴，恃強不憚，累犯憲章，剋重夭夭。」內容大意是說，日主坐殺之人，如果沒有印星來化，又行殺旺之歲運，人會有一些奇怪的病症會產生，如臉上會有疤痕；骨骼發育不全，身材過度矮小；腳有殘疾，走路時身體歪歪斜斜的；手指頭連在一起，無法分開；身上長出多餘的肉塊與腫瘤。除此之外，個性也不好，奸詐貪心，凶猛暴力，剛強不已，觸犯刑法，甚至被重剋早死。

從以上可以看出八字古籍中有提及類似癌症的，只有這一小段，重點指出七殺是生出腫瘤的主因。七殺剋我，

且是無情，七殺本義代表著疾病、災凶、死亡、壓力、橫逆等不幸之事。七殺重剋日主生出癌症，在道理上說得通。

【740問】從因果業報如何來論今生罹癌症？

答：沒有人願意今生罹患癌症，如果說一切都是因果，今生造下重業今生受報，罪有應得。但很多小孩一出生就罹癌，如何合理解釋？所以論因果業力一定要說三世因果，甚至是多世、累世因果才能交代。癌症是什麼因緣造成的？一般說來，是前世或多世以前「殺害別人」，「殘害眾生」所得到的結果。

罹患癌症讓你的生命提早結束有二個主要因素：一是福報享盡了，二是惡業成熟了。如果是福報享盡了，應趕快多積福，多做些善行善業，都能再添福報，延長壽命。如果惡業成熟了，除了行善外還要懺悔，對自己的殺業罪業表示慚愧，請求原諒，並決心今後永不再犯，或許能化解宿世所造下的罪愆。

【741問】何謂「病符」？

答：「病符」是「流年十二歲君」之一，病符排在太歲之後，例如當年屬虎的犯太歲，屬牛的就是逢病符。病符代表當年生疾病或是身體不好。命犯病符煞，當年健康一定不佳，慢性病難以根治，若流年引發刑沖破害，除病之外，還有其它的凶災要發生。有人認為流年逢病符煞

臨，飲食清淡，坐息正常，就可以減輕患病。

【742問】何謂「百病皆生於氣」？

答：此句出自於《黃帝內經》：「百病生於氣也，怒則氣上，喜則氣緩，悲則氣消，恐則氣下，寒則氣收，炅則氣泄，驚則氣亂，勞則氣耗，思則氣結。」這段內容說明很多致病的主要原因，都跟「氣的運化」不平順有關係，導致臟腑功能失調而致病。

何謂「氣」？在人體內周流不停，循環不息的「無形能量」也。這股氣的能量與我們的「情緒」、「心思」、「念頭」等都有密切關係，情緒過於激動，心思過於強烈，念頭過於高亢等，都會讓五臟六腑受傷，導致生病。

【743問】財多身弱者，健康如何？

答：財為耗身之物，財多者求財心切，欲求很多，追逐不完的名聞利養，享受不完的酒色財氣，越是追求身越弱，終至體力不支而後已。財多身弱者不少人賺得了錢財，而賠上了性命。所以財多身弱，不惟不發財祿，且終生貧病，禍患百出。

【744問】傷官格見官者，健康如何？

答：健康情形不佳。因為傷官格務要傷盡，一旦官星隱顯，傷之不盡，歲運再見官星，及刑沖破害，刃殺剋身者，必主重病，甚至死亡，五行有救者，亦主殘疾。即使四柱無官星但殺重者，運入官鄉，流年又遇官，若不是眼

睛的疾病，也會有其它的災劫發生。

【745問】身旺多比劫，印過旺者健康如何？

答：身旺多比劫，印過旺者除非入專旺格，否則必有意外血光，身體健康情形很遭。原因無它，身旺太過，五行偏枯，五行失衡，這些都不利於健康。這種「比劫祿刃印」扶身太過的八字，對事業、六親、健康等均有極不利的影響。身過旺除了健康不佳之外，宜防意外傷亡，因為過旺往往伴隨著血光、車禍、水火災劫，甚至自盡身亡等。

【746問】八字帶有羊刃三四個，會如何？

答：《玉匣賦》：「陽刃重重三四，必須患疾盲聾。」意思是四柱八字有羊刃三四的者，容易帶先天性的瞎眼或耳聾等殘疾。何謂「羊刃」？以日干為主，其它四支如見劫財者即是，多羊刃的結果，日主的氣勢就太強了，過強即會成刃，刃是鋒利的兵器，會傷害自己的身體，造成殘疾。

【747問】長壽者八字為何？

答：長壽者八字如下：1.身旺有食神泄秀：日主旺，有食神泄秀且沒受損，中晚年走比劫食傷運。2.身弱有印星生扶：日主弱，有印星保護，中晚年走助印之運。3.五

行平衡無刑沖：一生沒大的起伏，家庭美滿，身體健康長壽。4.四柱干支配合有情：氣勢團結，互相衛護，表示健康長壽。5.月令不被沖剋刑傷：生月爲遺傳基因所在，沒沖剋表示遺傳基因健康良好。

【748問】身旺者比較長壽嗎？

答：原則上如此，何爲身旺？內在能量足，精神佳，活力夠，只要運程不差，生活習慣良好，身旺者無不長壽。《珞琭子三命消息賦》：「若乃身旺鬼絕，雖破命而長年；鬼旺身衰，逢建命而夭壽。」意思是說身旺官殺輕者，歲運逢官殺來剋，雖破命但還是能長壽。身衰官殺重者，歲運雖逢寅卯建祿之地，有時還是夭亡。從以上這段可見，身旺者在長壽這件事情上，還是佔了便宜。

第二十篇

八字論災難

【749問】人生為什麼有各種的災難？

答：人生似乎很難掛無事牌，以佛教來說，「災難」與「無常」是我們這個世界的必然現象，因為人人都是背著累生累世的「因果業力」，來到人間接受果報。果報時間到了，業力現前，自然會有各式各樣的災劫發生。面對「末法時期」，「道劫並降」，各種災難的突然降臨，在驚恐之餘趁此機會，或許可以幫助我們思考，對生命的意義與人生的價值，作更深入的探討。人生雖無常，卻也是無價，等著我們去發掘與領悟。

《聖經·詩篇》：「我受苦是與我有益，為要使我學習你的律例。」劫難給人們來了痛苦，我們真的從中得到「痛苦的教訓」嗎？如《聖經·詩篇》上所說的「我受苦」，所以「我有益」嗎？對絕大多數者來說，恐怕不是如此吧！劫難是給我們帶來了極大的痛苦，但這是天上的靈性母親，要給她在世上孩子一個教訓，目的是讓孩子們受益，可惜的是，大家都在受苦時不是怨天尤人，就是在苦中作樂，無法體會母親的用心與世間無常，諸行皆苦，因緣果報等道理。人若能從遭逢災難，身心受苦當中省思，進而醒悟過來，這時劫難才算是上天的一種恩典吧！

【750問】從「德位相配」理論如何來看災難？

答：從「德位相配」理論來看，有下面幾種情形者，容易有劫難：1.地位大於德行：孔子在《周易·繫辭傳》說：「德不配位，必有災殃。」就是說一個人的道德和人

品的高度，與這個人所處的領導位置，不成正比者，容易有災難。2.財富大於功德：擁有財富大於自己的功德，就是投機取巧，不勞而獲而得來，將來必定招來災劫。3.職位大於能力：一味地追求位高權重，卻不去學習和提升自己能力，是件危險的事，遲早會下台一鞠躬。4.名聲大於實力：名聲大於實力，就是名不副實，欺世盜名，就會有不測災難在等著，人還是老實點好。

在現實的人生，充斥著德不配位，職能不合，名不符實等的情形，讓人懷疑因果報應是否失靈了。對於上天的公道，果報的不爽，還是要有信心，對於「天理昭昭，報應不爽。」還是要深信不疑。

【751問】走喜用的吉運就不會發生災難嗎？

答：不少人認為，凶災都是發生在忌神的歲運，喜用神的歲運不會有凶災。實際情況是，喜用神的歲運也會發生災難，只不過程度上沒有忌神歲運那麼嚴重罷了。《道德經》：「禍兮福所依，福兮禍所伏。」意思是說禍與福是「互相依存」的，可以「互相轉化」。換言之，禍中有造成福的成分，而福中又含有禍的因素。在實際的人生，也經常看到發了財，同時來了一場車禍，或剛升了官，不久就重病住院了。凶中反吉，吉中反凶，吉凶混雜，禍福參半，這就是無常人生的寫照。

【752問】災難多的八字為何？

答：災難多的八字如下：1.地支三沖一、一沖三：沖年不利長輩，沖月不利手足，沖日不利本人與妻子，沖時不利子女。2.命局梟神奪食：一生中不順事多，災難連連。3.命局傷官見官：為禍百端，必然會有災難，輕則破財，重則官非，甚至死亡。4.辰午酉亥全：一生災多難重，凡逢辰午酉亥之年均難免有災，有貴人稍減。5.丑未戌全或寅巳申全：一生不順之事多。6.命局羊刃逢沖：易有車禍、傷災、病災、牢災與死亡。

【753問】小兒「三十六關煞」也是一種災難嗎？

答：不是的。古代幫小孩算命都會提到「三十六關煞」，如百日關、千日關、水火關等共有三十六種之多。要提防十歲之前的小孩，在流年行到這些關煞時，要特別小心，容易多病多災，甚至夭折等。

三十六關煞它是一種神煞，現在的命理師素質良莠不齊，水準較差者講不出所以然來，只能拿出小兒關煞這種神煞來嚇家長。其實真正的八字命理學是不重視這些關煞的，因此不必把這些東西，視為命裏注定的劫難，才是明智之舉。

【754問】八字如何看「車關」？

答：所謂「車關」即「交通事故」，或「車禍」，與三十六關煞不同，車關並非神煞。現代人出門除了大眾

運輸工具外，就是自己騎機車或開車，大家開車的速度都非常的快，稍有不慎就會車毀人亡。八字命理是如何看車關這件事的？1.命局有沖剋，主要是地支六沖，尤其是寅申沖，金剋木，木爲四肢，有金屬衝撞四肢之象。應期則在歲運逢寅申時。2.命局殺刃逢刑沖。命局中有災難之訊息，大運流年則是引發的時間因素，殺刃逢歲運來刑沖，一定有大禍要臨頭。3.身弱官殺剋身。日主受制太過，命局失衡容易招致各種大小災難，其中包括車禍在內。

【755問】何謂「水溺殺」？

答：命逢「水溺煞」神煞的人，容易因爲溺水而死。此煞取丙子、癸未、癸丑上帶咸池、金神、羊刃。卽丙日干見子支，癸日干見未支，癸日干見丑支，且帶咸池、金神、羊刃等神煞者卽是。八字古籍《五行精紀》、《三命通會》等都有提到此煞，但都缺乏案例可供研究。神煞只能當成參考，論命還是以五行生剋沖合，用神衰旺等爲主。

【756問】遭水厄的八字特徵為何？

答：容易遭水厄的八字如下：1.水爲命中忌神。歲運行水運或金運時，發生水厄的可能性很大。2.命局水過弱或八字無水，易遇水厄。3.日主遭水重剋無救者。4.年柱戊申，日或時爲乙酉者，主因投井或者服毒而死。5.甲木無根或根被沖剋殆盡，無水無土。不論強弱皆怕水，水漂則木必腐爛，易遭水厄。

【757問】何謂「官災」？

答：「官災」即犯官符、訴訟、打官司、官司纏身等。從八字結構來看，命局中有下列幾種情形者，容易有官災。1.傷官見官：「傷官見官，爲禍百端」，官星與傷官星齊來的命局，須特別小心。因爲傷官重而又無制的人，藐視法令，得罪上司，不受禮法約束，很容易吃上官司。2.官殺攻身：官殺旺身弱，對日主而言，寡不敵衆，這種格局的八字同樣容易犯官符。3.群劫奪財：日主以財官爲用，遇到歲運比劫剋了財星，多爲財務出事而打官司，也有被綁架的。4.梟神奪食：即八字命理中偏印剋食神，官殺攻身就無可救藥了。另一方面食神代表福氣，所以食神被剋傷，一般都會有災禍，尤其是官災。

【758問】易有血光之災的八字爲何？

答：易有血光之災的八字如下：1.日支逢沖，易有手術等血光之災。2.三干剋一干，三支沖一支，歲運逢之易有血光之災。3.七殺爲忌神，歲運再走七殺，七殺凶神必然使自己受到傷害。4.喜用神遭受破壞，又無救應之歲運，易有血光之災。5.命局帶羊刃，逢沖合之歲運，易有血光之災。6.命運歲合成忌神局，易有血光之災。7.原局有伏反吟，歲運再來伏反吟，易有血光之災。

【759問】命帶何種神煞有血光之災？

答：命帶羊刃、血刃、流霞等三種神煞者，容易有血光之災。1.羊刃：羊刃即帝旺，旺到極點，非常銳利，殺

傷力很強。命帶羊刃很難控制自己，容易傷到別人，自己四肢也容易受傷殘，受到尖銳用具的傷害。2.血刃：八字身強又逢血刃，較容易因意外事故，如車禍等而見血光；八字身弱又逢血刃，則較易因病開刀而見血光。3.流霞：又稱爲「血煞」，命中帶流霞，血光事件常發生，輕者皮肉之傷，重者大車禍甚至死於非命。女命則易有產厄、血崩之災。

【760問】有牢獄之災的八字為何？

答：易有牢獄之災的八字如下：1.梟神奪食帶刑沖，主官司或傷殘。2.傷官見官，官旺傷弱，主官災、牢獄。3.身弱官殺混雜，主傷殘、官非、坐牢。4.命運歲三會羊刃爲忌，主官災、傷殘。5.魁罡疊見見刑沖，主傷殘、官災。6.兩組以上自刑，主官非、牢獄，重者主死。7.命局戌丑未三刑全，主官非、牢獄。8.命運歲寅巳申三刑全，主官非、牢獄。9.命局子卯互刑，主官非、牢獄。

【761問】何謂「無妄之災」？

答：「無妄之災」比喻意外的一種災禍。「妄」意思是「虛假」、「非分」，所以「無妄」的意思是「不虛假」、「很眞誠」、「很清淨」，是一種很高的境界，內心裡一點妄想、妄念都沒有。如此安份守己，清淨無爲的人，怎麼會有劫難降臨呢？所以這裡所說的「無妄之災」，其實是一種「天災」，此災由天所降，非人力所能扭轉或改變者，如地震、海嘯、颱風等都是天災。

「天災」與「人禍」不同，人們在人生過程中遭遇的很多都是「人禍」，由人自己的惡業所招致的因果報應。要想避開災禍，以德獲福，以善免災，除了誠心行善與積極立德外，似乎沒有更好的方法了。

【762問】何謂「犯旺」？

答：「犯旺」是指一種五行去剋另一種五行，結果沒有成功把對方制壓，反而引起被剋五行之反剋。例如三子沖剋一午，午火必敗，但如果是一子沖三午，不但沖剋不掉，反被午火反沖，導致子水受剋制。犯旺在行運中經常遇到，尤其是八字日主過旺者，逢歲運官殺來沖剋，很容易引發犯旺，命局反剋官殺而生破耗大凶。

【763問】古代典籍有提到「犯旺」嗎？

答：有的，但不多。《滴天髓闡微》：「從旺者，四柱皆比劫，無官殺之制，有印綬之生，旺之極者，從其旺神也。運行比劫印綬制則吉；如局中印輕，行傷食亦佳；官殺運，謂之犯旺，凶禍立至。」這段內容是說從旺格的八字，滿盤皆是印比，喜用神及行運只能從其旺神。若走官殺運，沖剋比劫，激起滿盤比劫之反剋官殺，災禍立即降臨。

【764問】父親有災劫如何看？

答：父親容易有災劫的八字如下：1.財星為用，但是財星入墓，則不利父親運勢，易有災劫。2.偏財逢空亡，

偏財為父，空亡主消失，偏財不見，父易有災劫。3.原局比劫過旺，財星弱，歲運又走比劫，父有災劫。4.原局比劫旺，歲運偏財來沖剋，犯旺，比劫回剋父有災劫。5.原局偏財逢沖剋，歲運又來沖剋，父有災劫。

【765問】母親有災劫如何看？

答：母親容易有災劫的八字如下：1.印星為忌，原局印星過旺有生助，母易有災劫。2.命運歲成三刑，刑入印星，母親有災。3.印星在地支，逢歲運來沖剋，母親多災多難。4.印星虛浮，支成財局，母易有災劫。5.原局比劫旺而印星弱，逢歲運來沖剋，母災劫難逃。

【766問】兄弟有災劫如何看？

答：兄弟容易有災劫的八字如下：1.月柱傷官旺，月柱為兄弟宮，傷官為凶神，兄弟姐妹必有夭亡，多災劫。2.月柱干支為官殺，官殺剋比劫。3.原局比劫虛浮，支成官殺局。4.命運歲成三刑，刑入比劫。5.比劫逢空亡。6.原局比劫弱逢官殺沖剋。7.原局官殺旺比劫弱，歲運逢官殺。

【767問】丈夫有災劫如何看？

答：丈夫容易有災劫的八字如下：1.官殺逢空亡。2.命運歲成三刑，刑入官殺。3.原局正官逢傷官近剋無救者。4.官殺在地支逢歲運沖剋，丈夫易有災劫。5.原局正官虛浮，支成食傷局，丈夫易有災劫。6.原局印星過旺，官星衰弱，歲運逢印，丈夫易有災劫。

【768問】妻子有災劫如何看？

答：妻子容易有災劫的八字如下：1.原局正財衰弱在支，歲運逢比劫沖剋。2.命運歲成三刑，刑入正財，妻子易有災劫。3.原局比劫過旺，財星弱。4.正財逢空亡，妻子易有災劫。5.原局正財弱逢近剋無救。6.原局正財虛浮，支成比劫局，妻子易有災劫。

【769問】子女有災劫如何看？

答：子女容易有災劫的八字如下：1.時支坐死墓絕。2.女命身強，印星過旺剋食傷，子女易有災劫。3.時柱空亡，逢歲運沖剋。4.原局子女星虛浮，支成官印局，子女易有災劫。5.子女星衰弱在支，歲運逢沖剋。6.男命食傷或印星太旺，逢歲又逢食傷或印星，子女易有災劫。

【770問】易遭火災的八字為何？

答：易遭火災的八字如下：1.八字水旺火衰，一生中常遭火傷或開水燙傷，或遭雷電擊。2.命運歲構成水火交戰，若水盛火敗，則遭火災。3.命局三會火局，天干又透丙或丁火而不見水星，易遭火災。4.命局三合火局，天干又透丙或丁火而不見水星，易遭火災。5.日支坐弱火遭沖滅，易遭火災。

【771問】易遭水災的八字為何？

答：易遭水災的八字如下：1.日主遭旺水剋泄重，易遭溺水。2.原局中有強水來損傷用神，主一生易有水災。

3.水過旺而病，容易溺水。4.水過弱或八字無水，易遇水災。5.甲木無根，無水無土，不論強弱皆怕水，這種八字易遭受水災。6.八字忌水，運行忌神墓庫「辰」歲運，忌神長生「申」歲運，或用神絕地，容易招感水厄。

【772問】何謂「換甲運」？

答：十年大運由癸運入甲運，或由甲運入癸運，就稱之為「換甲運」。通常每逢大運的交脫，都容易出現動盪起伏的運勢，行運換甲，則顯得特別嚴重，尤其是晚年運逢換甲，尤其不順。

《五行精紀》：「行運換甲，換得過是人，換不過是鬼。」意思就是，換甲運是容易遭受大災殃的歲運，甚至是生死關。換甲運為極凶之大運的主要原因，與納音有關。因為換甲之處，往往被納音所剋，變成換甲之後無氣，故以大凶斷之。

【773問】身旺無依遇印運，會如何？

答：《御定子平》188凶格中，有一種稱之為「身旺無依格」，內容如下：「身旺無依。日元得令，四柱印多，若再行印運，則高而無輔，有過亢之患，故曰『無依』，反有災咎。」意思是日主生於比劫或印星之月，其它干支又見印星而不見財官，若再行印運的話，就是身有過旺之災難，稱之為「身旺無依」。這種無依的格局，復行印運，一定是有災禍的，通常是破財傷妻之災。

這裡所謂的「無依」，並非指六親無法依靠，而是

指沒有財官，即身上無錢也無工作，所以《淵海子平》才說：「身旺無依，僧道之命。」

【774問】偏印遇食神或食神遇偏印，會如何？

答：《子平管見》：「夫梟忌見食，食忌見梟。〈金玉賦〉云：『年時月令有偏印，凶吉未明；大運歲君逢壽星，災殃立至。』即此理也。」《子平管見》這段話的內容是說偏印忌諱遇見食神，食神也忌諱遇見偏印。

〈金玉賦〉說年時柱或月令逢偏印，單憑如此無法推定是吉或凶，但大運或流年遇到了食神，則災禍一定立即到來。原因是什麼？很簡單，食神代表福氣，食神被剋都不吉，嚴重者則有災禍降臨。

【775問】梟神奪食是何種災難？

答：梟神奪食主要會有五種災難，詳細如下：1.傷病災：還可根據梟神與食神的五行屬性，把傷病災分五類如下：①梟金奪木：腿足損傷，頭部疾病等。②梟木食土：胸腹部位流血，碰撞傷，或開刀等。③梟土食水：橫禍、車禍、外傷等。④梟水食火：溺水、食物中毒等。⑤梟火食金：表面燙傷、骨折，皮膚病等。

2.工作受挫：食神代表食祿，梟神奪食即失去工作。3.精神打擊：食神代表達與溝通，如今溝通不良，人際關係不佳，心情鬱悶，易走極端，甚至自殺都有可能。4.不利子女：食神代表子女，女命梟神奪食可能難產、流產

等。或子女叛逆，或小時多病等。5.牢獄之災：食神代表自由自在，梟神奪食輕則打官司，重則被剝奪自由，入獄服刑。

【776問】易遭傷殘的八字為何？

答：易遭傷殘的八字如下：1.傷官七殺帶刃，肢體必有傷殘。2.火炎土焦或稼穡格者，易有車禍、血光和開刀等。3.傷官過重，又遇長生旺地，須防腿腳傷殘。4.年支逢刑，年納音被剋，遭殺傷之災。5.命局中傷官、七殺、羊刃互戰者，肢體遭傷殘。6.命局中傷官透干而旺盛者，因病或傷留下疤痕。7.傷官、七殺透干而缺印，須防因打鬥而傷殘。8.身弱殺過旺，防傷殘之災。9.比劫被沖剋，手腳受傷。

【777問】易犯小人的八字為何？

答：易犯小人的八字如下：1.財星過旺為忌：容易被投資合作騙局的小人所害，男命也易為女色所誘惑而破財。2.傷官過旺為忌：傷官過旺為忌之人，容易說話傷人，人際關系不好，恐因得罪人，而引起報復。3.七殺過旺為忌：強凌弱，內心壓力大，容易被人欺負。女命官殺代表丈夫、男友，容易為情所困，被丈夫欺負。4.比劫過旺為忌：容易遭人騙錢，借錢不還或合夥投資而破財。

【778問】何謂「破刑傷滯格」？

答：《御定子平》188凶格中，有一種稱之為「破刑傷

滯格」，內容如下：「破刑傷滯，命中犯空亡刑刃三刑，必遭飛災橫禍。」意思是說有一種凶格，刑沖嚴重，命運停滯不前，多意外橫禍。

　　這種命局犯空亡、刑刃、三刑等，易引發重大災厄。說明如下：1.空亡：空亡主消失、滅亡等不吉之義。運逢空亡，多困逆阻礙，坎坷曲折，易有意外等。2.三刑：刑有刑傷、刑法、牢獄等不吉之義，命中犯之主病災、婚災、車禍、官訟等。同時也指心理上的內心糾結，反復變化，自我折磨等。3.羊刃：羊刃是凶中之凶，羊刃凶煞入命，體弱多病，百事不順，常遭重大之災厄。

【779問】化氣格的兩干被歲運剋破，會如何？

　　答：《命理約言》：「化神一路如意，通顯無疑。化神一字還原，災危立至。」內容是化氣格的行運吉凶，當行運一路助化神時，飛黃騰達絕對沒有問題。但只要化神一字還原而凶，恐有牢獄之災、公司破產、四肢傷殘等災禍發生，嚴重者家破人亡。而所謂的「一字還原」，指的是行運中化氣格的兩干不宜被歲運剋破，遇之必有大災。

【780問】三刑格局再遇到沖，會如何？

　　答：《三命通會》：「三刑對沖橫禍生。」三刑格局者，通常身體方面有慢性病，或坐骨神經痛等行動上的不便。若三刑再遇到沖，則問題更嚴重，每逢歲運沖三刑地支時，災禍疊見，意外不斷。避免之道可平時注意運動與

養生，尤其是四肢方面的保養與保護，要特別小心。

【781問】人會遭逢災難的真正原因是什麼？

答：世間無常，災劫不斷，有人平安度日，有人卻永無寧日，人會遭逢災難的真正原因是什麼？佛家以因果業報來合理解釋，至於八字古籍能深入探究此一命題的並不多。

《珞琭子三命消息賦》：「貴而忘賤，災自奢生；迷而不返，禍從惑起。」意思是說人在飛黃騰達，享受富貴的時候，很容易忘記能享福壽是有前因的，不知不覺，在奢靡的生活中造罪造業，劫難就此產生了。人一旦迷失了自己，就很難回頭，什麼道理都不懂，也不願意聽，在渾渾噩噩中度日，難免犯下罪過錯，禍患就此產生了。

第二十一篇

八字論生死

【782問】八字命理如何看「生死關」？

答：八字命理可預測人生之全部命運吉凶，包括妻財子祿壽種種項目，其中就有壽命何時終了的推斷在裡面。古代的命書也都有一項「壽元」，清楚的記載何時大壽終止，駕鶴西歸。

不知命理之人把這種能「預測死亡」的能力，視為不可思議，其實八字預測死亡與預測其它如何時結婚，何時破財一樣，沒有什麼神奇怪異之處，都是命運歲五行的生剋沖合，格局成敗，用神衰旺等的推算運用而已。當然，吉凶好測，生死難斷，對於命理師要當面斷人之生死關口，心理上還是有些壓力存在，通常都不直言其事，而是把話說得含蓄、婉轉一些。

【783問】難逃死劫，是「命局」與「歲運」中哪個造成的？

答：「命局」與「歲運」構成了人生的命運，因此兩者都是決定死期的因素。《明通賦》：「畏煞逢煞則夭，憂關落關即亡。」意思是原局七殺為忌神，歲運逢七殺有可能夭壽；原局犯關煞，歲運逢關煞有可能死亡。富貴出自命局，八字決定一切，但總要靠歲運幫扶才行，《滴天髓闡微》：「富貴雖定於格局，窮通全在運限。」所說正是這個道理。

【784問】八字破格會造成死劫嗎？

答：會的。何謂「破格」？以正官格為例，當此格

逢歲運傷官嚴重刑沖剋，而無救應時即為破格，其它普通格局同此論。至於特殊格局如潤下格逢土運，從格逢印比運，化土格逢木運等，都是破格之運，都有性命之憂。

破格會造成死劫的原因是什麼？以特殊格為例來說明就容易明白，特殊格四柱八個字幾乎全為喜用神，所以才會論大富大貴，但一旦逢破格之歲運，四柱八個字幾乎全變成忌神，命運彷彿跳水式從天堂直墜地獄，故常有破財、官符、車禍，甚至局破身亡等凶災發生。

【785問】炎上格行水土運，會如何？

答：何謂「炎上格」？炎上格是八字命理中的特殊格局之一，以其火旺一氣而得名。日主丙丁火，巳午未月當令，氣勢極強旺，喜行東方運，怕水運。炎上格不喜見土，尤其是辰丑濕土，晦火光明。遇水運更是破格大忌，有不測災禍，事業重挫，重者家破人亡，或遭橫禍死亡。

【786問】歲運遇反吟是壽限劫數嗎？

答：「反吟」是與命局內任兩柱「天剋地沖」，或大運、流年與命局天剋地沖，如庚申對甲寅，乙酉對辛卯等，就是命犯反吟。八字古籍對於反吟雖未直接說是死劫，卻也說損傷嚴重，《神峰通考》：「反吟伏吟淚淋淋，不傷自己損他人。」《三命通會》：「若歲運與日相對，謂之返吟。歲運壓日，謂之伏吟。二者不利六親，非橫破財，不為吉兆。」

因為反吟是兩柱間毀滅式的五行交戰，兩柱干支幾近

全毀，能量消失殆盡，會造成整個命局的瓦解，所以遇反吟確實是生死關口，不得不慎。其中要特別注意的是，當反吟到限運，即少年行運反吟到年柱，青年行運反吟到月柱，中年行運反吟到日柱，晚年行運反吟到時柱，更加確定此歲運是生死關口，壽限劫數。

【787問】歲運遇伏吟是生死關口嗎？

答：「伏吟」是命局中兩柱干支完全一樣，或逢與命局四柱干支完全一樣的大運、流年，稱之爲「命犯伏吟」。從沖剋的角度來看伏吟，伏吟的嚴重性似乎比不上反吟，伏吟根本是無沖無剋，何來凶災？但在實際的情形伏吟與反吟一樣，都是生死關口。原因究竟是什麼？這要從命局的五行平衡談起，伏吟是逢歲運與四柱干支完全一樣，如此一來會加重了四柱中被伏吟的干支，破壞原有的平衡，被伏吟的四柱干支，與受反吟時的情形相類似，一樣的被傷害而毀壞，也會造成整個命局的瓦解。與反吟不同的是，歲運遇伏吟受害的不一定是自己，有時會是自己的父母、兄妹、妻兒等親人。

【788問】歲運遇「死墓絕」是死亡訊息嗎？

答：「死墓絕」是十二長生運中的三個階段，以人爲例，「死」即形體死亡，生命結束；「墓」即死後歸墓，入土爲安；「絕」即形體滅絕，生機滅盡。因此一個人若大運走到死墓絕運，流年恰好也遇上死墓絕，則很有可

能是大限已至，死期將到。《三命通會》：「太歲會集在死絕衰息之鄉，必死。」所說正是大運、流年都逢死墓絕時，可推斷為性命交關之關鍵時刻來臨。

【789問】何謂「格局生死引用」？

答：「格局生死引用」出自於《淵海子平》，是八字古籍中論「凶死應期」最為詳盡者。《淵海子平》「格局生死引用」：「夫格局，皆自有定論，今略具而述之。印綬見財行財運，又見死絕入黃泉。如柱比肩，庶幾有解。正官見殺及傷官刑衝破害，歲運相並必死。正財偏財見比肩分奪，又見歲運沖合必死。傷官之格，財旺身弱，官殺重見，混雜沖刃，歲運又見必死。拱祿拱貴，刑沖填實，及日祿歸時，見七煞官星者必死。其餘諸格，並忌煞及填實，歲運並臨，此亦具其大概而言，一不可拘，二須敢斷。」

【790問】「格局生死引用」有白話文嗎？

答：「格局生死引用」白話文如下：「任何格局的八字若要論它的壽元，皆有定數，現在簡單說明如下：印綬格不論正偏印，只要行運見財必定破格，原局見財星者，若歲運死絕再逢財，恐有大災，甚至一命歸陰。若原局有比劫剋財護印，則沒有大礙。正官格最忌官殺混雜，若歲運逢傷官來破格且刑沖破害用神，必死無疑。正偏財格原局見比劫刃來破格，歲運再逢比劫刃沖合，同樣是死期。

傷官格須要身強,方能任財。若命局財旺身弱,再見官殺混雜、沖刃,歲運又逢之,凶死。拱祿格、拱貴格,日祿歸時格等,皆以虛神爲貴,若命局見官殺及刑沖填實,歲運再逢之,必死。還有其它的格局,只要是忌煞及填實主者,歲運同時遇到,也是死期將至。以上只是說個大概,不必固執個人想法而不知變通,放心大膽地去論斷壽元之事就是了。」

【791問】正官格行運見傷殺或刑沖,會如何?

答:正官格成格的條件爲正官當令,日主健旺,行運中不喜七殺來混雜,也忌傷官來剋,更不可遭刑沖破害來破壞命局,否則會形成破格。若大運與流年干支一樣,同時發生上述破格之情形,卽所謂「歲運併臨」時,有可能卽爲生死關口之死劫。

【792問】拱祿拱貴格,刑沖填實或見官殺會如何?

答:拱祿拱貴是指「拱祿格」與「拱貴格」這兩種格局,「拱祿格」日時之間暗夾暗拱著日元的「祿」字,「拱貴格」日時之間暗夾暗拱著日元的「天乙貴人」。兩種夾祿夾貴的八字,是一種貴徵,八字無官無貴也可論貴。《三命通會》稱之爲「至貴至高君子命,無憂無慮到公卿。」

但這兩種格局怕歲運填實「祿」及「貴人」之字,

以及刑沖日時位，也怕四柱有官殺沖身。因爲若發生這些事，以破格論。破格的下場最嚴重者，即爲局破身亡，凶死之運。

【793問】人命早夭原因為何？

答：《滴天髓闡微》：「何知其人夭？氣濁神枯了」，字面上的意思是說，爲何知道此人未成年就短命死了？原因是他的元氣混濁了，元神也枯萎了。八字命理解釋「氣濁」，「氣」指日主，「濁」是指極其衰弱。因此「氣濁」就是日主「極其衰弱」之意。日主極其衰弱的原因不外乎失地失令，用神無力，忌神深重，刑沖嚴重，喜沖不沖，忌合反合，行運無情等都是。

總之，日主出生後就一直衰弱無力下去，等不到「轉弱爲強」的一天到來，就夭折了。至於「神枯」是如沒有水分的草木乾萎般，失去生機。八字旺極無依，煞多無制，煞輕制重，財星壞印，身弱無印，滿局刑沖等情形都是神枯，都是無生機可言。

【794問】何謂「馬倒祿斜法」？

答：「馬倒祿斜法」是盲派師徒間口傳心授，祕不外宣，自稱能迅速知人生死的一種推斷方法。信者認爲它很神奇，不信者嗤之以鼻。

何謂「馬倒祿斜」？「馬」爲財星，「祿」爲官星，即財官兩者同時被剋破，就稱之爲「馬倒祿斜」，此種狀況也是一種生死關口。要演算此法費時費力並非容易，相

關資料網路上都可找到，八字命理學是一門主要以五行生剋沖合，用神強弱，格局成敗，行運順逆等，來推論人生吉凶禍福的學問。違背此一原則者，說什麼口訣密傳等，終將通不過重重考驗，會被時間洪流所淘汰。

【795問】甲申日其它支皆子，運至北方會如何？

答：《淵海子平》：「六甲坐申，三重見子。運至北方，須防橫死。」六甲即天干為甲者，如甲子，甲辰、甲申等日生人。若甲申日生人，年月時皆是子水，申子半合水局，所以整個地支是一片汪洋。甲木生於寒冬，木氣凋零，毫無生氣，若遇太陽，則生機頓現，金水則為忌。如今水盛木漂，大運又行北方之地，故須防橫死。

「運至北方」可以是時間，也可以是方位。這句話告訴我們，死亡應期雖然是預定的某個「時間點」，但空間的因素也很重要，誤闖「忌神方」往往會加速死期的到來。

【796問】七月丙火根被嚴重刑沖，會如何？

答：《淵海子平》：「丙火申提，無根從殺，有根南旺，脫根壽促。」丙火生於申月，月令申金當旺，火臨病地，火勢逐漸消退，若是日元無根，則需成為「棄命從殺格」或「從財格」才比較好。但若是日元有根，不過根弱無力，則運走南方助身較佳。總之，七月丙火，陽氣已

衰，總不離以木火生扶爲用神也。若是日元有根，但根被嚴重刑沖而損傷，則壽命短促。

【797問】何種神煞與死運有關？

答：《三命通會》：「會諸凶神惡煞，勾絞、元辰、亡神、劫煞、吊客、墓病死宮諸煞，九死一生。」這裡提到了六種凶神惡煞與生死關口有關：1.勾絞：勾絞煞主凶，若身弱無制，命主逢之易遭飛來橫禍，死于非命。2.元辰：元辰又名「大耗」，可謂凶極。歲運元辰逢沖有凶訊，病災不免。3.亡神：因亡神乃空虛之星，故歲運逢之，多精神錯亂，犯官司，甚至凶亡。4.劫煞：流年大運不宜逢劫煞，若五行配合不吉，則爲災更重，導致傷亡。5.吊客：吊客主孝喪之事。大運流年逢此星，多主破財傷病，親人或自己亡故。6.病死墓：十二長生的病死墓運，從百病叢生，肉體死亡，到亡後入墓，都和喪亡脫不了關係。

【798問】何謂「壽元星」？

答：《淵海子平》「壽元詩訣」：「壽算幽玄識者稀，識時須是泄天機，六親內有憎嫌者，歲運逢之總不宜。壽星明朗壽元長，偏印逢之不可當，妻妾不來相救助，命如衰草值秋霜。」

內容說能推算人壽命的訣竅不多，因爲是一種「泄天機」的事情，要謹愼行之。八字中有所謂的「壽星」，一旦壽星遭逢歲運來沖剋，恐怕就是壽終之日到了。命中壽

星健旺，不沖不剋，人的壽命長。壽星中的食神星若逢偏印來剋，梟神奪食很嚴重，除非有財星來剋制偏印，否則命如秋天柔弱之草般，碰上了霜雪，小命就不保了。

「壽星」即「壽元星」，「食傷」，「印星」、「日主」等，甚至「用神」都有可能是壽元星。1.身強之人，食傷官是壽元星，食傷為泄秀，生命的動能顯現在外。食傷也代表福祿，福祿若嚴重受制，生命也就結束了。2.身弱之人，印星就是命主的壽元星。有印星就有元神、元氣，能保護日主。一旦印星遭嚴重沖剋刑傷，必死無救。3.日主即日干，也叫日元，代表命主本人。日主最好健旺，無傷無剋。日主一旦受剋，依嚴重程度，從皮肉之傷，到死亡都有可能。

【799問】何種結構格局的八字容易凶夭？

答：《淵海子平》有「貧賤凶夭諸局」，共有六十種容易凶夭的格局，很有參考價值。如下：「日主扶凶，主旺無倚，正官破損，官多無印，官弱無財，官輕印重，煞重身輕，煞多無制，煞輕制重，官煞混雜，印綬被傷，滿局印綬，滿局比劫，貪財壞印，梟神奪食，財多身弱，財扶惡煞，財遭沖劫，食多無財，傷多無財，傷多無印，傷官見官，刃星重疊，刃星逢沖，祿神衝破，從官不真，從煞不真，從財不真，從食不真，從傷不真，化局被破，一行被剋，兩神被混，暗局破損，暗貴填實，滿局刑沖，多合羈絆，三刑破吉，三刑助凶，滿局驛馬，滿局空亡，滿

局劫煞，劫煞破吉，劫煞助凶，官落空亡，印落空亡，財落空亡，食落空亡，貴落空亡，年月對沖，月日對沖，日時對沖，五行乖戾，五行偏枯，木火燥烈，火土混濁，水木浮沉，金水寒凝，水火交戰，金水相戰。」

【800問】何謂「五行偏枯」？

答：「偏」為傾斜不中之意，「枯」為草木乾萎失去生機的樣子。「五行偏枯」即八字五行有缺失，某些五行太多，而某些五行缺少。還有八字滴水全無，火乾土燥等。同時也指用神無力，忌神過旺，無法抑制。另外，滿盤傷官、羊刃、七殺等也屬於偏枯之命。

《滴天髓闡微》：「人之八字，最宜四柱流通，五行生化；大忌四柱缺陷，五行偏枯。」一個人的八字是由五行構成，如果缺少其中某五行，五行之氣就無法流通，整體格局失衡，會導致身體健康、人格特質、行運過程等的一些缺憾。五行偏枯之人，經常是五福不全，六親緣薄，窮困潦倒，或是一生大災大難，早夭短壽。

【801問】命運歲組成「二相剋方局」是死運？

答：命局、大運、流年組成二組「三會局」，或「三合局」，且這二組恰好相剋者，如申酉戌「會金局」與亥卯未「合木局」，為金木相沖剋；申子辰「合水局」與寅午戌「合火局」等，為水火相沖剋，主大災禍或死亡。

八字不論是三會局或三合局，一旦形成，就是五行極

旺的能量場，在雙方都極旺的情況下，互相沖剋的結果，
就是兩敗俱傷，相互毀滅，導致整個命局澈底瓦解。所以
只要發生這種情形，保證是死運無疑。

【802問】為何「命運歲」會齊「祿刃印」是死運？

答：「祿刃印」三者皆是扶身之物，其中「刃」最
強，只有陽干才有刃，即甲丙庚壬戊五陽干，刃之強是屬
過強的一種。祿與日主同五行，就是日主的比肩。若再加
上印星來生身，就是過強太旺。總之，身旺再行印比運，
災禍就不遠了，意外血光，窮困潦倒，甚至因而殞命。

【803問】為何「雙刃有印，運歲會印」是死運？

答：八字原局若有一刃一印，算是身強了，現在帶雙
刃，結果身更強，稱之為「羊刃過旺」。此人性急剛惡，
衝動暴戾，刑剋妻子，六親不和。這種命格主一生常遭兄
朋友連累，或常遭重大之災厄，除非原局有足夠食傷或官
殺貼近日主，來剋泄制泄化。如今歲運復逢印星，身更是
旺極，災殃立至，非死即傷，難以倖免。

【804問】為何「稼穡格逢木運」必死？

答：《神峰通考》：「運喜南方火土之地，及行西方
金制木之運，多富貴。見木運剋破稼穡，必死。」《神峰
通考》這段是在說明稼穡格的行運喜忌，行火運金之運為

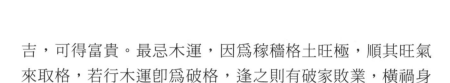

吉，可得富貴。最忌木運，因為稼穡格土旺極，順其旺氣
來取格，若行木運即為破格，逢之則有破家敗業，橫禍身
亡之災厄發生。

【805問】「損傷用神」或「沖到月提」，會是生死關口嗎？

答：《月談賦》：「損用者十死八九，沖堤者五防三四。」意思是說損傷用神的命，十個有八九個會死。沖到月令提綱的命，五個有三四個活不了。換言之，八字中行運有「損傷用神」或「沖到月提」之情形時，就是生死關口，這當中還須看有沒有救應，即有無「會合沖刑」等關係來化解等，有則有救，無則死劫。

【806問】如何解釋「獨印逢財，定斷魂歸獄地」？

答：《月談賦》：「獨印逢財，定斷魂歸獄地。一官遭破，當推命入黃泉。」意思是說八字以印星為用，如果柱中印星只有一位，而且有財壞印的情形，那麼歲運再見財星，命主有可能一命歸陰。另外，若命局以官星為用，且官星只有一位，柱中或歲運見傷官，或官星臨死絕之地，則命主同樣有大凶，命遭橫禍。以命理學上的理論來解釋，就是「用神絕不可損傷」這句話。

【807問】如何解釋「食逢梟，印逢財，家破人亡」？

答：《月談賦》：「官被傷，財被劫，妻離子散；食逢梟，印逢財，家破人亡。」意思是說當八字以財官為用時，必須財旺生官，或是行財官兩旺之運，方有富貴可言。如不得財官旺運，反而是官星遇傷官，財星遇劫財，如此一來，不但得不到富貴，還會妻離子散，原因是男命以財為妻，官為子。另外，食神為壽元星，印為護佑之神，若命中食神被偏印所剋，印星遭財星所傷，很容易發生家破人亡的大災難。

【808問】如何解釋「日逢劫，時逢傷，妻亡慘蕩」？

答：《月談賦》：「日逢劫，時逢傷，妻亡慘蕩；歲逢煞，月逢傷，兄弟囹圄。」意思是說男命日支為妻宮，若坐比劫，婚姻多不順。時柱是子女宮，若坐傷官，也間接影響到妻子的運勢。當時柱被傷官凶星所占據時，妻可能喪亡或逢悲慘動盪的命運。另外，年柱出現七殺，七殺剋比劫；月柱出現傷官。當這兩顆凶星在年月出現時，極不利於兄弟姐妹，兄弟有可能身陷囹圄去坐牢。

【809問】傷官格用財行比劫運，會如何？

答：《千里手稿》：：「傷官用財者，行財得地運發福，逢敗財運必死。」內容是說傷官格的行運吉凶。傷官

格用財，日主一定健旺，傷官也不弱，又有財星來流通傷官之氣，這是傷官格中的上等格局。此種格局之人，聰明能幹，大發財利，行運最喜走財旺之運，最忌比劫運來奪財，比劫運敗財傷用，甚至喪命。原因爲何？仍是用神不可損傷也。

【810問】八字不帶殺刃遇刑沖，會如何？

答：《張果星宗》：「有殺刃者，遇太歲必傷，無殺刃者，縱凶不死，故刃利害。」意思是命局帶七殺與羊刃凶星者，遇到流年來沖剋，必有意外傷害；如果不帶殺刃，則不管如何刑沖，雖然遭凶但不會死亡。從這裡可看出羊刃的凶惡，雖然有「羊刃駕殺」則爲貴格，「羊刃合殺」更加富貴的說法，但其前提是不可逢刑沖，刑沖會沖起殺刃兩者極凶之氣，非死卽傷。

第二十二篇

八字批流年

【811問】何謂「批流年」？

答：「批流年」是以八字命局為基礎，結合當前所行大運，再配合當年太歲，總共六柱十二個字，來綜合推斷一年的健康、事業、財運、感情等各方面的吉凶。批流年的重點與一般論命詳論妻財子祿壽並不相同。

一般而言，八字算命之後，若命主覺得算得有準，進一步想要知道每一年的運勢如何，才會要求批流年。目前市面上有簡批一年流年，也批三五年，甚至年年批至終身，寫一本個人的八字命書。

【812問】批流年有何意義？

答：批流年有何意義？一言以蔽之，教人如何在今年或每一年「趨吉避凶」也。所謂「流年」即如流水般的一年，很快的到來，也很快的過去。近來也流行如占「流年卦」般，在每年立春後以八字方式，去批算當年的流年運勢，想預先知道當年的大小事，好作做安排。因為批流年可以看出整年的財富運、健康運、事業運、桃花運等。

以財運為例，如果預測的結果財運好，當然這一年可以多投資些，財運不好就保守一些，最好去上班，領固定薪水，不借貸，不擴張。財運不好卻想要投資股票、期貨等，不如去睡覺吧！夢裡什麼都有。官運也是如此看待，官運好則等升官的好機會。官運不好，努力還是不能少，以等待下一次的好運到來時。

【813問】批流年如何趨吉避凶？

答：批流年之後，除了前述財運不佳少投資之外，還有沒有其它的趨吉避凶之道？當然有，其中首避「八字忌神」或「不利十神」，如流年財壞印，財星為忌，則須特別注意財星之五行。針對此五行則可透過方位、六親、風水用品等方法避之，或多或少能化解忌神之剋害，此稱之為「避凶」。

除了「避凶」之外，還可以選擇「趨吉」。「避凶」是消極性的避開，與其五行相關的人事物等拖累，來避開負面作用的衝擊。至於「趨吉」則是積極性的趨往喜用神或通關用神等，來產生正面改運的效果。

【814問】大運與流年二者是何種關係？

答：《三命通會》：「運與流年，二者相為表裡，乃人命禍福死生所繫。歲用天元，運用地支。」白話文：「大運與流年兩者是互為表裏的，是一個人命運的禍福吉凶，生死大事等所關聯。在吉凶推斷上流年重天干，大運則重地支。」

以上有兩個重點，一是如何理解「大運與流年，二者互為表裡」，前面詳論大運時有提到「命局與大運，二者互為表裡」。若把命局、大運、流年三者一起來看，最裏層，最內部的是命局，中層則是大運，最外層則是流年。一個完整的八字即由命運歲三者來組成，命局決定一切，但命局中潛藏的吉凶訊息只有靠大運、流年引發，才能在實際的生活中顯現。

　　第二個重點是「流年重天干」、「大運重地支」。流年重天干的理由是，流年反映的是正要發生的事情，天干為外顯，故流年重天干。至於大運重地支，主要是地支會跟原命局，產生刑沖會合害等，對吉凶較有決定性的影響力。

【815問】斷流年吉凶的步驟為何？

　　答：先看用神喜忌，後看流年與命局的生剋沖合，最後再以十神來看這一年發生何事。1.用神喜忌：流年干支皆用神，乃吉之年；流年干支皆忌神，乃凶之年。2.生剋沖合：流年與命局的生剋沖合後，仍是以用神喜忌來斷，只要最後喜用被剋傷，力量減弱，就是凶年；生扶喜用，剋制忌神，就是吉年。3.十神事象：從十神可以清楚知道這一年發生何事，應何六親。

【816問】流年干支的分別作用為何？

　　答：「流年干」主事情的「外象」，對吉凶的影響力小，而「流年支」主事情的「內象」，對吉凶的影響力大。何謂「外象」？流年干代表外象、表面的象，若流年為凶，干為財星，則這年「破財」就是一個外象。至於這個破財是因何而起？投資失利？被騙被搶？親友借貸？種種原因就要靠流年支去分析。

　　所以，流年支代表內象、實質的象，是干象的起因。另外，論對吉凶的影響力，天干小地支大，理由為何？所謂的「流年太歲」，原本就是單指年支而言，更何況流年

支，與大運及命局之間的生剋沖合會等，比天干要複雜多了，影響力也是大許多。

【817問】流年如何與大運論吉凶？

答：流年與大運有各自的吉凶，經常是不一致的，倘若大運爲吉或凶，這五或十年中每年的流年本身又有吉有凶，如何才能統合兩者做正確的推斷，整理如下表：

大運	流年	吉凶	說明
吉	吉	大吉	大運喜用，流年喜用，該年必定大吉。
吉	平	中吉	大運吉，流年平常，以吉運斷，有六分吉運。
吉	凶	吉帶凶	大運吉，流年凶，以吉運斷，還有四分吉運。
平	吉	小吉	大運平常，流年吉，以吉運斷，還有二分吉運。
平	平	平	大運平常，流年平常，平凡歲月。
平	凶	小凶	大運平常，流年凶，以凶運斷，還有二分凶運。
凶	吉	凶帶吉	大運凶，流年吉，以凶運斷，還有四分凶運。

凶	平	中凶	大運凶，流年平常，以凶運斷，還有六分凶運。
凶	凶	大凶	大運凶，流年又凶，該年必定大凶。

【818問】何謂「流月」？

答：「流年」是看一整年的運氣情況，「流月」則是一整年中某個月分的運氣情況，流月與流年一樣有一組的干支符號。古代八字典籍中，並未出現「流月」一詞，可見自古八字命理學並不重視流月的重要性，只有在近代《千里命稿》中有提到流月一次。

《千里命稿》：「月建看法，月干重于月支，因干流動，而支固定。月建即流月也。或以干為上半月，支為下半月，不甚可信，總宜干支合看。」內容不多，只說流月就是月建，月干支的干比較重要，干支合看一整月吉凶等等。

【819問】流月有何作用？

答：流月並無法直接參與八字原局的刑沖剋合等作用，因此對八字命局干支五行絲毫無改變的力量，這或許是古人不重視流月的主因。流月對於喜忌神也不適用，故無法把喜忌套在流月干支上論吉凶。既然如此，流月究竟還剩下什麼作用？

批流年運中，好的年運並非一整年都是好運，壞的

年運也不是一整年都衰運，批流年通常會以月令爲單位，簡批從正月到十二月，每個月重要事情的吉凶。以財運爲例，若妻財爲土，正月寅，二月卯，這兩個月爲旺木來剋土，木是兄弟是劫財之神，所以寅卯兩個月花錢較多，同時脾胃也不好。三月辰土旺當令，財運好轉，清明後進財。四至六月巳午未，一路子孫火當旺，財有源頭，財運不錯。七八月官鬼金當值，壓力增大，財生官鬼，有因爲上司或工作上花錢之象。九月戌，此月財運好。十月亥十一月子，水生木來剋土，意外破財，花錢較多。以上以財運爲重點，簡批十二個月的財運。

【820問】流年走正財，會發生何事象？

答：流年論吉凶，吉凶主要來自於喜忌神，及流年與本命、大運間的刑沖剋合等。論流年另一個重點，即會發生何事，主要由流年干來決定。流年干走正財，會發生何事象？分事情、心態、吉事、凶事等四個部分表列如下：

事情	流年正財，事情與求財、經商、身體、工作、事業、資產、戀愛、結婚、購物、妻子、金錢等之事有關。
心態	流年正財，心態上趨向安分、吝嗇、保守、謹慎、穩重、平凡、節儉、利己。不浪費、刻苦耐勞、保護利益、重視金錢、欠缺魄力、物質欲旺、佔有欲強、功利主義、現實、重家庭等。

吉事	若此年為吉，健康。結婚機會，賺錢機會，人緣較佳，事業有成，工作愉快，事業順遂，物質享受，娛樂機會多等。
凶事	若此年為凶，損身、勞苦、破財。為錢所苦，妻子欠安，身體不好，婆媳問題，食欲不振，消極煩惱，夫妻感情不好等。

【821問】流年走偏財，會發生何事象？

答：流年走偏財，發生事象如下表：

事情	流年偏財，事情與父親、戀人、妻子、同居、結婚、身體、經商、求財、人脈、人緣。意外橫財、物質享受、吃喝玩樂等有關。
心態	流年偏財，心態上趨向靈活、樂觀、浪費、圓滑、外向、慷慨、多情、投機。不穩定、異性桃花、揮霍享受、注重實際、管理操控、物質欲望重、體貼關心旁人、隨和不執著、操作欲增強等。
吉事	若此年為吉，女緣、結婚。名聲地位，財運亨通，事業有成，多才多藝，工作愉快，物質享受，娛樂增多等。

| 凶事 | 若此年爲凶，勞苦、貧困、疾病、婚災。桃花劫，仙人跳，開支大，爲錢所苦，妻父欠安，賺錢壓力，生意賠錢，玩世不恭，鋪張浪費，長輩之事煩憂等。 |

【822問】流年走正官，會發生何事象？

答：流年走正官，發生事象如下表：

事情	流年正官，事情與名望、紀律、工作、地位、權力、壓力、阻力、丈夫、子女、升職、長官、老闆、公衆事件、煩心之事等有關。
心態	流年正官，心態上趨向自制、學習、約束、責任、名望、理性、正直、自省。守本分、道德性強、內心緊張、不知變通、優柔寡斷等。
吉事	若此年爲吉，壓力消除，官非結束，考試上榜，創業升官，外出求財。女命有姻緣，考試易被錄取，社會地位提昇，男命添人口等。
凶事	若此年爲凶，遭盜賊，易破產，是非多，壓力大，犯小人，慢性病。精神緊張，血光之災，工作多阻，貴人消失，降職丟官，心情煩躁，脾氣不好，官非口舌。職業上變動，女命丈夫運差，與兄弟姐妹失和，生活上無規律，兒女之事煩心等。

【823問】流年走七殺，會發生何事象？

答：流年走七殺，發生事象如下表：

事情	流年七殺，事情與地位、權威、疾病、傷殘、牢獄、上級、老闆、子女、工作、競爭、欺詐。受驚嚇、意外傷害、搶劫綁架、官司牢獄、外來壓迫、打架鬥毆等有關。
心態	流年七殺，心態上趨向衝動、膽量大、魄力、無情、權威、自負、霸道、任性、剛強。好勝不服輸、不重禮節、積極作為等。
吉事	若此年為吉，壓力消除，工作順利，事業有成，地位提昇，考試上榜，創業升官，女命異性緣好等。
凶事	若此年為凶，破財、意外、官司、血光、失業、疾病、傷殘、牢獄。工作多阻，貴人消失，身體勞累，小人陷害，感情糾紛，考試落榜，降職失權，女命遇人不淑等。

【824問】流年走正印，會發生何事象？

答：流年走正印，發生事象如下表：

事情	流年正印，事情與長輩、母親、老師、學習、榮譽、工作、靠山、貴人、福氣、宗教、正氣、聲譽、涵養、求知慾等有關。

心態	流年正印，心態上趨向溫順、心慈、傳統、文化、保護、依賴、緩慢、懶散、犧牲。愛惜面子、脫離現實、膽怯保守、淡薄名利、好學多思、重視內涵、重視內在精神等。
吉事	若此年為吉，少凶險，小人消失，身體健康，貴人多助，考試上榜，升職掌權，名聲遠播，生活安定，接近善知識或宗教人士等。
凶事	若此年為凶，貴人消失，貧病相隨，婆媳不和，丟掉工作，上當受騙，誤判損財，考試不利。生活環境差，遭長輩阻礙，母親運勢差，女命不利兒女等。

【825問】流年走偏印，會發生何事象？

答：流年走偏印，發生事象如下表：

事情	流年偏印，事情與母親、繼母、長輩、學習、創作之事等有關。
心態	流年偏印，心態上趨向多疑、精明、憂鬱、偏激、猜忌、敏感。第六感、壓抑情感、內心孤獨、自我偏執、不穩定性、重內在思想等。
吉事	若此年為吉，貴人相助，名利雙全，考試上榜，升職掌權，名聲遠播，生活安定，進修機會多，接近善知識等。

| 凶事 | 若此年爲凶，破財、勞苦、損譽。是非多，貴人消失，六親緣薄，常遭陷害，多敗少成，得憂鬱症，女命剋子，男命妻欠安等。 |

【826問】流年走比肩，會發生何事象？

答：流年走比肩，發生事象如下表：

事情	流年比肩，事情與朋友、競爭、耗財、剋父、分家、勞苦、交友、爭奪、賭賻、鬥毆、口舌、官非。婚姻不順、兄弟姊妹等有關。
心態	流年比肩，心態上趨向內斂、韌性、穩定、樸實、自我、自尊、自信、對等、主觀。自尊心強、爭強好勝、耐勞任怨、欠缺協調性等。
吉事	若此年爲吉，發財，事業興旺，財源滾滾，人緣轉好，貧困緩解。朋友交往多、得朋友助益、與人分享共有，競爭中得名利等。
凶事	若此年爲凶，破財、刑妻、病災、婚災。不利父，不順之事，小人出現，兄友失和，手足無助，感情衝突，合夥人拖累，易有官訟口舌，妻子傷病災，遭盜竊和侵佔掠奪等。

【827問】流年走劫財，會發生何事象？

答：流年走劫財，發生事象如下表：

事情	流年劫財，事情與手足、朋友、同事、同學。競爭對手、外遇情人、事業合夥人等有關。
心態	流年劫財，心態上趨向野心、自尊、競爭、耐勞、衝突、功利、佔有、自信、武斷。投機性、冒險性、功利主義、事業心重、適應力強、鬥志高昂、雙重性格、以行動解決問題等。
吉事	若此年為吉，人緣轉好，管理財產，財源廣進，事業興旺，財源滾滾，富社交能力，從事商業易成功，得手足、同輩間的幫助等。
凶事	若此年為凶，病災、剋妻、剋父、官災、偷盜、鬥毆。手足無助，破財損友，小人出現，兄友失和，會受朋友拖累，妻子傷病災，工作事業不利等。

【828問】流年走食神，會發生何事象？

答：流年走食神，發生事象如下表：

事情	流年食神，事情與名聲、學習、求知、文藝、運動、旅遊。社會服務、女命有懷孕、生孩子之事等有關。

心態	流年食神，心態上趨向享受、知足、人緣、品味、逃避、幻想、同情、淡泊、樂觀、欣賞、感性。溫和理性、學習力強、空想妄想、抗壓性差、追求精神境界、注重生活情趣等。
吉事	若此年爲吉，易中榜，健康好轉，聲譽漸佳，學位易得，求財輕鬆，能吃能喝，兒女平安，與朋友交往，創作收穫多，懷孕機增多，多娛樂享受等。
凶事	若此年爲凶，勞累、忙碌、落榜、口舌、離職、鬥毆、病災、是非損譽。健康欠佳，身弱多病，與上對抗，觸犯法律，官司訴訟，遭受傷殘，女命易流產，男命不利子女等。

【829問】流年走傷官，會發生何事象？

答：流年走傷官，發生事象如下表：

事情	流年傷官，事情與名氣、學習、創作、投資、叛逆。官非口舌，女命有懷孕、生小孩之事等有關。
心態	流年傷官，心態上趨向任性、驕傲、反應快、任性、偏激、叛逆、才華、變化、獨創、自大、自負、誇張、放縱、爭訟。愛表現、反應快、追求新奇、自尊心強、理解力佳、很有個性、學習力強但沒耐性等。

吉事	若此年爲吉，升職、中榜。學位易得，才華發揮，健康好轉，聲譽漸佳，兒女平安，女命易懷胎生子，與益友交往等。
凶事	若此年爲凶，血光、官司、破財、車關、降級、失業、鬥毆、婚變。考運差，是非損譽，健康欠佳，遭受傷殘，男命不利子女等。

【830問】何謂「真太歲」？

答：以虛歲計算，每個人六十一歲時所逢之流年，就稱之爲「眞太歲」之年。眞太歲又名「轉趾煞」，例如壬寅年生人，出生滿六十年，流年再逢壬寅年卽是。《命理探源》：「眞太歲，又名轉趾煞，顯官得之，其年必有君臣慶會之喜。」其它八字命理古籍也有類似之說法，認爲轉趾煞爲吉，旣然爲吉，爲何以「煞」爲名？令人不解。論命以用神爲主，不能單憑此「眞太歲」一點來斷。何況，眞太歲這年與年柱是伏吟，有破祖業之象，何吉之有？

【831問】何謂「日犯歲君」？

答：四柱的日柱天干，剋流年天干，稱之爲「日犯歲君」。《神峰通考》：「日犯歲君，災殃必重，五行有救，其年反必爲財，如甲日見戊土太歲是也。」從以上《神峰通考》所述，日犯歲君是很嚴重的事情，災殃必重。理由是什麼？八字命理古籍都沒說清楚，只說日是孩

子，歲是父親，「日犯歲君」好像孩子打父親，以下犯上，天理難容。日干剋流年天干，我剋者偏財，若身旺用財，流年走偏財運應該論吉才對，類似日犯歲君爲凶之說法，只能在實踐中去驗證對錯。

【832問】何謂「歲君傷日」？

答：四柱中日柱天干被流年天干所剋，稱之爲「歲君傷日」。《三命通會》：「歲君傷日者，如庚年剋甲日爲偏官，譬君治臣，父治子，雖有災晦，不爲大害，何則？上治其下，順也，其情尚未盡絕。」流年天干剋我，剋我者爲七殺，如果日主身弱忌殺，走七殺流年運，應以凶論，可能犯小人，傷病災等。反之，身旺用官殺者，逢此歲運，求之不得，何凶之有？

【833問】何謂「歲運並臨」？

答：「歲」指的是流年；「運」指的是大運，「歲運並臨」就是所行大運干支與流年干支相同，如癸卯大運又遇上癸卯流年即是。《神峰通考》：「歲運並臨，災殃立至。」歲運並臨在一生中是很容易遇上的，應凶的理由大多數認爲是干支重疊結果，使得某些干支的力量突然增大，打破命局原有的結構平衡，因而遭致凶險。一般來說，歲運並臨的確爲凶的情況較多，但當歲運干支都爲喜用時，也有可能爲吉。

【834問】何謂「晦氣入門」？

答：晦氣本義爲「倒霉」、「不吉利」的意思。日柱天干或時柱天干，與流年天干作合則稱之爲「晦氣入門」。《五行精紀》：「凡生日、生時，天干與逐年太歲干合者，謂之晦氣入門。」八字命理中，「合」本是一個吉利名詞，爲何合日或時干反爲凶了呢？

《五行精紀》：「夫晦者，亂也，暗也。」日干代表命主，本來是有自我、自主、自信的，現在被太歲合住，被太歲牽著走，亂了自己的方向，眼前是一片黑暗，故名「晦氣入門」。其中，身弱者晦氣較爲嚴重，因爲身弱本來自主性就差些，八身弱忌財官者，流年逢財官來合，則該年因財惹禍或犯了官符，就是晦氣入門了。若身強喜財官者，流年逢財官來合，反以吉論。

【835問】流年沖合四柱，會有何事象？

答：流年沖合四柱不同的地支，應驗不同的事情與現象，整理如下表：

沖合年支	祖居地、田宅、財產之變化。搬家、遠行、整修房屋、買賣不動產，或因工作而有居住環境的變動。
沖合月支	主與父母、兄弟等發生別離、衝突之事。或個人情緒、心態、觀念之波動變化。

沖合日支	主感情、婚姻發生變化，未婚者有戀愛之事，已婚者易有婚變。意外血光或病災。
沖合時支	主工作、事業之變化，亦主長期出差、受訓等。女性則易有懷孕、生產之事。

【836問】流年沖本命十神，會有何事象？

答：流年沖四柱之十神，應驗不同的事情與現象，整理如下表：

沖財星	錢財不穩定，意有外損財、支出。得意外之財，但容易花掉。妻子、父親有災。
沖官殺	換工作，謀職不利，犯官符，防子女有災，女命防丈夫有災。
沖印星	學習力降低，學業中斷，免疫力降低，生病，母親有災。
沖比劫	兄弟有災，與朋友有糾紛，日主情緒不穩，心思不定。
沖食傷	子女有災，口舌官非，計畫中斷，勞碌不安。

【837問】流年合本命十神，會有何事象？

答：流年合四柱之十神，分「喜忌神」應驗不同的事

情與現象，原則上「喜神被合應凶，忌神被合應吉」。整理如下表：

合財星	1.財星爲忌：進財頗豐，有投資機會，男命異性緣。 2.財星爲喜：爲財所苦，男命妻父欠安。
合官殺	1.官殺爲忌：工作機會增多，女命有姻緣，是非解除，壓力減少。 2.官殺爲喜：女命姻緣受挫，工作遇阻，貴人消失。
合印星	1.印星爲忌：免疫力增強，貴人相助，學習新知。 2.印星爲喜：母親欠安，依賴保守，工作受挫。
合比劫	1.比劫爲忌：合夥做生意，結交新朋友，人緣變好。 2.比劫爲喜：手足有災，好友減少，同行陷害。
合食傷	1.食傷爲忌：健康變好，子女平安，才華外顯。 2.食傷爲喜：運動減少，智慧被蒙蔽，求財辛苦。

【838問】什麼流年容易破財？

答：容易破財的流年如下：1.財星逢刑沖：身弱以財為忌，逢流年刑沖，要小心以免觸法，及很容易破財。2.逢梟印奪食：食神是財星源頭，主福氣，若流年遭偏印直接剋伐，且無財星救助，財易受損。3.身旺財弱逢劫財：身旺財弱之人，逢劫財流年，犯小人，容易有耗財之事發生。4.財多身弱逢財：身弱財多，流年見財，必是因財惹禍之象，也是破財之時。5.身弱食傷旺逢財：身弱食傷財星皆為忌神，再逢財星之年，容易因錯誤投資虧損等。

第二十二篇
八字應期與雜論

【839問】八字命理有應期嗎？

答：應期即「應吉或應凶」的「具體時間點」。八字古籍中鮮少提到應期，《李虛中命書》：「氣數中庸，應期而發。」白話文：「氣數的流行，有一定的法則與規律，即所謂『中庸法則』，有一個中心點如太極，在主宰一切氣機的運行，尋著定則與定數，不偏不倚的，順應時機而發生。」《李虛中命書》這裡所說的應期，與六爻「爻靜待沖為應」，「爻沖待合為應」等意思上是相通的。即運程中吉凶發生的時間，是有規律，有法則的，非亂無章法。

八字命理最主要的應期點有三：1.「值」為應期：何謂「值」？即原命局八個干支，在大運流年出現時，此歲運即為應期。2.「引動」為應期：大運流年與命局產生刑沖剋合等作用時，即為應期。3.「限運」、「大運」為應期：限運分初次中末等四限，約二十年一限，即四柱每柱二十年，大運則十年一運等。

【840問】何謂「八字命理之應期」？

答：八字命理古籍雖無應期的詳述，現代卻有一篇不知出自何人之手的「八字應期」，共有十一條，內容如下：「藏怕透，隱怕露；合怕沖，沖怕合；旺怕動，弱怕剋；獨怕重，無怕有；純怕混，旺怕庫；墓忌邀，弱怕庫沖；有根怕無根，無根怕有根；假格喜變真，真格怕變假；太旺怕犯怒，弱極怕逢根；空者怕淪陷，待空怕出空；重沖怕待沖，被沖則應凶。」

以上十一條的八字命理應期，很有參考家價值，值得學習。內容其中的「怕」字，不一定都是負面的意思，有時只是說，此時間就是吉凶應期，如此而已。

【841問】「藏怕透，隱怕露」，如何來解釋應期？

答：第一條「藏怕透，隱怕露」：八字命局中干支或十神，藏在地支沒有透干，如丙日主干不透財，唯一的正財辛藏在戌中。如果在行運逢辛年或辛運，正財辛即透出，這個辛運或辛年就是應期，會產生正財方面的人生變化，事情與求財、經商、身體、工作、事業、資產、戀愛、結婚、購物、妻子、金錢等之事有關。至於是吉是凶，就看正財辛為喜或為忌而定，吉凶力度的大小等，則要看透顯力量的旺衰而有差別。

【842問】「合怕沖，沖怕合」，如何來解釋應期？

答：第二條「合怕沖，沖怕合」：八字原局若天干有五合，地支有六合或三合，當歲運來沖相合之干支時，此歲運就是應期。若原局地支有六沖，當歲運來合相沖之地支時，此歲運也是應期。此即借著「相合」來解除「相沖」；借著「相沖」來解除「相合」。

八字本身有沖，或者大運、流年來沖八字不一定就是凶，還需要結合喜忌來斷定，「喜用沖忌神為吉」代表有意外之喜，比如財喜神來沖印，可能是意外之財或姻

緣等。「忌神沖用神爲凶」則代表災禍，突發之災。至於「合」也不一定是吉，它代表相連、親密等含義，也有牽連、相絆之象。故當忌神合住了用神時，則是一種災害，且不能輕易擺脫掉。

【843問】「旺怕動，弱怕剋」，如何來解釋應期？

答：第三條「旺怕動，弱怕剋」：1.解釋「旺怕動」：八字命局講求中和平衡，若五行或十神過旺，此一過旺者有可能爲忌神，既然爲忌就怕被引動，引動方式有刑沖剋害等。不動沒事，一旦引動就有麻煩，就會應凶。2.解釋「弱怕剋」：若五行或十神衰弱無力，則怕剋，尤其是沖帶剋，喜用被沖剋，就會有災難臨身，或六親有災。

【844問】「獨怕重，無怕有」，如何來解釋應期？

答：第四條「獨怕重，無怕有」：八字干支中五行只有一個者，稱之爲「獨」，大運或流年出現了此字，就爲「重」，重複之意。或者八字干支中沒有的字，大運或流年出現了此字，就爲「有」。歲運不論出現「重」或「有」，都是釋放出事情將有變化的強烈訊息，絕對是吉凶的應期，所以需要加以注意。特別是忌神的話，則更要小心應對爲妙。

【845問】「純怕混，旺怕庫」，如何來解釋應期？

答：第五條「純怕混，旺怕庫」：1.解釋「純怕混」：八字命局最忌正偏星混雜，如「官殺混雜」，「印梟混雜」等，混雜會造成正偏各行其是，各自為政，互不協調，造成混亂。對命主本身而言，人的性格會狐疑反覆，正邪不分，是非不明，不知何去何從，是性格引影響命運的災難。所以，原本單純的正官格，大運或流年逢七殺時，官殺混雜就是應期，而且往往是應凶。2.解釋「旺怕庫」：八字命局中五行或十神過旺者，入墓為應期。如命局中亥子水多且當令為過旺，歲運逢辰水入庫。這個入庫的辰年或辰運即是應期。

【846問】「墓忌邀，弱怕庫沖」，如何來解釋應期？

答：第六條「墓忌邀，弱怕庫沖」：1.解釋「墓忌邀」：八字中的五行或十神入墓，逢歲運刑沖破害而出墓，即受到外力影響而出墓，這也是應期的一種。總之，出入墓對任何五行或十神而言，都是重大的事件，任何五行或十神入墓，就是被收藏起來，被關閉起來，被捆綁起來的意思。在入墓的這段時間內，會暫時失去生剋能力，出墓後才能恢復。若是忌神入墓，當然是好事，但若歲運逢「邀」。這個「邀」即刑沖剋合之意，忌神出了墓，即應凶。

2.解釋「弱怕庫沖」：五行或十神弱者入墓，尤其是

入中氣或餘氣，歲運逢沖，因為墓庫沖，很容易把中餘氣沖掉了。故弱怕庫沖也是一個應期，忌神歲運逢沖應吉，喜神歲運逢沖應凶。

【847問】「有根怕無根，無根怕有根」，如何來解釋應期？

答：第七條「有根怕無根，無根怕有根」：1.解釋「有根怕無根」：八字命局中某五行，在地支有根氣，逢歲運來沖剋，唯一的根被沖掉，有根變成了無根，若此根為八字中之喜用，則恐遭遇凶禍。

2.解釋「無根怕有根」：八字命局中某五行，透在天干，但地支沒有根氣，逢歲運忽然有了根，若是喜神有了根則應吉，忌神有了根則應凶。以從弱格來說，若行印比之運，就屬「無根變有根」，為破格之凶運，敗業破家，甚至死亡。這種根的「有無」之間的變化，通常也都是吉凶之應期。

【848問】「假格喜變真，真格怕變假」，如何來解釋應期？

答：第八條「假格喜變真，真格怕變假」：特殊格局有專旺格、化氣格、從弱格等。以從格為例，就有「真從格」與「假從格」之區別。真從格者，格局純粹，行運不悖；假從格者，帶有瑕疵的格局。命局日主弱極，財官食傷強旺，不能不從，日主有微根，或有印生助，便是假從格。真從格有富貴之象，假從格富貴程度就有損。「原格

局雖假，行吉運可使之變眞」；「原格局雖眞，行凶運可使之變假」。使從格「眞假變化」的歲運，就是應期。

【８４９問】「太旺怕犯怒，弱極怕逢根」，如何來解釋應期？

答：第九條「太旺怕犯怒，弱極怕逢根」：1.解釋「太旺怕犯怒」：八字中某五行如果太旺，就只能順其勢。比如土過旺，就只能用金來泄，絕不能用木來剋，歲運逢木剋就是「犯旺」、「犯怒」，結果沒有成功把對方制壓，反而引起被剋五行之反剋，犯怒就容易有災。

2.解釋「弱極怕逢根」：八字中某五行過弱，達到極點，或可稱之爲「弱極」。像這種弱極的五行，就不能用「生」，從弱格就是日主弱極的取格方式，從弱格一旦歲運遇到印比來生助，就是日主逢根破格，會導致破財、失業、牢獄等凶禍，甚至身亡。以上逢「犯怒」或「逢根」之歲運，卽爲應凶之應期。

【８５０問】「空者怕淪陷，待空怕出空」，如何來解釋應期？

答：第十條「空者怕淪陷，待空怕出空」：1.解釋「空者怕淪陷」：第一句是針對喜用神說的，卽喜用已逢空亡了，就不能再被歲運刑沖等剋傷。「淪陷」本義爲「衰敗」，在這裡是指五行衰弱的意思。喜用已空亡，歲運又逢剋傷，此歲運就是凶應期。2.解釋「待空怕出空」：第二句則是對忌神說的，忌神逢空亡，忌神如不

見，反而以吉斷，但怕出空再來剋用神。忌神本空，一旦出空以凶斷，出空之歲運即是凶應期。總之，逢沖合可解空，填實或沖合之歲運，會使空亡不空，影響喜忌頗大，都是必須注意之吉凶應期。

【851問】「重沖怕待沖，被沖則應凶」，如何來解釋應期？

答：第十一條「重沖怕待沖，被沖則應凶」：沖本來多應凶，所謂「重沖」就是八字原局已經有「兩沖一」，或者「三沖一」的情形，如果歲運再來沖，變成「四沖一」，凶上加凶，事情變得更嚴重，難以處理，所以需要加以注意。沖到何柱，沖到何五行十神，相對應的六親，或身體方面都有可能產生損傷。歲運再來沖，歲運就是應期，應期可以預先知道，提早來預防因應。

【852問】何謂「天下沒有窮戊子，世上沒有苦庚申」？

答：此句話是江湖派的口訣，意思是戊子日出生的人一生不會貧窮，因爲戊子日生人，日元自坐正財，財爲養命之源，也是代表財產、收入等，坐在錢堆上生活，人還會窮嗎？庚申日出生的人，一生不辛苦。因爲庚申日生人，日元坐祿，祿就是「官祿」、「俸祿」，「食祿」等，祿的含義除了擁有錢財之外，還包含自我信心，衣食無缺等。

六十甲子中坐財、坐祿的干支並不少，特別挑出戊子

與庚申，應該有它的理由。在「一柱論命法」中，戊子日生人，六秀日，主人聰明秀氣，坐正財，得賢妻，因妻制富，子藏癸，干支戊癸化火生身，主高貴。至於庚申日生人，坐祿通根，身體好，主富貴。

【853問】何謂「鬼谷算命法」？

答：「鬼谷算命法」又稱「兩頭鉗」或「命理前定數」等，為戰國時期道家鬼谷子所創，以出生年干與時干配合成兩干來論命。所謂「兩頭鉗」即年干和時干，在四柱頭尾組成像鉗子的樣子，故稱之。由此兩干來論斷人一生榮枯得失，吉凶禍福等命運的起伏，包括祖運、事業、財運、功名、利祿、婚姻、子孫、晚運等，簡單易懂，數千年來一直為世人所使用。

【854問】何種結構格局的八字容易富貴？

答：《淵海子平》有「富貴吉壽諸局」，共有六十種容易富貴的格局，很有參考價值。內容如下：「日主朗健，弱日逢生，正官佩印，正官得祿，正官馭刃，財官兩旺，純煞有制，獨煞乘權，煞印相生，煞刃相輔，身煞兩停，食煞相停，財滋權煞，去官留煞，去煞留官，財印相濟，令印無傷，旺財成局，旺食生財，傷官用財，傷官用印，刃傷相輔，從官官旺，從煞煞旺，從財財旺，從食有財，從傷有相，合化無破，一行得氣，兩神無雜，暗沖得用，暗合得用，五行遞生，二德扶身，二德扶官，二德化

煞，二德扶印，二德扶財，二德扶食，二德化傷，日主坐貴，官星遇貴，煞星遇貴，印綬遇貴，財星遇貴，食神遇貴，月將扶身，月將扶官，月將化煞，月將扶印，月將扶財，月將扶食，月將化傷，吉神遇馬，凶刃逢空，水木相涵，木火相輝，金水雙清，金木相成，水火既濟。」

【855問】墓庫一定喜沖嗎？

答：不一定。《滴天髓》：「生方怕動庫宜衝，敗地逢衝仔細裁。」先解釋「生方」、「庫」與「敗地」。生方：五行的長生之地，寅、申、巳、亥。庫：辰、戌、丑、未四庫。敗地：子、午、卯、酉四敗。這三個名詞就包含了十二個地支。1.生方怕動：陽干遇長生之地，陽氣剛開始上升故怕沖，如甲見亥怕巳來沖，陰干的長生位也不宜沖，如丁生於酉，酉中辛為丁財，遇卯沖之則財被沖走。

2.庫宜衝：某五行因入墓庫而不能作用，當墓庫被刑沖而開時，出庫而有用。3.敗地逢沖仔細推：喜神臨敗地，若流年逢沖，喜神連根拔起故為凶，忌神臨敗地，逢流年沖去忌神反為吉。所以敗地有可沖與不可沖，要仔細推敲才行。其實若把喜忌的因素考慮在內，庫宜衝嗎？不一定吧！

【856問】建祿格為何忌殺？

答：許多人不解，建祿格身強既然都喜官了，為何忌殺？《喜忌篇》：「令早逢建祿，切急會煞為凶。」主要

原因是殺與官畢竟不同，官為吉神，殺如猛虎，殺必須有制伏才能為貴，如果無制伏的情況下，又會殺為旺，不問身強身弱，必然為凶。總之，建祿格只喜財官，最不喜干帶殺而且支又會旺殺。

【857問】七殺也可為官貴嗎？

答：《喜忌篇》：「殺旺運純，身旺而為官清貴。」七殺喜有制伏，若有制伏四柱八字的七殺可以視為正官。以日主甲木為例，若身弱則忌庚為殺，但是倘若甲生於寅月，或得寅地，乃身旺之象，則不畏庚金為殺，這時候以七殺就可以當成官星來看待，即使行七殺旺運也不怕，七殺變成極品之貴了。

【858問】凡遇七殺盡量制伏就對了？

答：制伏七殺還是有分寸，不能超過，貴在得其中道，過猶不及。《淵海子平》：「若有七殺須要制，制伏太過反為凶；若遇傷官須要靜，此是子平萬法宗。」這裡所說的傷官要「靜」，同樣是制伏之意，即制伏之使它安靜。七殺與傷官皆是凶神，所以要將其制伏，但制伏要適當。

《千里命稿》：「七殺行官殺混雜之運。或制伏太過之運，多去官退職，甚至凶死。」同樣在說制伏七殺時的分寸拿捏，過了會遭罷職丟官，甚至凶死，原因是官殺主職位，也主剋害，嚴重者當然會凶死。

【859問】何謂「墓煞格」？

答：《御定子平》：「墓煞格，七煞自坐其墓，或與墓對沖，夾煞持兵，主早發早亡。」「墓煞格」指的是七煞入墓庫，所以稱之。如甲木日元，見庚戌、庚辰等；乙木日元，見辛丑、辛未等。墓煞格之所以說少年得志，原因就是七煞凶猛堅毅，膽大過人，敢于冒險，容易成功。但因七殺入墓，也容易失敗，甚至身亡。

【860問】何謂「寒谷回春格」？

答：此格出自於《蘭台妙選》：「寒谷回春，而錦鞍繡勒。」木命人生於冬月，木受嚴寒之氣，幾乎快要沒有生機了，幸好得寅卯辰等時，彷彿寒冷的山谷，遇到春天來臨，稱之「寒谷回春」。一切欣欣向榮起來，運勢變好，就連馬鞍和馬籠頭都裝飾得很漂亮。此句告訴我們，八字除了月令之外，時支同時代表晚年、子女、事業等，也很重要。

【861問】論命前，命理師可以問一些求算者的簡歷嗎？

答：當然可以。八字論命如中醫看病，望聞問切是有必要的，推算命理不是為了顯神通，讓求算者說「算得太準了」，內心覺得很驕傲，就滿足了。這絕不是八字論命的主要目的，幫人推算人的一生及運程，教人如何趨吉避凶，是何等神聖莊嚴的事情。

《命理約言》：「凡看人命，先問六親姓氏，及前此

履歷，一一詳悉，方可推算。蓋已往之事，雖驗無益，不足爲奇，惟將來休咎，果能洞見，其人信之，上可積善改過，下亦趨吉避凶。然非稽其已往，無以測其將來。如或隱而不言，朦朧相試，慎勿輕談妄斷。」《命理約言》這段說得太精闢入理了，過去的事算得再準，與事無補，一文不值。最後還提到，若對方硬是不透露一點過去的事，一副要來踢館「試功夫」的樣子，則更是要小心，不要隨便亂斷。其實，無信無緣無誠者，不算也罷。

【862問】何謂「天元坐祿」？

答：日支是日主之祿者，稱之「天元坐祿」。有甲寅、乙卯、庚申、辛酉等四組干支，卽這四天出生者都是天元坐祿。「祿」又稱「祿神」、「祿位」等，就是天干的「臨官」。「祿」爲俸祿、薪水之意，古人認爲祿爲養命之源，又稱「食祿」、「爵祿」等。坐祿之人比較自私，經常是爲自己謀，聰慧精明，人格高尚，獨立自主。祿爲喜用者，可得精明能幹之配偶；爲忌神者，配偶驕傲任性，自私自利。另外，天元坐祿者健康和壽命往往比他人好一些。

【863問】八字命理的「一清到底」，是在說什麼？

答：八字喜清而惡濁。所謂「一清到底」卽如天干要有根等，這樣的八字就容易富貴。卽便不清，若能逢運化清，也是可以享一時之富貴。八字不清主要有二個原因。

1.格局不清：無法順利取得用神，或用神遭剋傷無力，如正官格若有透干的傷官，則形成傷官見官，格局就不純粹，也是格局不清。2.五行偏枯：某一種五行過旺無法制化，也是「濁」，《滴天髓》和《三命通會》等書中稱之「偏枯」。

【864問】何謂「扶桑出日格」？

答：此格出自於《蘭台妙選》：「扶桑出日，見巳午而光照四方。」古代相傳東海外有神木叫「扶桑」，是日出的地方。以戊午日生人於卯月，卯為清晨日出時分，日時或得巳午者，正合此格。卯為太陽剛剛升起，至巳午時已日正中天，普照天下，四柱八字有日趨強大，迎向光明之意。人命得此格者，前程一片大好。

第二十四篇

八字論改變命運

【865問】何謂「造命」？

答：《了凡四訓》改變命運的故事，相信大家都耳熟能詳，故事的核心價值就是「造命」，教人雖然人生許多事都已注定，似乎照著劇本演就行了，但人仍能發揮自己的努力，心存善念，廣積陰德，最後終能「改命造命」。

王陽明的弟子王艮：「我命雖在天，造命卻由我。」傳統儒家把「天命」視爲人的德性生命的來源，要求人「知命」、「畏天命」，以成就君子人格。沒有消極地聽命於命運的安排，反而要求人要「修身以俟時」、「造命」等，表現出積極的人生態度。

【866問】八字命理是如何來改變命運的？

答：每個人的出生時間構成了「生辰八字」，而「生辰八字」是由有固定屬性的天干和地支所組成的。干支經過了刑沖會合，生剋制化的過程後，形成了八字格局及用神的產生等，此謂之「命」。因爲八字格局有高低，用神有強弱等差別，好命與歹命因此而產生。除了命局之「命」外，從月令所延伸出來的大運，它是命局一生具體運行的軌跡，及人事物的際遇，大運喜忌更是直接左右了命局的吉凶、成敗、貴賤、順逆等。

表面上，「命」局與大「運」都是由既定的干支所組成，即人生的「命運」早已命定與注定，眞的是如此嗎？其實干支也是陰陽五行符號而已，符號背後所代表的「無形能量或力量」，才是眞正命運的主宰者。干支是陰陽五

行符號，五行也可以類化成方位、六親、數字、動物、飾品、取名、行業、時間、顏色，甚至是人的心念、信念、思想、認知、心性等。因此透過方位、六親、數字及人為學習與修行等選擇，尤其是「趨吉」，趨向用神吉方，增加喜用神的力量；「避凶」，避開忌神凶方，減弱忌神的力量，如此一來，就能改變五行能量，進而改變命運。此為八字命理靠「後天努力」與「人為選擇」，仍有機會可以改變命運的原理。

【867問】什麼是命運的「不變」與「可變」？

　　答：命運中的「不變」部分稱之為「定數」，可變的部分稱之為「變數」。以八字來論，命局的組合結構就是定數，因為一出生就已決定；歲運的過程就是變數，不同的大運與流年一直在變化著。若以種子與環境來比喻，原局是種子，歲運即環境，環境再好，風調雨順，但沒有種子也發不了芽，開不了花，長不了樹。因此命局與歲運一樣重要。

　　《三命通會》：「若柱原無財而行財運，乃有名無實。如財多身弱，又行官鄉財旺之地，見財盜氣，官克身，不惟不發祿，且禍患百出。」內容重點是說，原局沒有財星的八字，走到財運是不會發財的。若是財多身弱者，認為「財多」應該要大發了吧，結果走財官旺的歲運，同樣不發財，甚至還劫難連連。問題出在哪裡？還是命局與歲運，種子與環境，不變與可變的關係。原局有富

貴的種子，做為應期的歲運，時間一到，自然應驗富貴現前；若無種子，歲運將無事可應，無期可驗。至於原局平凡，無沖無剋，無重大富貴或瑕疵者，歲運反映出來的，就是無聊歲月，平淡度日。

【868問】命運真能改變嗎？

答：有人說命運真能改變，就不叫命運了。長久以來，對於「命運」大家有不同的看法，其中不少認為人生命中的一切吉凶禍福，窮通夭壽，妻財子祿等都已注定，無法改變，此稱之為「宿命論」或「命定論」。在宿命論者看來，人的意志是無法與命運相對抗的。從佛教「因果業報」的理論來看，今生的命運是取自於前世的功過，而且出生前就決定好了，即今生的命運劇本老早自己都寫好了，這種思想也帶有宿命論的成分在裡面。

從宿命論來看今世既然已注定，因此最應把握的是來生，以及不斷出生入死的累生累世人生，在無窮無盡的生滅輪迴中，明白造下命運的根本原因是什麼，功過與業力又是如何產生的等等問題，這才是命運課題中的重中之重。如果不明白「命運形成道理」，不知道「業力從何而來」，只一味想要輕鬆來改運，今生改運，來世再改。一世又一世的輪迴，一世又一世的造業，一世又一世的改運，沒有任何一世明道理，改習性與止造業，真正澈底的來翻轉人生，修成正果。像這樣子的人生，有何意義與價值可言？

溯源造成命運的根本是什麼？「心」才是真正的原因，不是嗎？心又是什麼？看法、想法、觀念、理念、信念、意志、認識等都是心。心不清不明，人生沒有方向，煩惱無邊無際，救了一個人的心，就是救了他的全部，如何救人心？要先建立正確的價值觀與命運觀，從「心」建立人生目標，有「心」改變命運枷鎖，決「心」立身行善，盡心積極行道，命運才能有機會從根本澈底改變。

【869問】《滴天髓闡微》所說的「知命」，內容是什麼？

答：《滴天髓闡微》：「知命，要與人間開聾瞶，順逆之機須理會。」意思是說不知命者，好像聽覺不靈敏的無知者一樣，因此知命就是讓世間的人們，都明白命理。要明白命理，首先要知日主衰旺，取用神喜忌，研究運程的順逆，以決定進退等。這一些都要去理會，千萬不要放任不管，這可是您自己的命呢！

《李虛中命書》：「知命畏天，轉禍為福。」這裡的知命則是聯結「畏天」的概念，「畏」當「敬畏佩服」解，而非「怕」，如同所說的「後生可畏」，天不是給你怕用的。天在何處？天又如何敬佩？每人頭上一片天，自己的天就是固有的天性、本性、靈性。只要你經常地敬佩本自具足，不生不滅的清淨自性，生活中總是遵循本性，規範言行，自然能轉禍為福，再造人生。

【870問】孟子所說的「正命」，內容是什麼？

答：《孟子·盡心上》：「莫非命也，順受其正。是故知命者不立乎岩牆之下。盡道而死者，正命也；桎梏死者，非正命也。」孟子的意思是說人生的一切，雖然都是命運的安排，但一切都是最好的安排，能順應它者就是承受正常的命運。所以知道命運的人不站在危險的牆下。盡力行道而死的人，所承受的是正常的命運；犯罪受刑而死的人，所承受的是非正常的命運。

其中「君子不立於危牆之下」，講得就是「趨吉避凶」的道理，知命君子要遠離危險的地方，要防患於未然，覺察有潛在危險的，須採取防範措施。一旦發現自己身處於危險境地，要及時離開，千萬不要猶豫。

【871問】何謂「數命」？

答：「數命」與「宿命」的發音與意思都很接近，都表示人的生死和貧富都由命運或天命來決定，人無力改變的意思。「宿」本義為「前世」，因此宿命的概念是說人今生的命運，是由前世來決定的，具體一點來講，前世的善惡業報決定了今生的一切。

「數命」所強調的是這個「數」字。何謂「數」？數有「數目」、「數量」、「氣數」之意。即人生的富貴窮通等「福份有定數」的意思，強求不得。《淵海子平》：「子命中父星衰絕，可以推其父之早失，非因數命而剋父也。」這段話中的「數命」，就是「被氣數所限定的命

運」之意。整段話意思是孩子的八字中，父星偏財很弱，父親有可能早死，但不能說是孩子剋死了父親，正確的說法應該是父親自己的因果業力，造成今生的早死惡運。

【872問】如何以忌神，避開不利之方位？

答：忌神是不利於命主的五行，五行可以類化為方位，以「喜金水忌木火」的八字為例，在方位的選擇上應「大利西北，不利東南」。一生事業發展，應前往以出生地的西北方位較為有利。各種不同之忌神方詳如下表：

忌神水	不可去北方、水井、溝渠、江河等，及防泌尿生殖系統疾病。
忌神木	不可去東方、苗圃、森林、木器廠等，及防肝膽系統疾病。
忌神火	不可去南方、冶煉、煤氣、發電廠等，及防心血管系統疾病。
忌神土	不可去中部、山上、土堆、陶瓷廠等，及防腸胃系統疾病。
忌神金	不可去西方、礦場、金屬、機械廠等，及防呼吸系統疾病。

【873問】如何以用神，選擇有利的行業？

答：不同五行之用神，有利自己的行業別如下表：

用神水	可選擇智慧性、流動性、液體性行業。如水利、海洋、漁業、飲料、冷凍、流動、旅遊、運輸、航空等。
用神木	可選擇文教性、宗教性、植物性行業。如裝潢、園藝、木器、木材、蔬菜、文化、書店，出版、中醫等。
用神火	可選擇光電性、燃熱性、加工性行業。如美容、電器、美髮、廚師、電焊、電鍍、燃料、照明、光學等。
用神土	可選擇穩定性、土地性、仲介性行業。如地產、建築、陶瓷、喪葬、飼料、石板、農業、畜牧、代理等。
用神金	可選擇金屬性、機械性、決斷性行業。如五金、電腦、鋼鐵、電子、機械、汽車、電器、金融、礦業等。

【874問】身旺印旺無食傷財星，選擇做生意對否？

答：不對，要快改行。無食傷與財星，求財路上財不聚身，財來財去一場空，到手的錢財也會無緣無故的花

掉，總之，無食傷財星的人，沒有商業頭腦，與財經無緣。像這樣子的命格想求生存，就是去上班，領固定薪水，千萬不要去經商，要及時回頭，否則下場會很悲慘。

其實，所謂「人生命運」就是自己「一連串抉擇」構成的，透過命理分析與實際情形對照後，確定自己入錯行了，沒關係，及時改行還來得及，如此才能趨吉避凶，扭轉乾坤。

【875問】官為忌神在朝為官，下場會如何？

答：《滴天髓闡微》：「如日主以官星為忌神，為官遭禍傾家者有之；如日主以財星為忌神，為財喪身敗名節者有之。」意思是八字忌神是官殺者，不可在朝為官，否則會遭到災禍臨身，甚至散盡家產。至於財星是忌神者，最好不做生意，否則到最後人為財死，敗壞名譽與節操。此段主要在說明忌神在行業選擇上的重要性，一定要避開忌神行業，不可等閒視之。

【876問】古代八字典籍有無提到「改運」？

答：沒有提到「改運」兩字，但是《滴天髓闡微》有〈通關〉專章，整篇的內容與改運的精神是相符合的。《滴天髓闡微》：「能補所缺之物，明見暗會贈運相逢，乃為通關也。」在這段句子之前，有提到八字命局五行結構中，若有干支上下前後遠隔，或相互沖剋等情形，都是

一種「關」。若命局中能有一物，透干或通根，或在歲運中逢此物，能解遠隔或相互刑沖剋等情形者，就是「通關」。此物若是由生活中具體的東西或符號加以運用，或心性上的轉變，卽如同改運操作，可以達到效果。

【877問】如何以用神，選擇有利的顏色？

答：五彩繽紛世界，都是由陰陽五行之氣所構成。顏色相等於五行，不同顏色顯現不同氣場與能量，顏色本身沒有好壞，但在色彩的選擇上，一定要結合自己八字的喜用神，可以在衣著、飾品、交通工具、室內裝潢等顏色之選定，用它來趨吉避凶，能改變命運，有想像不到的效果。不同之用神，有利的顏色如下表：

用神水	藍黑色系。藍色、黑色
用神木	綠色系。青綠、深綠
用神火	紅色系。暗紅、朱紅、紫色
用神土	黃色系。土黃、褐色、咖啡色
用神金	金白色系。金色、白色

【878問】如何以用神，選擇有利的數字？

答：數字本身有「氣場力」與「靈動力」，有著強大的能量。在選購車牌、樓層、門牌、機位、手機號碼等

時，都可以根據自己的喜用神去選擇，對自己有利之數字。

用神水	可用一、六數。
用神木	可用三、八數。
用神火	可用二、七數。
用神土	可用五、十數。
用神金	可用四、九數。

【879問】給神明當契子，也是八字改運的一種方法？

答：是的。不少命理師在發現求算者的小孩，與父母沒緣，或幼年運不佳時，都會建議小孩給神明「當契子」，希望神明佛把孩子當成神佛自己的孩子般照顧、庇佑，直到孩子長大成人，藉以避開不好的幼年運勢。

給神明當契子有一定的儀式，必須在寺廟神明面前進行，除了連續擲到三聖筊，取得神明同意後，通常都有訂有契書。當孩子滿16歲時，再帶著契書回到廟中，感謝神佛庇佑，並與金紙一同焚燒。像這種小孩命格不佳，給神明當契子，當然也是改運的一種好方法。

【880問】宮廟祭改也能改運嗎？

答：「祭改」是台灣特有的民俗改運法，是許多人選擇消災解厄的途經之一。祭改，又稱「祭解」或直接稱為

「改運」，是一種台灣的民俗儀式。當人們遭逢不幸，久病纏身，衰運連連時，可以親自或是委託親人到有奉祀玉皇大帝或城隍爺等的宮廟，由道士或法師幫你舉行改變氣場，及扭轉氣運的儀式，幫你消災解厄，安定心神。祭改真能改運嗎？信者信其有，自然能增強信心，面對困難來改變命運。

【881問】何謂「祭改衣服」？

答：在民俗上認爲衣服穿過之後，會存有此人之「氣」，而人是由「理氣」來主宰的，所以衣服也常被拿來「當作替身」使用。當事主本人無法親自到場時，親人帶該人之衣服來也可以祭改，道士會在作法完畢後，將舊的衣服燒掉來去除厄運。有的則在新的衣服上祭改，再蓋上廟方的印章，代表神明法力的加持，事主穿上加持後的新衣，將可擋除厄運與改變命運。

【882問】何謂「補運」？

答：據傳在漢朝中葉時「補運」就已經非常盛行，補運是一項很莊重的活動，一定要到寺廟向你所信奉的神明正式祭拜。祭拜時應準備供品、水果等，及補運專用疏文，以及補運用金紙、壽金、天錢等，經由法師誦經作法之後，再連同疏文焚化即可。有人認爲只有在六月初七這一天，來祭祀玉帝、天庭衆神，補運才有效。現在流行的過年「點光明燈」或「安太歲」等，也都可以歸屬補運的一種方式。

【883問】一命二運三風水四積陰德五讀書，是在說什麼？

答：「一命二運三風水四積陰德五讀書」，這句話最早出現於清代《兒女英雄傳》一書中，提到主要「影響人生際遇」有五大因素。1.命：命是先天注定，不可改變。2.運：運勢可以變化。對於八字命理而言，大運十年一變。3.風水：可透過陰陽宅選址，以風水術操作等來獲得福氣。4.積陰德：廣積不被人知道的善行、德行。積陰德，可為自己或子孫植福田，改造命運。5.讀書：通過讀聖賢書，增加智慧，改變習氣與命運。

【884問】風水如何影響人生的運勢？

答：相較於八字命理「命局」的固定不可變性，風水是可以透過「人為佈局與操作」，能快速地來增加能量與改變運勢。風水學是中國傳統選擇良好的居住與工作環境，以及死後理想安息地點的一門學問。陽宅佈局是後天造命的重要方法之一，只要佈局得宜，年運一到，在吉星照臨下，利用陽宅佈局可以催財、催官、催貴、催丁、催桃花、化解官訟等，確實可收到催化的效果，達到改變命運的功能。

【885問】積陰德如何影響人生的運勢？

答：何為「陰德」？漢代《淮南子》：「有陰德者必有陽報。」意思是為善不為人知者，上天會知道而且會賜予人間的福報。陰德之「陰」，本義為「暗的」、「看

不見的」等。因此，陰德就是做了善事、好事而別人不知道，卽很低調、不張揚的去行善之意。除此之外，陰德還有「不求回報」、「不爲自己」、「自然流露」、「出於眞誠」、「持續不斷」等性質。積陰德之「積」，本義爲「積累」、「經常」、「持續」等，因爲德者積行所成，不積不足以成德。

《周易》：「積善之家，必有餘慶。」同樣強調「積」的重要。換言之，積陰德者，終其一生，持續不斷的行善積德，人不知而不慍。這種積陰德所累積下來的功德，巨大且無量無邊，自然能扭轉乾坤，改造命運。

【886問】何事才是積陰德所做之事？

答：做何事才算是陰德？只要行善而不欲人知，內心清淨，自然無爲，則該善行卽是陰德。所以，陰德所做仍是一般的善行，如捐款救災、救濟孤兒、善書助印、讓座老弱、擔任義工、維護環保、戒殺佈施等。

要了解何事爲陰德之前，應先了解「德」爲何物。德爲「作用」、「行爲」、「行動」、「外顯」等，但並非所有的行爲與行動都是「德」，必須由「道體」流露出來的作用，才能稱之爲「德」，只要由道體所生的都是「德用」，所以德有千德萬德，萬德莊嚴。

若再問「道體」爲何？道體卽內在自性清淨心，或簡稱爲「本心」、「自心」、「道心」、「佛心」等，以和「人心」作區隔。只要是由道心不昧，流露出的一切行爲都是至善，都是至德，如孝順父母、兄友弟恭等也都符合

陰德的標準。其實，所有的「德」應該都是「陰德」，因為它都是清淨、無為、自在、眞誠的。而所有高調的、條件交換的、有所求的、不清淨的去做任何事，都沒資格稱之為「德」，頂多可稱為「小善」而已，有些甚至是一種「惡」。

【887問】「善行」不等同於「德行」嗎？

答：「善」有小善、中善、大善、純善、至善等之區分，純善、至善之行才是德行，其它的大中小等「善行」，嚴格論起來都不合乎「德行」的標準。《周易》：「一陰一陽之謂道，繼之者善也。」道之體為太極，道之用為陰陽，宇宙萬物由一陰一陽所構成，原本的太極與陰陽二元，都是明潔純淨的，故無不善。同樣的道理來看我們的本心，承繼純善道體，清淨本心而流露出一切自然無為的行為，才稱之為「純善」與「至善」，即為「德行」。其它由人心所造做的一切行為，一般都不能稱之為德行。

所以，不是一切的善行都是德行。必須符合清淨、自然、無為、至善等原則，即合道者才是德行，背離了道就不是德。此理甚深，要學行相當久之人，才能知曉。若能正確分辨「善行與德行」，就能分辨「後天與先天」、「福報與功德」、「人心與道心」、「行善與修道」、「象天與理天」、「人為與天命」等的區別了。

【888問】讀書如何影響人生的運勢？

答：人生在世，除了讀本身專業所須的專業知識外，最重要的要讀聖賢書、讀佛經、讀四書五經等，深入經藏後，才能長養先天智慧。爲何人要讀經？爲何要長養先天智慧？因爲人有「習氣」，而且很難改變，這些習氣根深柢固，由累生累世的善惡種子在影響著。後天的專業知識都只是針對物質現象界的事，只影響到今生後天事務，很難影響到內在深藏歷劫種子的習性與認知。

而人的今生的認知受「學習與經驗」的影響最大，要改變習氣與認知只有靠讀經典，讀書也是一種最快速、最方便、最廉價的學習。開卷有益，讀書改運，經典只言先天的境界與先天的智慧，不論其它。讀經後有深層感悟，認識眞神眞我，開啟了先天智慧後，可以產生無窮的力量，如此一來何物不明？何事不知？何事不成？這樣才能眞正改變人的後天性格、思想和態度，間接改變了今生的命運，進而影響到生生世世的永恆生命。

【889問】如何以用神，選擇有利的食物？

答：食物也有五行，或稱之爲「五性」。而所謂「食物五性」是根據食物進入人體後產生的影響，區分爲熱、溫、平、涼、寒五種性質。以用神選擇多食對自己有利的食物，就能逐漸的改善體質，改變運勢。如下表所示：

用神水	寒性食物：對身體具有利水性，可以除濕清熱，消炎鎮靜的食物。包括綠豆、薏仁、小麥、豆漿、豆腐、綠豆芽、黃豆芽、竹筍、瓜果、白菜和藻類。水果中柑橘、柳橙、西瓜、香蕉、蕃茄等。
用神木	溫性食物：可以幫助造血補血，產生溫熱感的食物。糯米、栗子、羊乳、李子、桃子、木瓜、番石榴、櫻桃、榴槤、九層塔、洋蔥、薑、大蒜等氣味濃蔬菜。還有杏仁、松子和核桃等堅果。
用神火	熱性食物：能加速血液循環，產生溫熱感，提振精神，改善手腳冰冷現象的食物。芥茉、麻油、油炸物、炒炸花生、薑、辣椒、肉桂、胡椒、花椒、龍眼乾、杏桃果乾、紅棗、黑棗等。
用神土	平性食物：玉米、大豆、黑豆、芥菜、空心菜、甘藍菜、甘薯、鈴薯、芋頭、芝麻、胡蘿蔔、橄欖、豌豆、牛蒡、牛奶、甘蔗、蘋果、枇杷、楊桃、葡萄、柳丁、蓮子、菱角等。
用神金	涼性食物：可以清熱身體，涼爽舒適的食物。木耳、蓮藕、檸檬、麥粉、麵筋、蘿蔔，菠菜，莧菜，紅鳳菜、洋菇，萵苣、大頭菜，絲瓜、柿乾、枇杷、芒果、蜂蜜等。

【890問】如何以十神,選擇多接近特定的人群?

答:若用神爲印星,則可多接近長輩、老師等,其它如下表:

用神印星	多接近師父、長輩、老師。
用神比劫	多接近朋友、兄弟、同事。
用神食傷	多接近晚輩、部屬、僧道。
用神財星	多接近父親、富翁、商人。
用神官殺	多接近上司、官員、長官。

【891問】如何利用心性修養來趨吉避凶?

答:十神可對應不同之心性,利用對自己有利的用神及十神,以特別強化某些人格特質與性情,來改造人生,趨吉避凶。

用神印星	心性上宜慈悲善良、親近宗教、淡薄名利、學習思考。
用神比劫	心性上宜自信堅強、獨立自主、奮鬥不屈、廣結善緣。
用神食傷	心性上宜平淡知足、悠遊自在、不與人爭、溫和厚道。

用神財星	心性上宜務實進取、懂得理財、腳踏實地、誠實可信。
用神官殺	心性上宜光明磊落、負起責任、理性正直、反省自律。

【892問】何謂「姓名改造命運法」?

答:姓名學乃是利用名字的「字音」、「字義」、「字形」、「字劃」等五行配合天格、地格、人格、外格、總格等五格的吉數,來配合八字喜用,彌補八字之不足。姓名學有各種不同流派,目前為數最多的應該是「生肖姓名學」,生肖姓名學以生肖鼠為例,其取名重點如下:1.字含五穀雜糧:因為老鼠愛吃五穀雜糧,名字選用宜有「豆」、「麥」、「米」等。2.字帶王旁:老鼠為第一生肖,故名字中宜選用有「王」等。3.字有藏身之所:老鼠喜歡打洞,作為藏身之所,故名字宜用「口」、「宀」等。除此之外,還有很多這個流派的規則。姓名雖然只是一個人的代表稱號而已,但因為經常要書寫或被稱呼,姓名還是有它的理氣靈動力量,取名之時仍應慎重其事才好。

【893問】改名字就能改變命運嗎?

答:「改名」與「取名」略有不同,取名通常是新生兒才會有的事,改名則是長大後自己發現舊名有瑕疵,或聽信命理師的建議而來改。改名字就能改變命運嗎?一命

二運三風水四積陰德五讀書之中，並未包括改名這一項，改名字究竟就能改變命運多少，改變百分之一到百分之多少？沒人說的準，但若有人吹噓改名字就一定能大幅改變命運，這些話話聽聽就好，千萬不要信以為真。命定下的人生，若能如此輕易的改變，世間就不會有這麼多的苦命人了。

【894問】如何化解「傷官見官」，來改造命運？

答：「傷官見官」是八字干透傷官和正官，或同時出現在地支，力量相當，距離相近，則傷官會去攻擊官星。傷官見官者男命人際關系不好，不講道理，多是非官非等；女命婚姻亮紅燈，甚至以離婚收場，應期多發生在歲運逢傷官或正官時。化解「傷官見官」之道，主要利用「財星」通關，使傷官生財，財來生官，起通關作用來流通有情，不但沒有官災反而有官貴之喜。

具體化解的辦法是：1.減弱傷官：傷官為講話。管好自己的嘴巴，少發言與少出風頭，尤其是會議公開場合。2.減弱正官：官為官場，為主管。不留戀官場，能不當主管就不當，不與官方打交道，避免違反國家法律的事情等。3.利用財星：財星為現實，為妻子，為生意。心性上趨向現實利益著想，遇事與妻子商量討論，或結交生意人或自己去做個小生意等。能做到以上即能化解「傷官見官」的傷害，以此來改造命運。

【895問】如何化解「梟神奪食」，來改造命運？

答：「梟神奪食」卽八字中的食神被偏印剋去，食神是命局中的福星，福星沒了，災難就來，會發生各種的凶災，如官非、牢獄、車禍、重病等，都是很嚴重的災劫。化解之道主要利用「比劫」通關，使偏印生比劫，比劫生食神，起通關作用，化解梟神奪食。

具體化解的辦法是：1.減弱偏印：偏印爲孤獨，爲懷疑。走出自我孤立，多與他人交流。不再以懷疑的眼光看事情，盡量與人群社會融合。2.增強食神：食神爲運動，爲享福，爲才華。平時找時間多運動，運動完享受美食，悠閒自在，多發揮自己的才華，別人自然肯定。3.利用比劫：比劫爲自信，爲健身，爲朋友。心性上建立自我信心，多鍛鍊身體，遇事與兄弟朋友商量，尋求協助等。以上可化解「梟神奪食」的不利情況，達到改造命運的目的。

【896問】如何化解「財多身弱」，來改造命運？

答：財多身弱的人常不自量力追求財利，容易遭來災禍。另外，財壞印星，也常得不到貴人的幫助。財多身弱，財又生官殺來剋身，導致生病及意外等。除此之外，財多身弱之人，事業心大，想法很多，實踐的卻很少，缺乏毅力與責任感，做事有頭無尾，無法駕馭財物與事業等。

具體化解之道是：1.減弱財星：財星爲物質，爲慾望。降低物質享受欲望，去掉一夜致富的妄想，老實上班或工作，避免借貸來做生意等。若突然獲得大筆資金，如中獎或遺產分配等，最好購置不動產等，不要留太多現金在身。2.增強比劫：比劫爲兄弟朋友，爲自我信念。尋求兄弟朋友等平輩的幫助，增強自我信心與信念，多運動鍛鍊身心等。增加自我控制能力後，必能逐漸擺脫物欲與妄念的干擾，減少妄作妄爲。如此來化解「財多身弱」，改造命運，使生命擺脫不幸，逐漸步上正軌。

【897問】如何化解「煞重身輕」，來改造命運？

答：「煞重身輕」即八字中七殺過旺，身弱無根，強殺圍剋衰弱的日主。煞重身輕之人常遭受病災、官非、小人陷害、丟官罷職，甚至牢獄之災等，苦不堪言。化解之道主要用「印星」來通關，利用七殺生印星，印星生日主，以印星起通關之作用，化解殺重的壓力。

具體化解之道是：1.減弱七殺：七殺爲軍警，爲危害。避免當軍警或公務人員，因爲殺爲忌神，容易在服公職生涯中，因違法犯罪而丟官罷職。殺爲忌神，避免接觸危險器材，以保安全。殺爲忌神，避免登高或高空彈跳等危險性高之運動，以免意外傷亡。2.增強比劫：比劫爲堅強，爲肌肉，爲合夥。平時練習多觀想，自我增強信心，運動鍛鍊身心體魄等。有事找朋友一起商量討論。3.利用印星：印星爲慈悲，爲老師，爲道場，爲行善。心性上趨

向慈悲爲懷，寬容大量。多接近長輩、老師、法師、藝術家等。多去教堂或道場去學習、反省、歸依等，積極去惡行善，積累功德。以上可增強印星的力量，使通關更順利。做到上述幾點，自可化解「煞重身輕」的傷害，使改造命運更有效。

【898問】如何化解「比劫奪財」，來改造命運？

答：「比劫奪財」是日干身旺多比劫，命局中財星被比劫爭奪而去的情形。比劫奪財之人，經常因爲兄弟、朋友財損。沒有經濟頭腦，生活不節儉，好交際，吃喝完樂浪費成性，有錢存不住，或錢多而招禍。化解之道主要用「食傷」來通關。

具體化解之道是：1.減弱比劫：比劫爲朋友，爲合夥。遠離損友，避免與人合夥做生意，減少無謂應酬，習慣獨立判斷，獨自面對困難。2.增強官星：官爲制度，爲法規。官星可以剋制比劫，遇到財務投資找專業經理人，訂定合同契約等，用法律來保障自己權益。3.利用食傷：食傷爲晚輩，爲計畫，爲運動。凡事行動前，請教晚輩專家，深思熟慮，有計畫，有步驟。生活腳步放緩，多運動放鬆自己，放空自己，不再求財心切，自然可以避免錢財無故被劫。以上可增強食傷的力量，使通關更順利。做到上述能化解「比劫奪財」的不利，以改造命運。

【899問】如何化解「貪財壞印」，來改造命運？

答：「貪財壞印」是日主身弱，喜印星生扶忌財星，若柱中有財星沖剋印星的情形，爲不吉之兆。命局若逢貪財壞印，易有早剋母親，體弱病多，婆媳不和，學業難成，因財致禍等情形發生。凡財星破印者，化解之道若印與日干緊貼，可用官殺泄財助印，或比劫制財等。

具體化解之道是：1.減弱財星：財星爲物欲，爲酒店，爲投資。貪財壞印者，會爲了錢財而出賣良心，故應降低物欲，不涉足聲色場所，遠離不當之誘惑。不隨便投資，頭腦保持清醒，隨時提醒自己身弱，乖乖去上班。2.增強印星：印星爲長輩，爲學歷。百善孝爲先，孝順父母一定帶來好運。在職進修，提高學歷，人品提昇。3.利用官殺：官殺爲法律，爲規律。遵守法律，不做違法的事情。生活有規律，才不會被壞事牽扯。做到上述，化解「貪財壞印」的損害，使生命得以改造。

【900問】能真正澈底改變命運的方法是什麼？

答：對於改變命運一事，上述利用命名、數字、飾品、顏色等，以及祭改補運、改運，以及針對命局中的缺陷做補救等作法，終究是權宜之計，無法眞正來改變被「業力控制」下的命運。有沒有眞正澈底改變命運的方法？《周易・說卦傳》：「窮理盡性以至於命」，意思是窮究宇宙萬物之根本原理，澈底發揮人之善良本性，行道

不輟，直到生命結束爲止。能做到如此，鞠躬盡瘁，死而後已，就能眞正澈底改變了你我的命運。

人生命運的好壞，到底是什麼造成的？什麼在主宰它？不就是「自作自受」的「因果業報」嗎？迷失下的人心才會起惡念，造惡業，結惡果。若能破迷啟悟，導歸正見才能進而依「先天智慧」與「正確知見」來修道與行道，超了生死，終結輪迴。此一斧底抽薪之辦法，才是從根本上來解決今生命運的種種問題。今世人生命運的這本劇本，都是前世自己寫好的，解鈴還需繫鈴人，因此今生最好能一面了結因果，一面修行莫再造業。

所謂「窮理」之「理」，包括了一切先後天，「粗細微玄妙」之宇宙人生所有眞理。能明白因果之理，明白天地間這些玄妙道理後，就能明白內在心性，降服人心，盡其德性，正其性命，不再爲後天宿命所拘，吉凶所縛，這正是爲何學習命理，還要探究天命等觀念的道理。因爲唯有「從先天來看後天」，「從天命來看人命」，「從天理來看命理」，「從道心來看人心」，「從理天來看人間」等，找到自己的本體與本心，與先天的本靈會合之後，慢慢恢復原本的自己，重拾先天智慧與無窮力量，才算找到正確方向，命運從此大不同。既然已知回鄉路，就要準備好資糧，在人世間痛下決心斷除貪嗔痴三毒，勤修戒定慧三學，擺脫舊習氣，重新做好自己的眞主人，來澈底扭轉業力影響下的因果人生。

國家圖書館出版品預行編目資料

八字命理900問／陳澤眞著. --初版.--臺中市：
白象文化事業有限公司，2023.8
　　面；　公分
ISBN 978-626-364-064-1（平裝）
1.CST: 命書 2.CST: 生辰八字 3.CST: 問題集
293.12022　　　　　　　　　　112009094

八字命理900問

作　　　者　陳澤眞
校　　　對　陳澤眞
發 行 人　張輝潭
出版發行　白象文化事業有限公司
　　　　　　412台中市大里區科技路1號8樓之2（台中軟體園區）
　　　　　　出版專線：（04）2496-5995　　傳眞：（04）2496-9901
　　　　　　401台中市東區和平街228巷44號（經銷部）
　　　　　　購書專線：（04）2220-8589　　傳眞：（04）2220-8505
專案主編　李婕
出版編印　林榮威、陳逸儒、黃麗穎、水邊、陳婷婷、李婕
設計創意　張禮南、何佳諠
經紀企劃　張輝潭、徐錦淳
經銷推廣　李莉吟、莊博亞、劉育姍、林政泓
行銷宣傳　黃姿虹、沈若瑜
營運管理　林金郎、曾千熏
印　　　刷　基盛印刷工場
初版一刷　2023年8月
初版二刷　2024年6月
定　　　價　500元

白象文化　印書小舖 PRESSSTORE出版經紀　出版 · 經銷 · 宣傳 · 設計
www.ElephantWhite.com.tw　f 自費出版的領導者　購書 白象文化生活館